디지털
범죄 수사와
기본권

COMPUTER FORENSICS

인터넷이 인간처럼 스스로 지능을 갖는다는 웹 3.0의 시대를 바라보면서 컴퓨터를 통한 새로운
범죄 방법·기술들은 언제, 어디서나 쉽게 인터넷을 통하여 범죄자에게 악용되고 있다.

디지털
범죄수사와
기본권

김학신 지음

한국학술정보(주)

　　　　　　　　글로벌 트렌드(Global Trend)를 통해 본 미래의 IT기술의 진화는 인류의 생활 방식과 사회구조를 지속적으로 변화시킬 것이라고 한다. 특히, 디지털과 네트워크 기술의 지속적인 고도화로 모든 정보나 콘텐츠는 빠르게 디지털화되고, 디지털 기기는 고성능화, 개인화될 것이다. 이에 대한 예로 현재 휴대폰으로 TV 시청, 영상통화도 가능하게 되었다. 또한 인터넷은 우리 생활의 절대적인 필수품이 되며, 사회 시스템은 IT를 기반으로 재구축, 통합될 것이다.

　결국 IT 기술은 산업, 과학, 인간과 융합할 것이다. 즉 자동차, 의료 등 다양한 산업과 융합하여 새로운 시장을 창출하고, 다양한 첨단 과학 분야와도 결합하여 새로운 발견을 가능하게 할 것이다.

　이러한 미래의 IT기술의 진화에는 인터넷이 전제되었을 경우에 가능한 것이다.

　인터넷 웹(web) 환경은 디지털 정보를 수집하여 보여주고 전달하던 시대인 웹 1.0 시대를 지나, 현재는 누구나 손쉽게 디지털 정보를 생산·공유할 수 있도록 한 사용자 참여 중심의 웹 2.0의 시대로 들어왔다. 앞으로는 인터넷이 인간처럼 스스로 지능을 갖는다는 웹 3.0의 시대를 거쳐, 유비쿼터스 웹(Ubiquitous Web)이라는 웹 4.0의 시대를 바라보면서 인터넷을 통한 디지털 기술의 환경은 지속적으로 가속화하여 발전할 것이다.

이러한 디지털 기술의 발달로 인하여 여러 분야에서 우리에게 다양한 순기능을 제공하지만, 이에 발맞추어 필연적으로 역기능도 급속하게 증가하고 있는 실정이다. 특히 컴퓨터 네트워크를 통한 새로운 범죄의 방법·기술들은 언제, 어디서나 인터넷을 통해 쉽게 범죄자에게 제공되며, 범죄자는 이를 악용하고 있다.

인터넷을 이용하는 컴퓨터를 비롯하여 디지털 저장매체에서 생산되는 디지털 자료는 수사기관의 범죄수사 뿐 아니라 기업·개인간 법적 분쟁을 해결하는데 중요한 단서를 제공하고 있다. 수사기관에서는 이를 디지털 증거라고 하는데, 현재까지 우리 수사기관의 현실은 디지털 증거 수집·분석 등에 관한 구체적인 법률이 제정되어 있지 않아 많은 법적인 다툼이 제기될 가능성이 높아지고 있다.

디지털 증거는 복사가 쉽고, 원본과 사본의 구분도 어려우며, 조작 및 생성, 전송, 삭제가 용이하다. 따라서 디지털 증거가 법적 증거능력을 갖게 하기 위해서는 수집·보관·분석·보고에 이르는 전 과정에 특별한 절차와 방법이 따라주어야 한다. 이렇게 디지털 증거가 법적으로 증거능력을 갖도록 하는 절차와 방법을 통칭해 '컴퓨터 포렌식(Computer Forensics)'이라고 한다.

이는 디지털 범죄에 대하여 체계적이고 적극적으로 대응하기 위하여 등장한 분야이며, 주로 컴퓨터에 내장된 디지털 자료를 수집하고 수집된 자료를 근거로 삼아 발생한 범죄 행위의 사실관계를 규명하고 증명하는 기법이다. 최근 수사기관은 디지털 범죄를 수사함에 있어 컴퓨터 포렌식 기법을 통하여 디지털 증거를 수집하고 있다. 그러나 이러한 기법을 사용하여 수사함에 있어 이를 규정하는 관련 법률은 미비한 상태이다.

현재 관련 규정은 경찰청의 '디지털 포렌식 가이드라인'과 대검찰청에서 예규로 '디지털증거수집및분석규정'을 근거로 하여 시행하고 있는 실정이다. 그러다 보니 디지털 범죄 수사시에 압수·수색을 통한 증거수집시에 발생할 수 있는 헌법상 적법절차 위반, 영장제도를 위반한 증거수집, 타인의 사생활 침해 등 헌법상 개인의 기본권 침해 문제가 발생할 여지가 너무 많이 있다.

따라서 수사기관이 수사를 통해 디지털 증거를 수집함에 있어 디지털 범죄, 증거, 절차 등과 관련된 법률이 조속한 시일 내에 제정 및 기존 관련 법률이 개정되어야 한다. 그리고 이러한 규정에 근거하여 엄격한 절차에 따라 디지털 증거를 수집함으로써 헌법상 보장된 개인의 사생활 보호 및 국민의 기본권이 침해되지 않도록 최대한 존중해서 수사를 해야 할 것이다. 또한 수사에 필요한 최소한도 범위 내에서 압수·수색을 실시해야 할 것이다.

이 책은 수사기관이 '컴퓨터 포렌식(Computer Forensics)'을 통하여 디지털 범죄를 수사함에 있어, 특히 컴퓨터를 비롯하여 디지털 기기들에 대한 압수·수색을 통하여 디지털 증거를 수집하는 과정에서 발생할 수 있는 문제점으로 헌법상 영장제도의 위반, 타인의 사생활 침해, 적법절차 위반 문제 등 헌법상 보장된 국민의 기본권 침해의 문제를 고찰하고 이에 대한 입법방안을 제시함으로써 헌법상 보장된 국민의 기본권을 보호하고자 하였다.

이 책이 나오기까지 많은 분들이 도움을 주셨는데, 그 분들에게 이 지면으로 감사한 마음을 전하고 싶다. 저에게는 아버지 같은 두 분의 은사님이 계시는데 바다와 같은 넓은 마음으로 항상 제자를 아껴주시고 사랑해주시는 김형성 선생님, 법학 공부를 할 수 있도록 처음부터 이끌어 주신 박민영 선생님 두 분의 은사님께 머리숙여 감사드린다. 그리고 이 책의 커다란 틀을 만들어 주시고 자세하게 지도해주신 대전대학교 법학과 유희일 교수님과 성균관대학교 법과대학의 김영수·김일환 교수님께 감사드린다.

또한 힘이 들 때 옆에서 힘이 되어준 친구들, 늘 응원을 아끼지 않았던 직장 동료들, 그리고 항상 같은 곳을 향하여 가는 대학·대학원 동료, 선·후배님들께 감사드린다. 한 분 한 분 모두 열거하지 않더라도 잊지 않고 도와주신 모든 분께 정말 감사의 마음을 전한다.

마지막으로 항상 공부하도록 배려를 아끼지 않으신 사랑의 아버지, 어머니와 묵묵히 동생이 하는 일에 찬성을 해 주신 형님들과 가족들에게 마음속 깊이 감사드린다. 이 책을 쓰는 동안 많은 짜증을 무던히 참고 받아준 아내 안소영과 세상이 모두 제 것인냥 열심히 뛰어 노는 사랑하는 예쁜 딸 혜윤에게 사랑한다고 말하고 싶다.

2009년 1월
法華山 아래 연구실에서
김 학 신

|목차|

제1장
신종 디지털 범죄에 대한 법제 마련을 위하여

세계 최대의 인터넷 기업인 Google의 에릭 슈미트 회장(Eric Schmidt Chairman & CEO)은 2007년 5월 30일 서울 디지털 포럼 (Digital Forum)[1]에서 "한국은 정보기술의 심장부이자 디지털 시대의 거대한 실험실이다. 또한 초고속 인터넷 분야의 급격한 발전을 이룩했기 때문에 앞으로 10년간 세계의 인터넷 리더로 활약할 것이며 전 세계에 많은 영향을 미칠 것"이라 하였다.[2] 세계 최대의 인터넷 기업 CEO가 바라보는 한국은 세계에서 가장 앞선 디지털 선진국이다.[3]

20세기와 21세기를 통틀어서 인간이 가장 획기적으로 발명한 것으로 내세우는 것이 인터넷이다. 인터넷 웹(web) 환경은 디지털 정보를 수집하여 보여 주고 전달하던 시대인 웹 1.0 시대를 지나, 현재는 누구나 손쉽게 디지털 정보를 생산·공유할 수 있도록 한 사용자 참여 중심의 웹 2.0의[4] 시대로 들어왔다. 앞으로는 인터넷이 인간처럼 스스로 지능을 갖는다는 웹 3.0의[5] 시대를 바라보면서

---

1) 서울 디지털 포럼은 디지털과 관련된 기업·학계·정부 등 각 분야에서 세계 정상급 연사들을 초청하여 범세계적 디지털 혁명의 현황에 대해 토론 및 미래의 비전을 제시하는 국제 포럼이다. 이 포럼은 상업적 목적을 배제한 순수 공익적 국제 컨퍼런스이며 디지털 시대의 지식격차 해소와 사회문제 해결에 기여하고 있다. 2004년「디지털 컨버전스」, 2005년「유비쿼터스」, 2006년「디지털 인텔리전스」, 2007년「미디어 빅뱅」 2008년「상상력 – 기술, 정보, 미디어, 엔터테인먼트, 그리고 우주」에 대해 논의했다. http://sdf.sbs.co.kr 이하 참조.

2) Ohmynews,「서울디지털포럼 특별연설」, 2007, 5. 31.

3) 경향신문,「디지털 세상 함께 누리자」, 2007. 8. 12.

4) 이에 대한 대표적인 것이 블로그를 자신의 취향대로 만들거나 게시판에 댓글을 쓰고, 동영상(UCC)을 제작해서 올리는 활동이 웹 2.0의 특징이다.

5) 웹 3.0의 예로 미국 국방부 산하 방위고등연구계획국(DARPA)은 2007. 11. 대(對) 테러 전에 대비하여 컴퓨터를 이용하여 인공지능으로 운전하는 무인자동차를 개발·발표하

인터넷을 통한 디지털 기술의 환경은 지속적으로 가속화하여 발전할 것이다.

이러한 디지털 기술의 환경은 산업·금융·의료·전자·자동차·조선·행정 등 거의 모든 분야와 인간의 모든 삶에 변화를 가져오고 있다. 언제 어디서나 컴퓨터를 이용할 수 있는 유비쿼터스의 환경으로 사회가 진화하면서 컴퓨터 사용자의 편리성이 증대되고, 우리의 여가 활동 방법과 비즈니스 방식, 지식의 습득 방법 등이 다양하고 편리하게 변화되었다. 또한 모든 산업 사이의 장벽이 무너지고 여러 기술과 성능이 하나로 융합되는 '디지털 컨버전스'[6] 현상도 도래하였다.

이러한 디지털 기술의 발달로 인하여 여러 분야에 순기능도 있지만, 부작용으로 새로운 신종 범죄의 출현이라는 문제점도 있다. 특히 통신기술과 컴퓨팅 기술로 개인정보가 집중되고 이에 대한 보안이 위협받는 상황이 이미 나타나고 있고, 개인정보나 사생활의 침해라는 사회적인 문제가 갈수록 심각해지고 결국 범죄로 이어지고 있다. 이러한 인터넷 네트워크를 통한 디지털 범죄나 개인정보 보호 등과 같은 문제는 특정 국가보다는 글로벌 차원에서 대응책을 마련하는 노력이 필요하다.[7]

였다. 조선일보, 2007. 11. 29.

[6] 디지털 컨버전스(convergence)라 함은 디지털 기술이 발전함에 따라 유선과 무선, 방송과 통신, 통신과 컴퓨터 등 기존의 기술·산업·서비스·네트워크의 구분이 모호해지면서 이들 간에 새로운 형태의 융합 상품과 서비스들이 등장하는 현상을 말한다. 이에 대한 예로 휴대폰은 이동전화의 기능과 디지털카메라, MP3, 방송 시청, 금융 업무의 기능을 융합하였다. http://www.naver.com 이하 참조.

[7] 이에 대한 일환으로 유럽연합은 컴퓨터와 인터넷을 이용한 범죄를 방지·처벌하기 위해 국제적 합의가 형성되어 2001년도에 사이버 범죄 방지조약(Convention on Cyber Crime)을 체결하였다.

현재 디지털 기술의 순기능과 발맞추어 필연적으로 역기능도 급속하게 증가하고 있는 실정이며 컴퓨터를 통한 새로운 범죄 방법·기술들은 언제, 어디서나 쉽게 인터넷의 접근을 통하여 범죄자에게 악용되고 있다. 그 결과 신종 범죄들이 쏟아지고 있는 실정이다. 더구나 이러한 범죄 기술과 신종 범죄에 대처하는 수사기관은 범죄자를 따라잡지 못하는 것이 현실이다.

이는 무엇보다 급속도로 증가하는 신종 범죄에 비하여 이에 대처하는 디지털 범죄 전문 수사관의 부족과 신속하게 디지털 범죄를 해결할 수 있는 관련 법제가 미비하기 때문이라 하겠다. 또한 네트워크 정보와 시스템들은 디지털 기반으로 되어 있고 디지털 증거의 특성상 조작·삭제·위·변조, 전송 등이 용이하다는 것도 또 하나의 중요한 원인이 되고 있다.

특히 최근에는 경제활동, 행정서류 등 법적 문서도 디지털화되고 있다. 개인, 기업, 정부기관 등 모든 영역에서 생산되는 자료는 기본적으로 컴퓨터 작업으로 이루어지고 있으며, 기존의 자료도 디지털 자료로 변환되고 있다.[8]

이러한 시대적 변화와 함께 디지털 저장매체에 저장된 디지털 자료는 수사기관의 범죄 수사뿐 아니라 기업·개인 간 법적 분쟁을 해결하는 데 중요한 단서를 제공하고 있다. 그러나 아직까지 우리의 현실은 디지털 증거 수집·분석에 관한 구체적인 법률이 마련되어 있지 않아 많은 법적 다툼이 제기될 가능성이 높아지고 있다.

---

8) Peter Lyman · Hal R. Varian, How Much Storage is Enough?, U. C. Berkeley, ACM Queue vol.1, no.4 June 2003.

디지털 증거는 복사가 쉽고, 원본과 복사본의 구분도 어려우며, 조작 및 생성, 전송, 삭제가 매우 용이하다. 따라서 디지털 증거가 법적으로 증거능력을 갖게 하기 위해서는 수집·보관·분석·보고에 이르는 전 과정에 특별한 절차와 방법이 따라 주어야 한다. 이렇게 디지털 증거가 법적으로 증거능력을 갖도록 하는 절차와 방법을 통칭해 '컴퓨터 포렌식(Computer Forensics)'이라고 한다. 이는 디지털 범죄에 대하여 체계적이고 적극적으로 대응하기 위하여 등장한 분야이며, 주로 컴퓨터에 내장된 디지털 자료를 수집하고 수집된 자료를 근거로 하여 발생한 범죄 행위의 사실관계를 규명하고 증명하는 기법이다. 이 기법은 비단 민사·형사상의 범죄 수사뿐 아니라 기업 활동 중에서도 직원들의 비리를 발견하거나, 고객과의 분쟁해결에 있어 중요한 증거자료를 확보하는 데 이용될 수 있다.

최근 수사기관은 디지털 범죄를 수사함에 있어 컴퓨터 포렌식 기법을 통하여 디지털 증거를 수집하고 있다. 그러나 이러한 수사기법을 사용하여 수사함에 있어 이에 필요한 적법한 절차를 규정한 관련 법률은 미비한 상태이다.[9]

이러한 법률 미비로 인하여 디지털 범죄 수사 시에 압수·수색을 통한 증거 수집 시에 발생할 수 있는 헌법상 적법절차 위반, 영장제도를 위반한 증거 수집, 타인의 사생활 침해 등 헌법상 개인의 기본권 침해 문제가 너무 많이 발생하고 있다. 수사기관에 의한 디지털 범죄 수사에서 기본권 침해 문제가 많이 발생하고 있

---

[9] 현재에는 2006년 12월 말에 경찰청에서 '디지털 증거 처리 표준 가이드라인'과 검찰청에서 2006년 11월 21일 대검예규로 '디지털 증거 수집 및 분석 규정'을 근거로 하여 시행하고 있는 실정이다.

지만, 수사를 하는 수사기관이나 수사를 받는 당사자도 이에 대하여 전혀 인식을 하지 못하고 있는 것도 문제이다.

따라서 위와 같은 문제점을 해결하기 위해서는 수사기관이 디지털 증거를 수집함에 있어 디지털 범죄, 증거, 절차 등 관련 법률을 제정하거나 기존 관련 법률을 개정할 필요가 있다. 그리고 수사기관은 이 법률 규정에 근거하여 엄격한 절차에 따라 디지털 증거를 수집함으로써 헌법상 보장된 개인의 사생활 보호 및 국민의 기본권이 침해되지 않도록 최대한 존중해서 수사를 해야 할 것이다. 또한 수사에 필요한 최소한의 범위 내에서 압수·수색을 실시해야 할 것이다.

2007년 4월 서울중앙지방법원은 '일심회 간첩단' 사건을 통하여 국내에서 첫 디지털 증거를 인정한 판결을 하였다.[10] 미국은 이와 관련된 사례들이 상당히 많으며 앞으로는 우리나라에서도 많은 디지털 증거와 관련된 사례들이 나올 것이다.

이러한 추세에 따라 이 책은 수사기관이 Computer Forensics을 통하여 디지털 범죄를 수사함에 있어, 특히 컴퓨터를 비롯하여 디지털 기기들에 대한 압수·수색을 통하여 디지털 증거를 수집하는 과정에서 발생할 수 있는 문제점으로 헌법상 영장제도의 위반, 타인의 사생활 침해, 적법절차 위반 문제 등 헌법상 보장된 국민의 기본권 침해의 문제를 고찰하고, 이에 대한 입법방안을 제시하고자 한다.

---

10) 이 사건에서 피고인 변호사들은 디지털 증거에 대한 증거능력 문제, 디지털 증거의 분석 처리과정에서 신뢰성에 대한 입증책임 문제 등에 대하여 문제점을 제기하였다. 이 사건을 시작으로 디지털 범죄의 증거 및 수집 절차에 관한 우리의 법원 판례가 나오기 시작하였다고 볼 수 있다.

제2장

디지털 범죄와 디지털 증거

제1절 디지털 범죄의 개념과 유형

I. 디지털 범죄의 개념

1984년 William Gibson이라는 미국의 과학소설 작가가 「Neuromancer」 라는 소설에서 '사이버 공간'[11]이라는 용어를 사용하였으며, 이는 현실적·물리적 세계와는 구분이 되며 이러한 사이버 공간의 출현은 인터넷[12]이 있기에 가능했다.[13] 그러나 1876년에 미국의 알렉산더 그레햄 벨(Alexander Graham Bell)이 오늘날 대중화된 통신장치의 하나인 전화를 발명하였을 때 이미 사이버 공간은 조성이 되었다.[14]

현재 사이버 공간에서 발생하는 범죄를 부르는 용어가 혼용되어

---

11) 尹明善, 「美國憲法과 統治構造」, 유스북, 2006. 2, 432면 이하 참조.

12) 인터넷(Internet)은 최초의 대륙 간 해저 통신망으로 1858년 설치된 Atlantic Cable이 그 시초로 기록되고 있다. 1969년 미 국방성의 지원으로 미국의 4개 대학을 연결하기 위해 구축한 알파넷(Advanced Research Project Agency NET work: ARPA NET)으로 군사적·학술적 부문에 제한되었을 뿐 일반인의 사용은 허용되지 않다가 1991년에 음성과 정지화상, 동영상을 동시에 전달할 수 있는 World Wide Web(www이라 함)이 개발되면서 비로소 일상화되었다. Michaael Rustad & Cyrus Daftary, E - Business Legal Handbook, 2002 ed., pp.3 - 5; 朴宣映, 「가상공간에서의 성표현의 자유와 법적 제한」, 한국법제연구원, 2002. 12, 5면.

13) Cees J. Hamelink, The Ethics of Cyberspace, 2000, Sage Publications, London, p.9; David R. Koepsell, The Ontology of Cyberspace, Open Court, Chicago, 2000, p.16; G. David Garson, Social Dimensions of Information Technology: Issues for the new Millemium, Idea Group Pu. Hershey, 2000, p.88; 백광훈, 「인터넷범죄의 규제법규에 관한 연구」, 한국형사정책연구원, 2000. 12, 35면.

14) Gina De Angelis, "ARPANET, HACKERS, CRACKERS, AND PHREAKS", Cyber Crimes, Philadephia(Chelsea House Publishers), 1999, pp.13 - 21.

쓰이고 있는데, 보통 컴퓨터 범죄, 사이버 범죄, 인터넷 범죄, 디지털 범죄,[15] 정보 범죄, 하이테크 범죄 등으로 다양하게 호칭이 되고 있다.[16] 따라서 여기에서 이 부분에 대하여 간단히 용어에 대한 개념을 정리하고자 한다.

1. 컴퓨터 범죄

컴퓨터 범죄에서 말하는 컴퓨터의 정의는 어디까지나 법률적인 개념으로 자연과학적인 컴퓨터의 개념과 반드시 일치하는 것은 아니다. 특히 형법에 의한 보호의 필요성이 있는 것으로 한정되어야 하는데, 범죄 유형에 따라 그 대상이 되는 컴퓨터의 범위가 다를 수 있다.[17]

컴퓨터 범죄에 대하여 광의와 협의로 보는 견해가 있는데, 광의설은 처벌 필요성을 이유로 들어 처벌법규가 없다 하더라도 컴퓨터를 이용한 위법행위를 컴퓨터 범죄로 보는 견해이다. 미국 변호

---

15) 디지털이라 함은 데이터(data)나 물리적인 양을 0과 1이라는 2진 부호의 숫자로 표현하는 것을 말한다. 즉 소리, 영상, 문자 등 모든 정보를 0과 1의 숫자로 바꾸어서 저장, 재생되는 것을 말한다. 디지털은 원본과 100% 동일한 복제가 가능하며, 정보저장의 단위와 용량이 명확하고, 데이터를 압축·조작하여 효율적인 전송이 가능하여 정밀도를 높일 수 있다는 특징이 있다.

16) 2007년 2월 기준 국내 인터넷 이용자는 3,412만 명, 이용률은 74.8%로 세계 3위권이며, 초고속 인터넷 가입자 수는 1,444만 명으로 경제협력개발기구(OECD) 기준 초고속망의 구축은 세계 1위이다. 그러나 '디지털·IT의 강국'이지만 세계에서 각광받는 비즈니스 모델 하나 내놓지 못했다. 이는 인터넷 소비, 정보 소비가 생산적인 것이 아니라 오락 부분에 집중되었기 때문이다. 한국인터넷진흥원의 '2006년 하반기 정보화실태조사'에 따르면 인터넷 이용자의 대다수가 '자료·정보 획득(87.6%), Email·채팅 등 커뮤니케이션(83.8%), 게임 등 여가활동(83.4%)'에 몰려 있다. 이는 인터넷을 생산적인 분야보다는 유흥거리로 생각하는 사람이 많다는 것이다.

17) 심원섭, 「컴퓨터 신종 범죄에 관한 연구 – 인터넷 관련 범죄를 중심으로 – 」, 연세대학교 석사학위논문, 2004, 5면.

사협회의 정의에 따르면 컴퓨터 범죄는 '컴퓨터를 절도, 사기, 횡령 등을 쉽게 하는 수단으로 이용하는 범죄(computer as a tool of crime)', '컴퓨터 자체를 범죄의 대상으로 하는 범죄(computer as an object of crime)'로 구분하고 있다.[18] 협의설은 컴퓨터 범죄란 컴퓨터가 범죄 행위의 수단 또는 목적인 고의의 재산적 침해행위만을 의미한다는 견해이다. 최협의설은 협의의 컴퓨터 범죄의 범위 내에서 현금지급기에 사용하는 현금인출카드와 각종 신용카드를 이용한 범죄는 따로 분리시키고, 나머지 부분을 컴퓨터 범죄로 보는 견해이다.[19]

미국 법무부는 2002년 8월 FBI Law Enforcement Bulletin에서 컴퓨터 범죄에 대하여 다음과 같이 정의하고 있다. 컴퓨터 범죄라 함은 '범죄를 저지르고 그 범죄를 조사하는데 있어서 컴퓨터 지식이 관련되어 있는 사건'으로 정의하고 있다.[20] 현재 컴퓨터 범죄라는 용어는 상당히 보편화된 용어 중의 하나이다. 보통 컴퓨터 범죄라 함은 컴퓨터를 대상으로 하거나 또는 수단으로 하여 행하는 범죄 행위를 말한다.[21]

---

18) S. H. Kadish, Crime and Justice, p.219.

19) 南孝淳・丁相朝,「인터넷과 法律 II」, 2005. 12, 146면.

20) 미국의 FBI의 National Computer Crime Squad(NCCS)에서는 컴퓨터 범죄를 다음과 같이 분류하고 있다. privacy 침해, 공중전화망(PSTN), 주요 컴퓨터 네트워크의 침입・무결성 위반, 산업스파이, 소프트웨어 불법복제 등으로 분류하고 있다. 미국 법전 18권 47장 1030절에서는 컴퓨터와 관련하여 연방법으로 처벌할 수 있는 사기행위를 정의하고 있는데 데이터, 정부기관, 은행 / 재무 시스템, 전자상거래 등과 관련된 범죄이다. Debra Littlejohn shinder(강유 譯),『사이버 범죄 소탕작전 컴퓨터 포렌식 핸드북』, 에이콘출판사, 2003. 8, 16면.

21) 독일의 Wolfgang Heinz 교수에 따르면 '특별한 기술적 가능성을 이용하는 모든 범죄의 총체' 즉, 컴퓨터 특유의 범죄를 말한다고 한다. Wolfgang Heinz,「컴퓨터 범죄와 컴퓨터 형법(독일의 컴퓨터 범죄 현황과 대응)」, 한양대 법학연구소 컴퓨터 범죄 세미나, 2000. 10. 4, 발표논문 참조.

컴퓨터 범죄를 '컴퓨터와 관련한 정보처리과정에 불법적으로 개입하는 모든 범죄 행위'[22) 또는 '컴퓨터의 데이터와 관련하여 형법적으로 처벌할 가치가 있는 범죄 행위의 총체'[23)라고 정의하는 것이 컴퓨터의 속성을 잘 나타낼 수 있다고 생각된다. 현재 우리나라도 컴퓨터 등 정보처리 장치를 이용한 사기, 비밀침해, 공·사 전자기록의 위작·변작 및 동행사죄 등 컴퓨터 관련 범죄를 처벌하는 규정을 마련하고 있으며, 재물 손괴죄 등에 대해서도 전자기록 등 특수매체기록을 행위객체로 추가하여 처벌하고 있다.[24)

2. 사이버 범죄

정보통신기술의 발전으로 인하여 컴퓨터를 대상으로 하는 범죄가 지나가고 네트워크(Network)로 연결된 공간에서의 범죄가 생기게 되었다. 이 사이버 공간에서 벌어지는 범법행위를 총칭하여 사이버 범죄라 한다. 사이버 공간에 대한 정의는 다소 추상적이며, 이에 대하여 야후(Yahoo)의 설립자 제리 양은 '당신의 모니터와 내 모니터 사이'가 사이버 공간이라고 설명하였는데, 인터넷 통신망으로 구축된 정보교환의 장을 말한다. 이 공간은 사람의 말초감각으로는 감지되지 않으면서도 엄연히 현실적으로 존재하는 가상의 생활공간이 사이버 공간이다. 이는 물리적으로는 존재하지 않기에 만질 수는 없지만, 많은 사람이 감정을 나누면서 느끼고, 대화하고, 물건도 거래하는 그런 공간이다.[25) 결론적으로 사이버 범죄는 많

---

22) 강동범, 「컴퓨터 범죄와 개정형법」, 법조 46권 8호, 1997. 8, 107 – 108면.
23) 임종률, 「컴퓨터 범죄와 형법적 대응」, 숭실대학교 법학 논집 제5집, 1989. 12, 68면.
24) 朴相基, 『刑法各論』, 博英社, 1999, 9면 참조.

은 인터넷 사이트와 그것들을 연결시켜 주는 컴퓨터 네트워크망을 범행의 수단, 목표로 이용한 범죄 행위를 말한다. 이러한 사이버 공간과 관련하여 일어나는 모든 범죄 행위를 총칭하여 사이버 범죄 내지 인터넷 범죄라고 넓은 의미로 정의하고 있다.[26]

사이버 범죄와 인터넷 범죄의 용어 간에 다소 차이가 있을 수는 있다. 사이버 범죄란 인공적·가상적인 공간을 무대로 일어나는 행위라고 한다면, 인터넷 범죄는 인터넷이라는 네트워크에 관련된 행위만을 의미한다고 볼 수 있기 때문이다. 그러나 사이버 공간이 인터넷과 네트워크로 연결된 것을 고려한다면 현재로는 양자가 같은 의미로 보면 될 것이다.

3. 정보 범죄와 하이테크 범죄

정보화촉진기본법 제2조 1호에서 정보의 정의를 다음과 같이 규정하고 있다. "정보라 함은 자연인 또는 법인이 특정목적을 위하여 광 또는 전자적 방식으로 처리하여 부호·문자·음성·음향 및 영상 등으로 표현한 모든 종류의 자료 또는 지식을 말한다."라고 정의하고 있다. 이를 근거로 정보 범죄의 정의를 내리면 정보처리 장치 또는 정보를 이용하는 범죄 그리고 정보처리 장치 또는 정보에 대한 범죄를 총칭하는 의미라고 할 수 있다. 그러나 정보 범죄

---

25) 조병인 외 3, 「사이버 범죄에 관한 연구」, 한국형사정책연구원, 2000, 18면.

26) 김종섭, 「사이버 범죄 현황과 대책」, 한국형사정책학회(2000년 동계학술회의자료), 2000, 22면; 허일태, 「사이버 범죄의 현황과 대책」, 동아대학교 법학연구소 세미나 발표논문, 2000. 4. 28, 3면; 허만영, 「사이버 범죄에 대한 국가의 정책적 대응방안 (21세기 도전과 사이버스페이스)」, 사이버커뮤니케이션학회 추계학술대회발표논문, 1999. 11. 26, 22면.

가 정보에 대한 범죄를 총칭한다고 하면 사이버 공간과 무관하게 일어나는 정보에 대한 불법적인 탐색·누설 행위도 고려대상이 될 수 밖에 없다는 문제점이 있다.[27] 정보화촉진기본법 제2조 제3호에서 '정보통신'이라 함은 "정보의 수집·가공·저장·검색·송신·수신 및 그 활용과 이에 관련되는 기기·기술·역무 기타 정보화를 촉진하기 위한 일련의 활동과 수단을 말한다."고 규정하고 있다. 사실 '정보'가 무엇인가라는 문제에 대하여는 정보화촉진기본법 제2조의 정의 이외에도 정보의 정의를 다양하게 정의하는데 정보라 함은 '현실세계로부터 단순한 관찰이나 측정을 통해서 수집한 사실, 개념, 값을 표현한 것'[28] 또는 '특정한 사람이나 사항에 대하여 의미 있는 상태로 가공한 것',[29] '필요하고 적절한 자료를 활용이 가능한 형태로 처리한 것'[30]과 같은 정의를 내리고 있다.

　이와 또 다른 용어로 하이테크 범죄(Hi-Tech Crime)[31]란 용어를 사용하는데 이는 과학기술 중에서도 컴퓨터 기술 및 정보통신 기술 또는 양자의 결합으로 형성되는 가상세계와 직접 관련이 있는 범죄유형만을 하이테크 범죄라고 하는 경향이 있다. 그러나 하

---

27) 최영호, 「정보 범죄의 현황과 제도적 대처방안」, 한국형사정책연구원, 1998, 19면; 백광훈, 「사이버 범죄에 대한 ISP의 형사책임에 관한 연구」, 한국형사정책연구원, 2003, 40면.

28) 김문일, 『컴퓨터 범죄론』, 법영사, 1992, 18면.

29) 유인모, 「법학연구와 교육을 위한 컴퓨터 활용」, 영남법학, 제1권 제2호, 1994, 65면.

30) 전지연, 「전자적 정보의 형사법적 보호에 관한 연구」, 한림법학 FORUM 제8권, 1999, 53면.

31) 영국에서는 사이버 범죄를 하이테크 범죄로 부르고 있으며, 하이테크 범죄 유형을 9개로 나누고 있다. ① 데이터 절도, ② Denial of Service(DOS) 공격, ③ 바이러스 공격, ④ 스푸핑(Spoofing) 공격, ⑤ 무단접근 또는 악용, ⑥ 해킹을 통한 접근·자료 획득, ⑦ 금융사기, ⑧ 데이터나 네트워크 공격, ⑨ 인터넷의 범죄 악용. 이용완, 「유럽(영국, 프랑스, 독일)의 사이버 범죄 수사 및 디지털 증거분석 연구」, 경찰청 수사국, 2004. 12, 29면.

이테크 범죄라는 말의 사전적인 의미에는 고도의 과학기술 내지 첨단과학기술을 사용하는 범죄라는 의미가 들어 있다. 그렇다면 하이테크 범죄라는 용어에는 사이버스토킹, 인터넷상의 명예훼손 행위 또는 도박 행위 등과 같이 정보통신상에서 일어나는 범죄 행위이지만 고도의 과학기술이 필요하지 않은 범죄들을 포함하기에는 적절하지 못한 측면이 있다.[32]

4. 디지털 범죄

현재 우리가 사용하는 대부분의 전자기계들은 디지털의 방식으로 이루어져 있다. 컴퓨터를 비롯하여 휴대폰, 디지털카메라, USB, 캠코더, PDA 등 다양한 기기들이 디지털의 방식으로 이루어져 있으며, 그 결과 디지털 혁명, 디지털 세대, 디지털 기술 등 디지털이란 용어가 대중화되었다. 이러한 디지털기기의 발달은 우리나라를 정보화 선진국으로 견인하는 주요한 원동력이 되었다. 이와 더불어 모든 분야가 유비쿼터스[33] 환경으로 진입하게 되고, 모든 생활은 전자 매체를 통하여 이루어지고 있다.

또한 수사기관의 범죄 수사 분야에서도 전자 매체를 통한 디지털의 활용은 필수불가결한 요소로 등장하였다. 현재 우리나라에서

---

32) 조병인, 「하이테크범죄의 실태와 대책」, 한국공안행정학회 국제범죄 세미나 발표논문, 1999. 9. 17, 11면 이하 參照.

33) 유비쿼터스(Ubiquitous)란 '언제, 어디에나 있는' 뜻의 라틴어로 누구나 장소에 상관없이 자유롭게 네트워크에 접속할 수 있는 환경을 말한다. 이 용어는 1988년 미국의 복사기 회사인 제록스 팰로알토 연구소의 마크 와이저(Mark Weiser)가 '유비쿼터스 컴퓨팅'이라는 용어를 처음으로 사용하면서 등장하였다. 그는 이 용어를 '어디에서든 접속이 가능한 컴퓨터 환경(computing acess will be everywhere)'으로 정의하였다. 정준현, 「유비쿼터스 컴퓨팅과 프라이버시보호」, 成均館法學, 第16卷 第1號, 2004, 465면.

CCTV(closed - circuit television)는 광범위하게 활용되고 있으며, 휴대전화 사용 내역 및 위치 추적 확인 기능 등은 범죄 수사에서 중요하게 활용되고 있다.

최근에는 이동식 저장장치(USB Memory),[34] PMP(portable multi-media player),[35] 전자수첩, 내비게이션(Navigation),[36] 디지털카메라(digital camera), 디지털 캠코더(digital camcorder) 등 다양한 디지털 기기에 중요한 디지털 정보가 저장되고 있어 이러한 기기들을 통하여 범죄 수사에 활용할 수 있는 가치가 점점 증가하고 있다.

이러한 다양한 종류의 디지털 기기들은 새로운 형태의 범죄를 발생케 하는 원인이 되었다. 이처럼 다양한 디지털 기기로 인하여 발생하는 모든 범죄를 디지털 범죄라 할 수 있을 것이다.

5. 소 결

인터넷 네트워크를 이용하여 발생하는 범죄에 적절하게 대응하기 위해서는 이를 명확히 정의할 수 있는 적절한 용어가 필요하다. 앞에서 설명한 것처럼 사이버 공간에서 발생하는 범죄들을 부르는 명칭은 컴퓨터 범죄, 사이버 범죄, 인터넷 범죄, 디지털 범죄, 정보 범죄, 하이테크 범죄 등 다양한 용어로 사용되고 있다. 이들의 특

---

34) USB 메모리 등 이동식 저장장치를 통한 악성코드 전파가 2007년 6월 25건, 7월 33건, 8월 38건 등으로 증가하고 있다. USB를 매개로 한 대표적 악성코드는 'VBS / Solow'이며, 이는 사용자들이 PC에 USB를 연결해 실행시킬 경우 자동으로 USB에 감염된다. 이를 다른 PC에서 실행시키면 해당 PC를 감염시키는 방식으로 전파된다. 매일경제신문, 2007. 9. 3.

35) PMP라 함은 '음악 및 동영상 재생, 디지털카메라 기능까지 모두 갖춘 휴대용 멀티미디어 재생장치'를 말한다.

36) Navigation은 항공기 또는 선박을 어느 한 지점으로부터 일정의 다른 지점으로 소정의 시간에 도달할 수 있게 유도하는 방법을 말한다.

성 차이가 큰 것은 아니지만 다양한 용어로 불리다 보니 다소 혼란을 야기할 수 있다. 또한 전통적인 범죄와는 수사방법이나 증거 수집 및 조사 등에서 달리 취급해야 할 필요성이 있다. 그리고 정보통신 기술의 환경이 급속히 변화되기 때문에 법적 안정성을 중시하는 우리의 법제도를 위해서라도 새롭게 등장하는 범죄현상을 신속하게 포착하여 개념을 명확하게 하는 작업은 필요하다. 그러나 새롭게 등장하고 있는 범죄현상을 명확하게 표현하는 것은 쉬운 일이 아니며, 많은 사람이 공감할 수 있는 시간적 여유가 필요할 것으로 보인다. 사이버 범죄라는 개념은 상당히 넓은 의미로 사용되고 이 용어가 현재에는 가장 많이 쓰이고 있다. 그러나 최근에는 새로운 형태의 디지털 기기들이 출현하고 있으며, 이러한 기기들은 다양하게 범죄에 사용되고 있다.

이 책에서는 디지털 기기에서 생성되는 디지털 증거[37]와 관련된 부분이 핵심적인 부분이기 때문에 여기에서는 디지털 범죄로 통일되어 쓰기로 하겠다. 물론 디지털 범죄와 가장 관련이 많은 부분은 인터넷임을 부정하지는 않기에 주된 대상은 컴퓨터와 관련된 인터넷임을 밝힌다.

---

37) 디지털 증거(Digital Evidence)라는 용어에 대하여는 아직 개념이 정의되지 않았다. 전자증거(Electronic Evidence) 또는 컴퓨터 관련 증거로 언급되기도 하며 어떠한 경우에는 여기서처럼 디지털 증거라는 용어로 사용하기도 한다. 현재 형법 및 우리의 기타 법률에서는 전자기록이라는 용어로 정의하고 있다.

Ⅱ. 디지털 범죄의 특성과 유형

1. 디지털 범죄의 특성

디지털 범죄는 기존의 전통적 범죄인 살인·강도·절도·사기 등의 범죄와는 다른 특성을 가지고 있는데, 이는 정보통신 기술과 컴퓨터의 결합으로 조성되는 특수한 환경을 갖기 때문이다. 이는 시간과 공간의 제약을 받지 않으며, 익명성과 비대면성이 보장되고, 손쉽게 다량의 정보를 처리할 수 있다. 또한 과거 국가나 공공기관이 아니면 구축할 수 없는 대형 용량의 컴퓨터 시스템을 이제는 개인도 쉽게 사용할 수 있게 되었다. 이러한 변화는 수사기관의 범죄 대응에도 중요한 도전이 되고 있으며, 특히 인권이나 사생활의 보호 측면에서도 새로운 변화가 일어나고 있다. 인터넷을 통한 디지털 범죄의 특성으로는 익명성, 비대면성, 시간·공간의 무제한성 내지 동시성 및 국제성, 높은 전파성과 재산피해, 정보의 집약, 정보전달의 신속성, 즉시성 등이 있으며 이에 대하여 좀 더 구체적으로 살펴보겠다.

가. 익명성

인터넷 온라인 세상에서는 익명을 이용하여 사이버 침입·절도·사기·자금세탁,[38] 파괴적인 디지털 범죄,[39] 인터넷 도박, 범

---

38) 사이버 자금세탁은 부정한 방법으로 모은 자금의 출처를 인터넷을 통해 감추는 것을 의미하는데 자금세탁은 아주 오래된 범죄이며, 인터넷의 익명성은 불법적인 자금을 적법한 자금으로 쉽게 바꿀 수 있도록 했다.

39) 파괴적인 디지털 범죄는 네트워크에 침입해서 데이터나 프로그램 파일을 삭제하거나, 웹 서버에 침입해서 웹 페이지를 지우는 행위, 네트워크나 컴퓨터로 바이러스, 웜, 기타 악성 코드를 주입시키는 행위, 서비스 거부(Dos) 공격을 하여 서버를 다운시키거

죄 공모 등을 할 수 있다. 익명성은 인터넷 공간을 범죄 수행의 공간으로 만드는 중요한 요인이며, 가장 대표적 디지털 범죄의 특성 중 하나이다. 이와 같은 익명성(anonymity)을 이용하여 범죄자는 죄의식 없이 범행을 저지르는 경우가 많게 되고 이는 결국 범죄를 증가시키는 한 원인이 되고 있다. 이러한 인터넷의 익명성으로 야기되는 대표적인 범죄로는 인터넷 사기, 언어폭력과 허위사실 유포로 인한 명예훼손, 타인의 개인정보 유출 등을 들 수가 있다. 또한 익명성을 이용한 악성댓글, 이로 인한 자살문제와 ID 등의 허위표시가 가능하다는 점은 청소년이 음란 사이트에 가입하기가 보다 쉬워져 청소년 문제가 제기되기도 한다.

특히 최근에는 인터넷을 통한 쇼핑이 활성화되고, 익명성을 이용한 쇼핑 사기 범죄가 꾸준히 증가하고 있다. 이에 관련된 가장 대표적인 범죄 사례를 보면, 범죄자는 인터넷 쇼핑몰이나 물건을 거래하는 사이트에 광고를 낸다. 그리고 그 광고를 보고 물건을 구매하고자 하는 자는 인터넷 뱅킹이나 은행을 이용하여 온라인 입금 등의 방법으로 결재를 하면 물건 판매자 또는 쇼핑몰 운영자는 입금된 금액을 확인하고 바로 쇼핑몰이나 광고를 낸 사이트를 폐쇄하고 잠적을 한다. 이는 인터넷상 가장 전형적인 사기 범죄의 한 예로 범죄자는 인터넷 쇼핑의 구조적인 특성과 인터넷 환경에서의 익명성을 교묘하게 이용한 것이라 볼 수 있다.

이러한 인터넷상 익명성으로 인한 폐해가 증가하자 이에 대한 대책의 일환으로 인터넷 실명제가 추진되었다.[40] 인터넷 실명제라

나 정당한 사용자가 네트워크를 사용할 수 없게 하는 행위 등을 의미한다.
40) 물론 익명성을 계속 주장하는 의견도 있는데 그 이유는 실명제를 도입하면 스토킹,

함은 인터넷 이용자의 실명과 주민등록번호가 확인되어야만 인터넷 게시판에 글을 올릴 수 있는 제도를 말한다.[41] 이는 인터넷의 역기능을 해소함으로써 인터넷 공간의 신뢰를 높이고, 책임 있는 글쓰기를 통해 올바른 여론을 형성하자는 취지에서 나온 것이다. 이에 따라 정부에서는 '인터넷주소자원관리법' 등을 통해 2002년 이후 공공기관이나 인터넷 포털사이트 등의 게시판에 글을 올릴 때는 본인 확인을 거치도록 하는 인터넷 실명제의 도입을 계속 추진해 왔다.

그 결과 인터넷 실명제와는 조금 차이는 있지만, 2007년 7월 28일부터 '제한적 본인 확인제'를 시행하고 있다. 이는 인터넷 이용자가 게시판에 게시물을 올릴 때 본인 여부를 확인해야 하는 제도로, 하루 평균 방문자 수가 20만 명 이상인 인터넷 언론사와 30만 명 이상인 포털사이트, 사용자제작콘텐츠(UCC)[42]에 적용되고 있다. 완전 인터넷 실명제는 실명으로 모든 인터넷 서비스를 이용해야 하는 반면, 제한적 본인 확인제는 실명 이외에 ID, 별명 등을 사용할 수 있다는 차이점이 있다.[43]

개인정보유출, 인권침해 문제가 더 심각해질 수 있다는 것이다. 또한 익명성은 사회적으로 억압받는 약자와 소수자에게 헌법에서 보장한 표현의 자유를 보장하고 내부 고발자를 보호하기 위한 최소한의 장치이기 때문에 익명성은 보장되어야 한다는 주장이다. 최경진, 「인터넷 실명제와 토론문화」, 매일신문, 2007. 7. 4.

41) 2004년 개정된 '공직선거 및 선거부정방지법'에 규정된 개념으로 인터넷 언론사의 게시판에 선거에 관한 의견을 게시할 때 게시자의 실명과 주민등록번호의 일치 여부를 확인한 후 의견을 게시할 수 있도록 한 기술적 조치를 말한다. 그러나 인터넷 언론사의 범위에 대한 불명확성, 익명 표현의 자유에 대한 침해, 주민등록정보의 노출에 따른 개인 인권의 침해, 국민의 정치 참여 제한 등 여러 가지 문제점이 제기되었다.

42) UCC(User Created Content)라 함은 사용자가 직접 상업적인 의도 없이 제작한 콘텐츠를 온라인상 나타낸 것을 말한다. 미국에서는 일반적으로 창작의 개념이 강조된 UGC(User Generated Content)로 쓰고 있다.

43) 디지털 타임스, 2007. 8. 7.

나. 비대면성

인터넷 온라인상에서 또 다른 특성은 비대면성으로 이는 앞에서 설명한 익명성과도 관련이 깊다. 비대면성이라 함은 사람들이 사회생활, 경제생활을 영위하면서 일일이 서로 만나지 않아도 된다는 것이다.

인터넷을 통한 전자상거래에서도 판매자와 구매자가 서로 대면할 필요가 없이 물건을 사고 팔 수 있게 되었고, 국제간의 무역거래, 은행업무, 사람들 간에 인터넷 메신저(Messenger)[44]를 통해 서로 대화를 하면서 굳이 만날 필요가 없게 되었다. 이러한 비대면성은 편리하고 경제적인 상거래를 가능하게 하고 있지만 반면 쉽게 범죄에 악용되기도 한다. 인터넷 사기의 많은 경우가 직접 대면하지 않는 데서 오는 책임의식의 결여와 범행 후 도주가 용이하여 쉽게 범죄로 연결되는 것으로 파악되고 있다. 또한 명예훼손이나 협박과 같은 경우도 얼굴을 서로 마주 보면 쉽게 할 수 없는 언행도 비대면성으로 인해 과격해지고 대담해지는 경우가 많다. 또한 인터넷상에서는 확인되지 않은 사실을 받아들이며 이를 전파하고 동조하는 속도가 굉장히 빠르기 때문에 억울하게 명예가 훼손되어 피해자에게 심각한 피해를 입힐 수도 있다. 반면 피해자는 상대방을 볼 수 없기 때문에 더욱 피해의식이나 공포감이 큰 것으로 파악되고 있다. 인터넷에서는 비대면성을 이용하여 자신을 은폐시키고 범죄를 실행하기 때문에 죄의식이 박약해지며 보다 대담하

---

44) 인터넷에서 실시간으로 메시지와 데이터를 주고받을 수 있는 소프트웨어로 인스턴트 메신저라고도 한다. 1996년 미국의 아메리카온라인(AOL)에서 처음 시작하였고, 우리나라에는 1998년 디지토닷컴이 처음 소개되었다.

게 행동하기 쉽다는 특성을 가지게 된다.[45] 이런 면에서 익명성과
도 매우 관련이 깊다.

다. 시간과 공간의 무제한성

인터넷의 또 다른 특성은 시간과 공간의 제약이 없다는 것이다.
최근 인터넷 네트워크에서 행위의 속도는 전파나 빛의 속도보다도
빠르다고 한다. 인터넷을 이용한 범죄 행위는 시간제약 없이 24시
간 가능하기 때문에 언제나 위험성이 존재한다. 음란물을 전송하거
나 바이러스의 제작·유포, 해킹 행위 등 인터넷상에서 언제나 손
쉽게 범죄 행위를 할 수가 있다. 또한 정보통신기술의 발달은 원
격으로 인터넷에 접속이 가능케 하였으며, 지구 반대편에서도 실시
간으로 같은 공간에서 동시에 대화할 수 있는 화상회의도 가능하
게 만들었다. 그리고 인터넷을 이용해 언제든지 본인이 원하는 곳
으로 갈 수 있으며, 산업스파이 활동을 위해 남몰래 신분을 위장
하고 외국에 갈 필요도 없고, 다른 회사에 위장 취업할 필요도 없
다. 수십 개국의 국경선을 넘나들며 범죄 행위를 할 수도 있다.

이러한 시간·공간의 무제한성으로 인하여 국경 없는 범죄 행위
에 대한 입증, 증거 수집, 국가 간 수사 공조 및 재판관할권 등 새
로운 문제점이 등장하였다. 이러한 현상들은 세계 선진 국가도 이
러한 문제점을 인식하여, 이에 대한 대책의 일환으로 2001. 11.
23. 헝가리 부다페스트에서 사이버 범죄 방지조약(the Convention
on Cybercrime)을 체결하였다. 이 조약은 인터넷을 이용한 모든 범
죄 행위에 대하여 상세한 규정을 두고, 이를 처벌하도록 한 최초

---

45) 백광훈, 전게서, 41면.

의 국제조약이며 '부다페스트조약'이라고도 한다. 이 조약은 유럽 연합(EU)의 45개 회원국과 미국 등 의결권 없는 5개 회원국으로 구성된 유럽 평의회(Council of Europe)에서 테러·컴퓨터 해킹·자금세탁 방지·아동포르노[46] 유포 등에 공동 대응하기 위해 만들었다.[47] 이 조약은 국제사회가 사이버 범죄에 공동으로 대처하고 국가 간 공조를 긴밀히 하기 위하여 핫라인(hot line)[48] 설치 등이 명시되어 있다. 그리고 컴퓨터 시스템이나 데이터에 대한 불법 접속, 지적재산권 침해, 컴퓨터 바이러스 제작·유포, 아동포르노의 배포 등을 범죄 행위로 규정하고 조약 참가국들이 국내법으로 이를 금지하도록 의무화하였다. 또한 동 조약은 가맹국에 대해서 경찰의 필요에 따라 보존 데이터의 수사, 압수, 비밀리에 행해지는 인터넷 도청, 국경을 넘는 지원, ISP의 기록 보존을 의무화하는 법률을 도입하도록 권고하였다. 이처럼 시간·공간을 넘는 디지털 범죄에

---

46) 미국은 아동포르노 광고를 하거나 그 광고를 받아 보는 것은 연방법(18 U. S. C §2251 과 §2252)상 범죄로 규정되어 있다. 1996년의 아동포르노 방지법(Child Pornography Prevention Act, CPPA)은 아동포르노의 범위를 미성년자가 등장하는 모든 포르노 영상물로 확대하였다. 그 영상물의 출현이 실제로는 미성년자는 아니지만 미성년자처럼 보이거나, 또는 그렇게 광고를 했을 경우에도 아동포르노에 해당된다. 자유언론협회 (Free Speech Coalition)에서는 그 법이 위헌이라는 소송을 제기했고, 연방 항소법원에 서는 그 법을 위헌으로 판결했다. 2002년 4월 미연방대법원은 컴퓨터로 합성하여 아동이 성행위를 하고 있는 이미지 즉, 가상 아동포르노를 금지하고 있는 조항(U. S. C §2256)이 너무 광범위해서 위헌이라는 판결을 내렸다. www.cyber - rights.org.

47) 2006년 7월 26일 미상원 외교위원회(FRC)는 사이버 범죄와의 전쟁을 수행하기 위해 유럽 평의회의 '사이버 범죄 방지조약' 가입에 찬성하였다. 이에 따르면 참여 국가들 간에는 네트워크에 대한 승인을 받지 않은 침입, 웜, 컴퓨터 바이러스 및 아동포르노 유포 등의 조사와 처벌을 요구할 수 있도록 했다. 그러나 ISP들은 정부기관의 인터넷 검색 및 몰수에 협력해야 하고, FBI는 실시간으로 전자감시를 할 수 있고, 미국 기업은 시스템의 로그나 기타 데이터를 일상적으로 삭제하지 못하게 하는 보존 명령을 받을 수도 있게 돼 있다는 점들이 대표적인 독소조항으로 꼽힌다. 전자신문, 「사이버 방지조약은 무소불위」, 2006. 8. 8.

48) 1963년 3월 미국의 워싱턴과 소련의 모스크바 사이에 개통된 양국 정부 간의 긴급연락용 직통통신선을 말한다.

대응하기 위한 국제공조는 현재에도 계속되고 있다.

라. 고도의 전파성

인터넷은 네트워크로 연결되어 있기 때문에 접근하는 데에 거의 아무런 제약이 없으므로 누구라도 쉽게 해당 정보를 전송, 입수할 수 있는 특성을 가지며 이러한 정보전달이 순식간에 이루어지게 되는 고도의 전파성도 가진다.[49]

인터넷을 통한 고도의 전파성에 대한 대표적인 사례로 1999년 멜리사바이러스(Melissa Virus)[50]는 불과 4일 만에 미국과 유럽의 수백 개 기업의 컴퓨터 10만 대 이상을 감염시켰으며,[51] 1년 중 단 하루(4. 26)만 발생하는 CIH바이러스(Virus)[52]는 우리나라에서만 수십만 대의 컴퓨터에 피해를 입힌 것으로 추정되었다.[53] 이처럼 신속하고 광범위한 전파성에 따라 범죄피해가 무한정 확산될 수 있으며, 컴퓨터 운영체계에 대한 완벽한 보안조치가 이루어지지 않는 경우 비밀의 누출이나 시스템의 파괴 등이 가능해진다. 위의

---

49) 강동범, 「사이버 범죄와 형사법적 대책」, 형사정책연구 제11권 제2호, 2000, 71면; 백광훈, 「정보통신범죄의 개념과 유형 및 분류」, 사이버 범죄연구회 제23회 세미나, 2001. 10. 13면; 윤상균, 「사이버 범죄의 특징과 수사방향」, 수사연구, 2000. 6, 16 - 17면.

50) Melissa Virus는 1999. 2. 26. 유럽에서 처음 발견되었는데, 미국 뉴저지에 사는 David Smith가 유포시킨 컴퓨터 바이러스로, 멜리사는 MS의 빌게이츠의 부인 이름이다. 이는 '긴급메시지'라는 제목의 전자우편 첨부파일을 클릭하는 순간 감염되며, 감염된 컴퓨터의 e - mail 주소목록을 이용해 50명의 상대편 주소로 자동 전달되는 방법이다. 인터넷 흑사병으로 표현할 정도로 순식간에 전 세계 컴퓨터로 전파되었다. www.naver.com.

51) 한겨레신문, 1999. 3. 31.

52) CIH바이러스는 개인용 PC에 저장된 데이터를 삭제하거나 본체를 파괴할 수도 있는 바이러스로 1998. 4. 26. 대만인 첸잉하오가 만들었다. 우크라이나의 체르노빌 원전 사고 13주년에 맞추어 출연하도록 고안됐다. 이는 전 세계를 휩쓸어 약 60만 대의 컴퓨터에 피해를 준 것으로 언론은 집계하였다. www.naver.com 이하 참조.

53) 동아일보, 1999. 4. 27.

사례처럼 디지털 범죄의 강력한 전파성은 결국 국가 또는 개인에게도 엄청난 재산적 피해를 주고 있다.

마. 정보의 집약, 정보전달의 신속성

인터넷이 발달하면서 각종 정보는 대형 DB(Data base)에 집중 관리되고 있으며 정보의 전달도 신속하다. 한 예로 현재 주요 언론사에서 운용하고 있는 홈페이지의 인물정보란을 보면 사회 저명 인사들의 프로필이 저장, 입력되어 제공되고 있다. 지난 신문 기사를 찾기 위해 신문사 및 도서관을 뒤지며 돌아다닐 필요도 없이 DB에 저장된 자료를 이용하여 바로 찾을 수 있다. 또한 네티즌이라면 누구라도 인터넷 신문을 통해서 기자들이 쓴 기사를 즉각적으로 받아 볼 수도 있다.

이처럼 정보의 집약과 정보전달의 신속성은 순기능적인 면에서는 우리에게 신속하고 정확한 정보를 제공하지만, 이렇게 집약된 개인정보들이 해킹 등을 통해 범죄 행위에 이용된다면 이로 인한 국민 개개인의 피해는 당연히 증가할 수 밖에 없을 것이다. 과거에는 개인정보 침해가 주로 국가나 공공기관에서 운용하는 대형 DB에서 발생하였으나, 현재는 어느 누구나 인터넷만 사용할 줄 알면 쉽게 집약되어 있는 개인정보를 수집할 수 있고, 이를 상업용으로 판매하는 사건도 자주 발생하고 있다.54) 특히 기업들은 고객의 상세한 개인정보를 입수하여 무단으로 도용하기도 하며, 특히

---

54) 2004년 10월에는 인터넷을 통하여 637만 명의 개인정보를 매매한 자들을 사이버 수사대에서 검거하였다. 동아일보, 2004. 10. 14; 2007년 2월에는 금융감독위원회 산하 '불법대부광고 사이버감시단'에서 인터넷에 개인신용정보를 판매한 업자들을 수사기관에 통보하여 검거하였다. 한국정책방송(KTV), 2007. 2. 21 방송 참조.

보안시설이 취약한 인터넷 쇼핑몰의 경우에는 해킹이나 도청과 같은 범죄 행위에 의하여 집약된 고객의 개인 신용정보 유출의 위험성이 높다.[55]

위에서 설명한 인터넷 공간에서의 디지털 범죄의 특성은 수사기관이 디지털 범죄를 수사하는 데 많은 어려움이 되는 주된 이유이다. 또한 범죄를 증가하게 하는 원인이 되기도 하며, 다양한 신종 범죄를 야기하게 만든다. 이러한 디지털 범죄의 특성으로 인하여 최근에는 UCC에 의한 음란물 제작·유통 또는 은밀한 사생활을 담은 동영상이 인터넷을 통해 공공연히 전파되고 있다. 더불어 목욕탕, 화장실, 모텔과 같은 곳에 설치된 몰래 카메라에 의해 제작된 동영상이 인터넷에 유포되어 사생활 침해 및 초상권 침해 등 돌이킬 수 없는 인권침해를 발생시키고 있어 앞으로 인터넷 공간에서의 인격권 보호문제도 심도 있게 논의되어야 할 것이다.

2. 디지털 범죄의 유형

디지털 범죄는 한 가지 수법에 의한 범행보다는 여러 가지 수법이 결합된 형태로 범죄 행위가 일어나는 경우가 많다. 예를 들면 해킹의 경우 단순 침입, 사용자 도용, 파일의 삭제·변경, 폭탄 스팸메일, 자료유출 등의 다양한 수법이 결합되어 해킹을 하며 또한 바이러스의 유포, 사기, 프로그램의 불법복제, 개인정보침해 등의

---

55) 2007년 8월 KT와 하나로 텔레콤이 인터넷 가입 고객 730만 명의 개인정보를 무단 도용, 돈을 받고 제3자에게 유출하였다. 고객의 신용정보를 유출한 것은 결국 범죄단체의 손에까지 흘러가 제2·3 범죄를 일으키고 있다. 이런 고객정보 유출 실태는 카드회사, 게임업체, 대출정보회사 등 모든 업종에서 일어나고 있다. 매일경제신문,「기업들 도를 넘는 개인정보 유출」, 2007. 8. 9.

방법들이 결합된 형태로 범죄 행위가 일어나는 경우가 많아 그 유형을 구분하기가 매우 곤란하다.[56] 현재 디지털 범죄의 유형을 구체적으로 구분한 규정이나 근거가 없어 이를 구체적으로 분류하기에는 매우 어렵다고 할 수 있다.[57]

경찰청 사이버테러대응센터에서는 디지털 범죄를 다음과 같이 분류하고 있다.[58] 디지털 범죄를 크게 과거 현실세계의 범죄가 단지 컴퓨터 시스템을 이용한 형태의 일반화된 디지털 범죄와 사이버 공간 고유의 범죄 즉, 대규모 피해를 야기하는 해킹, 바이러스 제작·유포 등의 사이버 테러형 범죄로 구분하고 있다.

사이버 테러[59]라 함은 인터넷 네트워크 공간에서 수행, 계획, 조정되는 테러를 의미한다. 여기에는 폭력적 행위에 대한 정보를 공유하기 위해 e-mail로 정보를 주고받는 것과 웹 사이트를 통해 테러리스트를 모집하는 등의 행위를 모두 포함한다. 그리고 항공 제어 컴퓨터 시스템을 파괴해서 비행기를 서로 충돌하게 하거나, 상수도 컴퓨터 시스템을 공격해서 물을 오염시키는 것, 병원 데이터베이스(D B)를 해킹해서 환자들에 대한 정보를 수정·삭제함으로써 환자들에게 잘못된 처방을 하게 하는 것, 전력 장치를 파괴함으로써 인공호흡 장치를 사용하고 있는 사람이 숨을 쉬지 못하

---

56) 조병인 외 3, 「사이버 범죄에 관한 연구」, 한국형사정책연구원, 2000, 27면.

57) 제10차 UN회의에서는 디지털 범죄를 2가지로 분류하여 정의하고 있다. 좁은 의미로는 컴퓨터 시스템의 보안과 컴퓨터 시스템에서 처리하는 데이터를 대상으로 한 범죄 행위라고 하며, 넓은 의미로는 컴퓨터 시스템 또는 네트워크와 관련된 모든 위법행위로 시스템이나 네트워크를 사용해서 정보의 유출, 유출정보의 타인 제공·배포하는 행위가 포함된다. Debra Littlejohn shinder(강유 譯), 前揭書, 17면; www.uncjin.org/Documents.

58) 경찰청, 사이버테러대응센터 홈페이지, www.ctrc.go.kr. 이하 참조.

59) 미국 국무부에서는 테러를 '계획적이고 정치적인 목적에 의해 비밀 그룹이나 요원이 전투 능력이 없는 대상에 가하는 폭력행위'로 정의하고 있다.

게 하는 것 등을 사이버 테러에 포함하고 있다.[60]

디지털 범죄의 유형에 대하여 국가나 학자의 견해에 따라 다양한 기준으로 분류하지만, 이 책에서는 경찰청의 분류기준에 따라 범죄 유형을 분류하고자 한다.

가. 일반화된 디지털 범죄

사이버상에서 일반화된 디지털 범죄의 대표적인 분류의 예는 아래와 같다.

① 전자상거래 사기 또는 인터넷 사기로 인터넷을 통하여 물건을 賣買하는 과정에서 발생하는 범죄로 초고속 인터넷의 보급이 확대됨에 따라 그 규모는 날로 증가하고 있다. 인터넷으로 주문에서 결제, 배송까지 확인할 수 있는 편리성 때문에 인터넷 쇼핑몰의 이용자들이 급증하는 추세이다. 앞서 디지털 범죄의 특성부분에서도 익명성을 이용한 인터넷 사기를 설명하였듯이 현재 다양한 형태의 인터넷 사기 사건이 증가하고 있다.[61] 특히 최근에는 10대 청소년들 사이에서 주로 발생하는 게임사기가 해마다 증가하고 있다. 인터넷 게임인구가 늘어나고 게임시장이 확대됨에 따라 게임사이트에서 실제 현금으로 게임머니를 충전해 주거나 인터넷 온라인상에서 통용되는 게임머니나 게임 아이템 등이 실물처럼 거래되고 있다. 이처럼 게임머니나 아이템을 거래하기로 하는 과정에서 사기피해의 발생이 증가하고 있다.[62] 인터넷 게임에 관련된 사기

---

60) Debra Littlejohn shinder(강유 譯), 前揭書, 19면.

61) 2007년도 8월 광주경찰청 사이버 수사대의 통계에 의하면 사이버 범죄 74%가 10-20대이며, 그중 인터넷 상품매매로 인한 사기가 68%, 인터넷 게임 아이템을 이용한 사기가 25%나 차지하여 전체 93%가 인터넷 사기를 차지하고 있다. 국민일보, 2007. 8. 17.

는 일반화된 디지털 범죄 중 경찰청에 가장 많은 신고접수가 되는 사례이며, 요즘의 청소년의 인터넷 게임 사기문제는 자살, 폭행의 결과로 이어지는 등 문제가 심각하게 제기되고 있다.

② 불법복제 행위로 이는 저작권법 및 컴퓨터프로그램보호법상의 창작물에 대한 저작권을 침해하는 범죄 행위이다. 인터넷의 발달로 불법복제(illegal copy)가 쉬워지면서 과거 오프라인에서 거래되던 컴퓨터 프로그램·영화·음반 CD 등의 불법복제물들이 최근에는 인터넷을 이용하여 유포되거나 판매되는 것이 증가하고 있다. 특히 소프트웨어의 불법복제를 막기 위하여 회사마다 불법복제방지 시스템을 구축하고 있으나 이를 완벽하게 막을 수 있는 방법이 없거나, 완벽하게 방지하면 소비자의 프로그램 사용이 불편하게 되므로 불법복제를 근절시키기가 어렵다. 소프트웨어의 불법복제는 도덕적인 문제일 뿐만 아니라 소프트웨어 산업 발전의 큰 저해요인이 되고 있다.[63] 또한 자신의 컴퓨터에 관련 프로그램만 설치하면 동일한 프로그램을 사용하는 다른 사람의 컴퓨터에 보관되어 있는 자료를 공유할 수 있는 P2P(peer to peer)[64] 방식의 인터넷

---

62) 2005년도 충북지방경찰청 사이버 수사대의 통계에 의하면 10대의 사이버 범죄 절반이 통신 및 게임사기라고 하였다. 헤럴드, 2005. 9. 17; 2006년 전북지방경찰청 사이버 수사대의 통계에 의하면 10대의 사이버 범죄 85%가 통신·게임사기라고 하였다. 연합뉴스, 2006. 2. 1.

63) 이러한 불법복제는 컴퓨터프로그램 보호법 제29조, 제46조에 근거하여 프로그램의 지적재산권을 침해하는 경우에는 5년 이하의 징역, 5천만 원 이하의 벌금형이 적용된다.

64) P2P(Peer to Peer)이라 함은 인터넷을 통해 각자의 컴퓨터 안에 있는 음악·문서·동영상 파일 등을 공유할 수 있게 해 주는 기술을 말한다. PC와 PC를 직접 연결해 서버 없이도 인터넷에 접속한 개개인의 PC를 직접 검색, 저장된 자료를 1:1로 주고받는 방식이다. 이러한 서비스로 대표적인 것이 음악파일(MP3)들을 인터넷을 통해 공유할 수 있게 해 주는 「냅스터(Napster)」, 국내의 「소리바다」 등이다. www.naver.com. 이하 참조.

자료공유 서비스가 확산되면서 자료공유를 원하는 네티즌들 사이에 범죄의식 없이 불법 복제된 컴퓨터 프로그램이나 영화 및 음악들이 유포되고 있다.

이러한 불법복제 행위로 인한 문제점을 해결하기 위한 일환으로 정부는 2007년 6월 29일 개정된 저작권법을 시행하고 있다. 동법은 저작권 산업 보호를 위하여 불법파일 다운로드를 막는 필터링 장치를 설치·운영하지 않는 온라인 서비스 제공자(OSP)에 대해 최고 3,000만 원의 과태료를 부과하도록 개정하였다. 그러나 개정 법률 시행 이후 이행 실태가 미미해지자 정부는 강도 높은 모니터링과 엄정한 법집행을 추진하기로 하였다. 앞으로 인터넷을 통한 불법 저작물 유통에 대한 감시와 처벌이 한층 강화될 것이다.

③ 불법·유해 사이트를 운영하는 행위로 공공의 안녕·질서 또는 미풍양속을 해하는 등 반사회적 내용을 담고 있는 사이트 개설로 목적 자체가 법률에 위반되거나 범죄수단으로 사용되는 위법 사이트를 포함하는 범죄이다. 특히 자살 사이트나 마약거래 사이트, 위조 졸업장 및 각종 자격증 등을 만들어 주는 증명서 관련 사이트, 청부살인이나 폭력을 의뢰하는 사이트까지 생겨나 인터넷으로 정보를 주고받음으로써 오프라인 범죄의 모태가 되기도 한다. 인터넷 공간에 이러한 유해정보를 제공하는 것은 청소년이나 기타 일반 네티즌 등에게 범죄의 유혹을 제공함으로써 결과적으로는 범죄를 양산시키는 원인이 된다.[65]

④ 인터넷을 통한 명예훼손에 관한 범죄로 이는 인터넷 게시판

---

[65] 최근 청소년이 많이 이용하는 다음(daum), 네이버(naver) 등 인터넷 포털 사이트에서 청소년들의 성매매를 유혹하는 검색어 '애인대행', '역할대행' 등의 용어가 무방비로 노출이 되고 있다. YTN TV, 2007. 8. 22 보도.

에 타인의 명예를 훼손하는 글이나 사진 또는 동영상 등을 게시하거나 전자우편, 메신저 등을 통해 유포하는 범죄 행위를 말한다. 인터넷의 특성상 인터넷 게시판 등에 명예훼손 내용이 일단 게재되면 시·공간의 제한 없이 단시간 내에 급속도로 유포될 수 있기 때문에 그로 인한 피해가 심각하다. 이러한 이유로 정보통신망 이용 촉진 및 정보보호 등에 관한 법률 제61조에서는 인터넷상에서의 명예훼손죄를 형법 제307조의 명예훼손죄보다 더 무겁게 처벌하도록 규정하고 있다.[66]

⑤ 개인정보침해 범죄의 심각성은 단순히 개인정보가 유출된 것으로 끝나는 것이 아니라 유출된 개인정보가 다른 범죄에 사용될 수 있다는 것에 있으며 이러한 개인정보는 범죄의 표적이 되고 있다. 현재 우리 사회는 금융·교육·행정·쇼핑 등 생활 전반이 인터넷을 통해 이루어지고 있다. 따라서 인터넷에서 개인의 성명·주민등록번호·주소 및 전화번호 등과 같은 개인정보의 중요성은 점점 커지고 있다. 개인정보는 재화로서의 가치를 갖고 유통되기도 하기 때문에 법에서는 정보통신서비스제공자가 이용자의 동의 없이 개인정보를 수집하는 경우나 개인정보를 취급하거나 취급하였던 자가 개인정보를 타인에게 누설하거나 제공하는 경우 등과 같은 조직적인 개인정보 침해 행위도 규제하고 있다.[67]

---

66) 형법상 명예훼손에 관한 죄는 사실 유포의 경우 2년 이하, 허위사실을 유포한 경우는 5년 이하의 징역에 처하지만, 인터넷을 통한 명예훼손에 관한 죄는 사실 유포의 경우 3년 이하, 허위사실을 유포한 경우는 7년 이하의 징역에 처하고 있다. 이는 인터넷의 특성인 시·공간적 무제한성, 고도의 신속성과 전파성 등으로 인해 현실세계에서 발생되는 명예훼손보다 훨씬 큰 피해를 줄 수 있기 때문에 형법규정보다 그 형을 무겁게 한 것이다.

67) 정보통신망법에서 금지하고 있는 내용은 다음과 같다. 이용자의 동의 없이 개인정보 수집 및 제3자에게 제공, 개인정보 수집시 기본사항 미고지, 불필요한 개인정보 요구,

⑥ 스토킹(Stalking)에 관한 범죄로 이는 상대방 의사와 상관없이 의도적으로 계속 따라다니면서 편지, 전화, 팩스, 미행, 감시, 집과 직장 방문 등을 통하여 정신적·신체적 피해를 반복적으로 주는 행위라고 정의할 수 있다. 최근에는 인터넷을 이용하여 게시판, E－mail, 메신저, 문자 등 정보통신망을 통하여 상대방이 원하지 않는 접속을 지속적으로 시도하거나 욕설, 협박, 모욕 등의 내용을 지속적으로 송신하는 행위를 말한다. 우리나라에서는 현재까지 사이버스토킹을 범죄로 규정하지 않고 사이버 성폭력의 한 사례로 분류하고 있으나, 외국에서는 사이버스토킹을 독립된 하나의 범죄로 중요하게 취급하고 있다.[68]

현재 정보통신망을 통하여 스토킹을 하는 행위에 대한 처벌조항으로는 정보통신망법 제65조 제1항 3호로 "정보통신망을 통하여 공포심이나 불안감을 유발하는 말·음향·글·화상 또는 영상을 반복적으로 상대방에게 도달하게 한 자는 1년 이하의 징역 또는 1천만 원 이하의 벌금에 처한다."고 규정하고 있다. 그러나 최근 우리나라도 스토킹에 대한 범죄가 증가되고 있는 실정이며 이에 대하여 구체적인 입법이 요구된다.

제공목적 이외의 사용, 개인정보 관리책임자 미지정 및 취급자가 개인정보 유출, 이용자의 개인정보 열람·오류정정·삭제요구에 불응, 개인정보의 훼손, 비밀의 침해·도용·누설, 수신자가 원하지 않는 영리목적의 광고성 정보 전송(스팸메일 발송 포함) 등이다.

68) 미국은 1990년 California 州를 시작으로 모든 주가 스토킹법을 제정했고, California 州法 제646.9조에서 "의도적이고 악의를 가지고 타인에 대해 반복적으로 치근대거나 괴롭히는 것(willfully, maliciously and repeatedly following and harassing of another person)"이라 스토킹을 정의하고 있다. 1998년 제정된 연방 스토킹법은 사이버스토킹도 처벌대상에 포함시켰다. 일본은 2000. 5. '스토커행위 등의 규제에 관한 법률'이 제정되었다.

나. 사이버테러(Cyber Terror)형 범죄

현재 정보통신 시스템은 행정, 금융, 산업, 교통, 군사, 의료 분야 등 국가사회 전반에 보급되어 활용되고 있다. 따라서 이 정보통신 시스템의 기능을 마비시키거나, 파괴, 무력화시키는 것은 개인, 기업뿐 아니라 국가적으로 엄청난 손상과 피해를 입히고, 국가의 안위도 위협을 받게 된다.[69]

사이버테러라 함은 최첨단 정보통신기술을 이용해 정보통신망자체를 공격의 대상으로 하여 파괴하는 불법행위를 말한다. 즉, 해킹, 바이러스 유포, 메일폭탄 등을 이용하여 컴퓨터 시스템과 정보통신망을 공격하는 행위를 말한다.

사이버테러의 대상은 개인적인 자산의 손실과 사생활의 침해를 주는 개인적인 테러[70]와 기업이 운영하고 있는 정보시스템의 파괴나 기능마비 등을 통해 기업이 소유하고 있는 기술, 회계정보 등의 유출로 피해를 주는 기업테러가 있다. 마지막으로 사이버테러의 위험도가 가장 높은 것이 국가에 대한 사이버테러이다. 이는 국가간 또는 국제적인 차원에서 행해지는 테러로서 인터넷을 이용하여 통제도 없고, 국경도 없이 이루어지는 테러이기 때문에 그 피해정도가 사회경제 질서를 붕괴시킬 수 있는 정도로 규모가 크다고 할 수 있다.[71]

---

69) 이에 대한 대표적인 사례가 2001. 9. 11 테러로 당시 테러리스트들이 플로리다의 공공 도서관에서 테러에 필요한 자료 조사와 도서관 컴퓨터를 이용하여 E - mail 교신을 통해 9 · 11 테러를 모의하였다.

70) 이는 금융정보나 신용카드, 보험, 납세, 자동차등록자료 등 개인정보에 관한 절도, 변조, 파괴, 유출, 삭제 등을 통한 사생활 침해를 의미한다.

71) 대표적인 예로 1990년 걸프전에서 미국이 이라크 방공망에서 바이러스를 유포시켜 방공 시스템을 교란시켰던 경우와 1999년 코소보 전쟁에서 유고가 나토는 물론 미국과 영국에 해커를 침입시켜 백악관과 국방부 전산망을 다운시킨 것은 물론 영국 기

우리나라의 사이버테러 대응체계는 크게 국가정보원을 중심으로 하는 국가, 공공 분야의 정보보안체계와 정보통신부를 중심으로 하는 민간 분야의 정보보호체계로 이원화되어 있다. 또 국방부, 경찰청 등이 각각의 사이버테러 대응 업무를 수행하고 있다. 그리고 국가 차원의 종합적이고 일원화된 대응체계를 위해 2004년 2월 '국가사이버안전센터'가 본격 가동에 들어갔다.[72]

사이버테러형 범죄로 대표되는 것이 해킹과 바이러스 제작·유포이다. 첫째, 해커에 의한 해킹은 일반적으로 다른 사람의 컴퓨터 시스템에 무단 침입하여 정보를 절취하거나 프로그램을 파괴하는 전자적 침해행위를 의미한다.[73] 해킹은 사용하는 기술과 방법 및 침해의 정도에 따라서 다양하게 구분된다. 경찰청에서는 해킹에 사용된 기술과 방법, 침해의 정도에 따라서 단순침입, 사용자 도용, 파일 등 삭제·변경, 자료유출, 폭탄·스팸메일, 서비스 거부공격으로 구분하고 있다.[74]

우선 해킹에 관하여 먼저 살펴보면, ① 단순침입이란 정당한 접근권한 없이 또는 허용된 접근권한을 초과하여 정보통신망에 침입하는 것을 말하며, 여기서 '접근권한'이라 함은 '행위자가 해당 정

상국을 마비시켜 나토의 공습에 필요한 기상정보의 전달을 막아 공습이 취소되는 전과를 올렸던 경우 등을 들 수 있다. 南孝淳·丁相朝, 前揭書, 156면.

72) 국가사이버안전센터의 역할은 사이버테러 감시, 예방, 경고이며 국가기관의 정보통신망을 직접 모니터링하는 동시에 국내·외 사이버 보안 또는 침해사고 대응기구들과 협력해 각종 위협정보를 종합적으로 분석하고 공격징후를 탐지해 각 기관에 안전대책을 제공하고 있다. 국가정보원, www.ncsc.go.kr 參照.

73) 컴퓨터에 미친 사람을 뜻하던 것이 정보통신의 발전에 따라 타인의 컴퓨터 시스템에 접근하여 프로그램이나 정보를 훔쳐 가는 사람들로 그 의미가 바뀌었다. 김강호, 『해커의 사회학(해커를 해킹한다)』, 개마고원, 1997. 9. 26면.

74) CTRC, www.ctrc.go.kr 이하 참조.

보통신망의 자원을 임의로 사용할 수 있도록 하는 권한'을 말한다. '정보통신망에 침입한다.'란 의미는 '행위자가 해당 정보통신망의 자원을 사용하기 위해서 거쳐야 하는 인증절차를 거치지 않거나 비정상적인 방법을 사용해 해당 정보통신망의 접근권한을 획득하는 것, 즉 정보통신망의 자원을 임의대로 사용할 수 있는 상태가 되었을 때 침입이 이루어진 것'이라고 할 수 있다.

② 사용자 도용이라 함은 '정보통신망에 침입하기 위해서 타인에게 부여된 사용자 계정과 비밀번호를 권한자의 동의 없이 사용하는 것을 말한다. 개념상으로는 단순침입의 한 가지 유형이지만, 사용자 도용이 많은 부분을 차지해 별도로 구분하였다.

③ 파일 등 삭제와 자료유출로 이는 정보통신망에 침입한 자가 행한 2차적 범죄 행위로 일반적으로 정보통신망에 침입 행위가 이루어진 뒤에 가능하다.

④ 폭탄메일이라 함은 '메일서버가 감당할 수 있는 한계를 넘는 다량의 메일을 일시에 전송하여 전산망에 장애를 발생시키거나 메일 수신자의 PC에 과부하를 일으킬 수 있는 실행코드 등을 삽입하여 전송하는 것'으로 서비스거부공격[75]의 한 유형이다.

⑤ 스팸메일은 상업적인 내용의 메일을 불특정 다수에게 전송하는 것으로 쓰레기나 다름없다고 하여 정크메일(junk mail)이라고 한다. E-mail이 광고의 주요한 수단으로 부상하면서 이를 이용한 상업적인 목적의 광고가 많이 늘어나고 있다. 특히 기업광고, 특정인 비방, 음란물 및 성인사이트 광고, 컴퓨터 바이러스 등을 담은

---

75) 서비스거부공격이란 '정보통신망에 일정한 시간 동안 대량의 데이터를 전송시키거나 처리하게 하여 과부하를 야기하여 정상적인 서비스가 불가능한 상태를 만드는 일체의 행위'를 말한다.

이메일을 대량으로 발송하여 사회적인 문제를 일으키고 있다.

다음으로 사이버테러의 또 다른 유형으로 바이러스 제작·유포를 보겠다. 바이러스 또는 악성프로그램이란 일반적으로 컴퓨터 바이러스 또는 인터넷 웜(worm)[76]을 의미하며 '정보시스템의 정상적인 작동을 방해하기 위하여 고의로 제작·유포되는 컴퓨터 프로그램'이다. 보통 각자의 특징에 따라 컴퓨터 바이러스, 웜, 트로이 목마[77] 등으로 구분하고 있으며 법에서 정보통신시스템, 데이터 또는 프로그램 등을 훼손·멸실·변경·위조 또는 그 운용을 방해할 수 있는 프로그램을 악성프로그램으로 규정하고 이를 유포하는 행위에 대하여 처벌하고 있다.

이상과 같이 경찰청에서 분류하는 디지털 범죄의 유형을 살펴보았다. 이외에도 디지털 범죄의 유형을 ① 사이버 스페이스의 범죄(컴퓨터 중심 범죄, 네트워크 범죄 혹은 사이버 스페이스 범죄)와 ② 실정법상의 범죄(형법상의 범죄, 특별법상의 범죄)로 대별한 사례도 있으나, 사실 큰 차이는 없다.

---

76) Worm은 '컴퓨터에 근거지를 둔 지렁이와 같은 기생충'이라는 뜻의 부정 프로그램으로 컴퓨터 바이러스와는 달리 다른 프로그램을 감염시키지 않고 자기 자신을 복제하면서 통신망 등을 통해 널리 퍼진다.
77) 프로그램에 미리 입력된 기능을 능동적으로 수행하여 외부의 해커에게 정보를 유출하거나 원격제어로 기능을 수행하여, 트로이목마처럼 유용한 유틸리티로 위장하여 확산되기 때문에 감염사실을 알아채기 어렵다.

제2절 디지털 증거(Digital Evidence)의 개념과 유형

Ⅰ. 디지털 증거 개념

1. 증거의 의의

형사소송은 구체적인 범죄사실에 형법을 적용하여 유·무죄의 존부를 판단하는 것이므로 법규의 해석과 더불어 사실관계의 확정이 필요하다. 그런데 사실관계에 관하여 당사자 간에 다툼이 없는 경우에는 그대로 유·무죄 판단의 기초로 할 수 있으므로 별문제가 없다. 그러나 다툼이 있는 경우에는 법원이 그 존부를 확정해야 하는데 이 경우 법원은 범죄사실의 합리적인 사실인정이 자의적이고 주관적인 판단이 아니라 객관적이고 합리적인 것이 아니면 그 신뢰성은 유지될 수가 없다. 따라서 범죄사실의 인정자료에 대한 객관적 합리성을 보장하기 위하여 증거가 요구된다. 이처럼 과거의 범죄사실을 추인하기 위한 근거가 되는 자료를 증거라 한다.[78] 그리고 증거에 의하여 범죄사실을 밝혀내는 과정을 증명이라고 한다.[79]

증거는 증거방법과 증거자료의 두 가지 의미를 포함하는 개념이다. 증거방법이라 함은 사실인정의 자료가 되는 유형물 자체를 말한다. 증인·증거서류 또는 증거물이 여기에 속한다. 이에 대하여 증거자료라 함은 증거방법을 조사함에 의하여 알게 된 내용을 말

---

78) 정웅석, 『형사소송법(제2판)』, 大明出版社, 2005, 729면.
79) 申洋均, 『刑事訴訟法(제2판)』, 法文社, 2004, 645면.

한다. 예컨대 증인신문에 의하여 얻게 된 증언, 증거서류의 내용, 감정인의 감정, 증거물의 조사에 의하여 알게 된 증거물의 성질이 그것이다.[80]

2. 증거의 종류

사실인정의 자료로 사용되는 증거의 종류도 그 구별기준에 따라 여러 가지로 분류할 수 있다. 일반적인 분류방법에 의하면 증거는 직접증거와 간접증거, 인적·물적 증거, 본증과 반증, 진술증거와 비진술증거로 크게 나눈다.

먼저 증거자료와 요증사실, 즉 증명을 요하는 사실의 증명방법에 따른 분류로 직접증거라 함은 재판의 기초가 되는 주요사실을 증명하는 데 사용되는 증거를 말한다. 예컨대 범행현장을 직접 목격한 증인의 증언, 문서를 위조한 범인의 자백 등이다. 이에 대하여 간접증거라 함은 간접사실을 증명함으로써 요증사실의 증명에 이용되는 증거로 정황증거라고도 한다. 예컨대 피고인의 옷에 묻은 혈흔, 범행현장에 남아 있는 지문 등이다.

둘째로 증거방법의 물리적 성질에 따라서 인적 증거와 물적 증거로 분류한다. 인적 증거라 함은 사람의 진술내용이 증거로 되는 것을 말하며, 인증이라고도 한다. 예컨대 증인의 증언, 피고인의 진술, 감정인의 감정 등이 여기에 해당한다.[81] 물적 증거라 함은 물건의 존재 또는 상태가 증거로 되는 것을 말하며 증거물, 물증

---

80) 李在祥, 前揭書, 447면.
81) 申洋均, 前揭書, 647면.

이라고도 한다. 여기에는 살인에 사용된 흉기, 절도죄의 장물 등이 해당한다. 물적 증거 가운데 특히 서면이 증거로 되는 경우를 서증이라고 하는데, 여기에는 서면의 존재 자체가 증거로 사용되는 증거물인 서류와 서면의 의미내용이 증거로 되는 증거서류가 있다.

셋째로 증명의 방식에 따른 분류로 본증과 반증이 있는데, 본증이라 함은 거증책임을 지는 당사자가 제출하는 증거를 말하며, 반증이라 함은 본증에 의하여 증명될 사실의 존재를 부인하기 위해 제출하는 증거를 말한다. 형사소송법상 거증책임은 원칙적으로 검사에게 있다는 의미에서 검사가 제출하는 증거를 본증, 피고인이 제출하는 증거를 반증이라고 한다.

넷째로 진술증거라 함은 사람의 진술이 증거로 되는 것으로 구두에 의한 진술증거와 서면에 의한 진술증거가 있다. 이러한 진술증거는 범죄사실을 직접 체험한 증인이 직접 법원에 진술하는 원본증거와 체험자의 진술이 서면이나 타인의 진술이라는 형식으로 간접적으로 법원에 전달되는 전문증거로 나누어진다.

3. 디지털 증거의 정의

정보통신기술의 발달로 다양한 디지털기기들이 사용되기 이전에는 범죄의 모든 증거는 유체물에 근거한 물리적인 증거에 기초하였다. 예를 들어 범인이 현장에 남겨 놓은 지문, 혈액, 체액, 유류물, 족적, 자동차 바퀴자국, 범행도구 등 기타 여러 가지 유체물들이 범죄의 증거로 수집되고 이용되었다. 따라서 기존의 법체계에서는 이러한 유체물에 근거한 물리적 증거에 적합한 증거 수집 및 증거이용 방법들을 규정하고 있다. 그러나 다양한 디지털기기들의 출현과 기술들은 유체물로 구성된 기존의 사회와는 다른 새로운 디지털 환경을 만들었다. 이러한 디지털 환경에 따른 디지털 저장 매체 안에는 지문, 범행도구, 족적, 혈액 등 유체물적인 물리적 증거도 없다. 이러한 디지털 환경하에서 생성되거나 남겨진 범죄 증거들은 디지털의 형태로 존재하는데 보통 이를 디지털 증거(Digital Evidence)라 부르며 기존의 물리적인 증거에 바탕을 둔 기존 형사 법체계에 디지털 증거를 그대로 적용하기에는 많은 문제점이 발생하게 된다.[82]

이러한 디지털 증거라는 용어는 학자 또는 외국의 관련 연구단체에 따라서 다양하게 정의할 수 있다. 1995년 미국, 호주, 홍콩, 영국 등 여러 국가의 법집행 관계자들을 중심으로 창설된 '컴퓨터 증거에 관한 국제 조직(International Organization on Computer Evidence: IOCE)'에서 디지털 증거를 '이진수 형태로 저장 혹은 전송되는 법정에서 신뢰될 수 있는 정보'[83]라고 정의하고 있다.[84] 또한 디지털 증거에 관한 과학실무그룹(Scientific Working Group on Digital Evidence: SWGDE)은 2000년 4월 「디지털 증거의 기준과 원칙」이라는 논문에서 디지털 증거라 함은 "디지털의 형태로 저장되거나 전송되는 증거가치 있는 정보"[85]라고 정의하고 있다.

Eoghan Casey는 그의 저서 『Digital Evidence and Computer Crime』에

---

82) 梁根源, 「刑事節次上 디지털 證據의 蒐集과 證據能力에 관한 研究」, 慶熙大學校博士學位論文, 2006, 8면.

83) Digital Evidence: Information stored or transmitted in binary form that may be relied upon in court.

84) www.ioce.org. 이하 참조.

85) Digital Evidence: Information of probative value stored or transmitted in digital form.

서 디지털 증거를 다음과 같이 정의하고 있다. "디지털 증거는 범죄를 입증하거나 범죄와 그 범죄로 인한 희생자 또는 범죄와 범죄자 사이의 관계를 제공할 수 있는 모든 디지털 데이터"[86]라고 용어를 정의하고 있다.[87]

디지털 증거는 기본적으로 저장매체와 별개인 정보에 불과하다는 점, 저장방식이 0과 1의 조합인 이진수 방식이며 이를 기본적으로 디지털이라고 한다는 점, 그리고 증거로서의 가치를 가지고 있는 정보여야 한다는 점 등을 고려하면 '디지털 증거'를 '디지털 형태로 저장되거나 전송되는 증거가치 있는 정보'라고 규정하는 것이 합리적일 것이다.[88]

우리나라는 매년 디지털 범죄가 기하급수적으로 증가하고 있음에도 이와 관련된 디지털 증거라는 용어의 개념조차도 기존 우리의 법체계에서는 법률적인 용어로 사용하지 않고 있는 실정이다. 단지 학자들의 논문에서 이와 유사하게 전자증거,[89] 전자기록, 컴퓨터 관련 증거[90] 등으로 사용되고 있다. 물론 디지털 증거란 용어를 사용하는 학자들도 있다.[91]

---

86) 디지털 데이터란 텍스트 · 이미지 · 오디오 · 비디오를 포함하는 다양한 유형의 정보를 포함하는 수많은 조합을 의미한다. Eoghan Casey, Digital Evidence and Computer Crime: forensic science, computer and the internet, Academic Press, 2000, p.1.

87) digital evidence encompasses any and all digital data that can establish that a crime has been committed or can provide a link between a crime and its victim or a crime and its perpetrator. Eoghan Casey, *libd* p.1.

88) 梁根源, 前揭論文, 21면 이하 參照.

89) 탁희성, 「전자증거에 관한 연구」, 이화여자대학교 박사학위논문, 2004, 8면.

90) 吳奇斗, 「刑事節次上 컴퓨터 關聯證據의 수집 및 利用에 關한 硏究」, 서울大學校 博士學位論文, 1997, 15면.

91) 탁희성 · 이상진, 「디지털 증거분석도구에 의한 증거 수집절차 및 증거능력확보방안」, 한국형사정책연구원, 2006. 12, 31면; 안경옥, 「형사재판절차에서 테크놀로지의 활용과 형사소송법적 문제점(21세기 형사사법개혁의 방향과 대국민 법률서비스 개선방안

법률용어로 '전자적'이라는 용어 대신 '디지털'이라는 용어를 사용하는 것은 아직 보편적이지 않다. 일부 국가의 법률에서는 전자적 기록(Electronic Document)이라는 용어를 사용하는 경우도 있으며,[92] 우리나라의 경우에도 독촉절차에서의 전자문서이용 등에 관한 법률, 전자어음의 발행 및 유통에 관한 법률, 전자정부 구현을 위한 행정업무 전자화 촉진에 관한 법률, 전자서명법, 전자거래기본법, 전자어음의 발행 및 유통에 관한 법률 등 여러 법률에서 '전자'라는 용어를 사용하고 있고, 온라인디지털콘텐츠산업발전법에서는 '디지털'이라는 법률용어를 유일하게 사용하고 있다.[93]

II. 디지털 증거의 특성

앞에서 디지털 증거의 정의와 물리적 증거와의 차이점을 살펴보았다. 디지털 증거를 수집하고 보존하는 것은 전통적인 형태의 증거를 다루는 방법과 여러 면에서 차이가 있다. 특히 디지털 증거는 만질 수 없으며, 자기 또는 전자적 형태로 표현된 정보이다. 또한 디지털 증거의 물리적 모습과 내부 데이터는 아무 상관이 없으며 게다가 디지털 증거는 손상되기 쉬운 특성이 있다. 그래서 범죄자는 아주 짧은 시간 동안 고의로 중요한 증거를 쉽게 삭제할 수 있으며 수사관은 자신도 모르는 사이에 증거에 손상을 입히거

(V)」, 한국형사정책연구원, 2005, 155면.

92) 캐나다의 경우 증거법 제31.1조 이하에서는 '전자적 기록(Electronic Documents)'이라는 용어를 사용한다.

93) 梁根源, 前揭論文, 18 – 19면 이하 參照.

나 파괴하는 경우도 종종 있을 수 있기 때문에 특별히 디지털 증거의 특성을 고려하여 주의를 갖고 취급해야 한다.

일반적인 물리적 증거와 다르게 디지털 증거만이 갖는 특성은 무엇이 있는지 구체적으로 살펴보면 비가시성·비가독성, 매체독립성, 취약성(Fragile), 원본과 사본 구별의 곤란성, 대량성(Massive), 전문성, 네트워크 관련성, 잠재성(Latent) 등의 특성을 갖고 있다. 아래에서는 디지털 증거의 특성에 대하여 자세히 살펴보겠다.

1. 비가시성·비가독성

디지털 저장매체에 기록·보존된 디지털 증거는 그 존재 및 상태를 사람의 지각으로 바로 인식할 수 없기 때문에 증거로 사용되기 위해서는 반드시 일정한 절차를 거쳐야 한다는 특성이 있다.[94] 종이매체에 기록된 문서의 경우 그 내용이 문제가 되더라도 기록된 문서매체를 제시하는 방법으로 가능하며, 그것이 원본인지 아닌지 형식적인 검증만으로도 쉽게 구별할 수 있다.

그러나 컴퓨터 하드디스크에 저장되거나 기록된 디지털 데이터의 경우에는 사람의 육안으로는 식별이 불가능하기에 하드디스크를 제시하는 것만으로 증거가 되는 내용을 확인할 수는 없다. 따라서 그 내용을 모니터상에 나타내거나 프린터 인쇄기를 통해 종이매체 등으로 인쇄되어 제시되었을 때 비로소 가시성·가독성이 주어진다. 즉 디지털 데이터는 잠재적인 증거로서 변환절차를 거쳐야만 증거로서 기능을 할 수 있는 것이다.

---

94) 원혜욱, 전게 논문, 32면; 경찰청, 「디지털 증거분석」, 2005. 7, 8면.

2. 매체독립성

디지털 증거는 유체물이 아니고 각종 디지털 매체에 저장된 혹은 전송 중인 정보 자체이다.[95] 저장된 물리적 저장매체를 손괴하는 경우를 제외하고 대부분 디지털 증거는 매체와 독립된 혹은 중립된 정보 내용이 증거로 되는 경우이며 이 정보는 값이 같다면 어느 매체에 저장되어 있든지 동일한 가치를 지니고 있다. 이러한 특성 때문에 원본매체가 원형 그대로 보존되어 법정에 증거로 제출되는 경우를 제외하고 다른 매체에 복사 또는 기타의 방법으로 이전되어 법정에 제시되는 경우가 많을 것이며 이와 관련된 다양한 법적 문제가 발생할 소지가 있는 것이다.[96] 따라서 이러한 디지털 증거의 특성과 관련하여 복사본이 법원에 증거로 제출되는 경우에 대비하여 이를 규율할 수 있는 법률이 제정되어야 할 것이다.

3. 취약성

일반적인 물리적 증거와는 다르게 디지털 증거는 위조나 변조, 삭제가 쉽다. 단 하나의 명령 또는 컴퓨터의 키보드만으로도 수많은 디지털 자료를 삭제하거나 변경시킬 수 있고 자료의 일부만 쉽게 변경시킬 수 있다.[97] 이것은 디지털 정보를 쉽게 가공할 수 있는 장점으로 활용될 수 있지만 디지털 증거 측면에서는 위조·변조, 증거

---

95) 원혜욱, 「컴퓨터 관련 증거의 증거조사와 증거능력」, 수사연구, 수사연구사, 2000. 6, 32면.

96) 梁根源, 前揭論文, 22면.

97) 이성진 외, 「해킹피해시스템 증거물 확보 및 복원에 관한 연구」, 한국정보보호진흥원, 2002. 11, 149면; 경찰청, 전게서, 8면.

의 인멸의 가능성이 높다는 단점이 될 수 있다. 일반 물리적인 범죄 증거의 경우 쉽게 특성이 변하는 화학물질이나 사라지기 쉬운 미세 물질인 경우를 제외하고는 범죄 증거가 갑자기 사라지는 경우는 드물다. 또한 범죄 증거를 조작하면 흔적이 남게 되므로 조작 여부를 비교적 쉽게 판별할 수 있다. 그러나 디지털 증거를 수정·삭제·변경·조작 등을 할 목적으로 디지털 정보를 바꾸었다면, 이러한 행위가 언제, 어디서, 누가, 어떻게 수정·삭제·변경·조작 등을 하였는지 판별하기 어려운 취약성이 존재한다.[98]

또한 증거 수집·보존·분석과정에서 각종 소프트웨어나 장비들이 사용되게 되는데 이 경우 수사관의 인위적인 조작, 기술력 부족 또는 시스템 작동과정에서 필연적으로 컴퓨터나 서버 시스템 내의 많은 변화가 일어나는 경우가 있다. 예를 들면 수사관이 컴퓨터를 압수하여 분석하기 위해 전문적인 컴퓨터 분석가의 지시나 조치 없이 시스템을 부팅시켰을 경우에 시스템 내부적으로는 시스템 작동과 관련된 많은 파일들이 프로그래밍된 절차에 따라 자동적으로 생성 혹은 변경되어 압수된 디지털 증거의 가치가 무의미할 수 있다.[99]

따라서 컴퓨터 또는 디지털 기기를 통하여 증거를 수집할 경우에는 수사관과 컴퓨터 전문 분석가의 지시나 조치를 받고 이 디지털 증거가 수정·삭제·변경·조작되지 않았음을 입증할 수 있도록 무결성을 확보하는 법적인 규정과 절차가 조속히 만들어져야 하며 더불어 이를 뒷받침할 수 있는 기술이 함께 병행되어야 한다.

---

98) 탁희성·이상진, 전게서, 36면.
99) 梁根源, 前揭論文, 24면.

4. 디지털 증거의 원본(Original)과 복사본(Copy) 구별의 곤란성

디지털 증거는 아날로그 자료와는 달리 값만 동일하면 반복된 복사과정에서도 질적 저하가 없기 때문에 원본과 복사본의 구별이 어렵다.[100] 따라서 수집된 증거가 범행의 결과로 나타난 원본인지 복사본인지 명확하게 하는 절차가 필요하다. 특히 내용이 동일한 디지털 데이터라 할지라도 복사되거나 다른 이전방법에 의해 새로 저장되었을 경우 데이터가 생성되거나 접근한 시간이 서로 달라진다. 따라서 증거 수집절차상 각별한 기술적 대책과 절차가 필요한 것이며 증거능력을 인정함에 있어서 이 부분이 명확하지 않을 경우 증거로서의 가치가 상실될 수도 있다.[101]

5. 대량성 · 전문성

정보통신 기술의 발전은 컴퓨터 내의 정보나 자료를 저장할 수 있는 기술이 더불어 발달되어 용량이 작은 저장매체[102]에도 많은 분량의 정보나 자료들을 저장할 수 있게 되었다. 이러한 저장매체의 발전과 더불어 생산되는 정보의 양도 대량으로 증가하고 있다.[103]

---

100) 이성진 외, 전게서, 150면; 경찰청, 전게서, 9면.

101) 梁根源, 前揭論文, 23면.

102) 저장매체에는 자기저장매체(플로피디스크, 하드디스크 등)와 광학 저장매체(CD, DVD 등)가 있다.

103) 미국 버클리대의 경영정보 대학원의 'How Much Information?'라는 연구에 따르면, 1999년 이전에는 30만 년 동안 12Exabyte 정보를 만들었으나, 1999년부터 4년 동안 9Exabyte 정보를 만들었고, 매년 2배 이상의 정보량이 증가하고 있다고 한다. 그리고 정보의 디지털화가 가속화되고 있는데, 2002년의 경우 생산된 정보의 0.03%만이 문서기록 매체이며, 92.48%는 자기 및 광학 저장매체에 저장되었는데 대부분이 디지털 형태라고 한다.

이렇게 증가하는 대량의 디지털 정보들로 인하여 범죄와 관련되는 디지털 증거들도 기하급수적으로 증가하고 있다.[104] 이러한 대량의 디지털 증거와 관련하여 특히 문제가 되는 것은 포털업체가 운영하는 서버의 경우에는 하나의 저장매체 또는 시스템인 경우라도 압수·수색의 대상이 되는 특정인의 자료만 저장 또는 전송되는 것이 아니라 범죄와 전혀 관계없는 다수인의 데이터가 저장 또는 전송되는 것이 통상적이다.[105] 따라서 증거 수집의 범위와 관련된 법적인 문제가 발생할 수 있다. 특히 이 부분에서 헌법상 타인의 사생활이 침해될 여지가 많이 발생한다. 또한 대량의 데이터가 대규모로 집적되어 저장·처리·전송되는 만큼 저장된 물리적 저장매체를 압수하여 분석하는 데에는 강력한 성능을 가진 시스템이 필요하고 장기간의 시간과 전문적인 지식이 소요되는 경우가 많이 발생한다.[106]

현재 디지털 방식으로 자료를 저장하는 데에는 고도의 기술과 많은 프로그램들이 사용된다. 따라서 저장된 자료가 어떤 소프트웨어 프로그램을 사용해서 저장되었는지 정확하게 규명되지 않으면 자료에 접근하기조차 어려운 문제가 발생한다. 마찬가지로 접근하여 수집된 자료라 할지라도 이를 가독성·가시성 있는 자료로 제

---

104) 미국 FBI 컴퓨터분석 및 대응팀(Computer Analysis and Response Team: CART)에 따르면, 1999년부터 2003년까지 디지털 증거 수집 사건과 증거 수집 용량의 변화를 조사한 결과, 사건의 수는 완만하게 증가하나 증거 수집 용량은 기하급수적으로 증가하였다. 2003년도 한 해 디지털 범죄 사건은 6,311건, 수집된 증거의 용량은 769Terabyte로 한 사건당 평균적으로 1,218Gigabyte가 수집되었다. 2007년 현재 보통 하드디스크의 용량이 약 300기가임을 고려한다면 사건당 하드디스크 4개가 수집된다. 탁희성·이상진, 전게서, 30면. www.fbi.gov.
105) 안경옥, 전게 논문(한국형사정책연구원), 157면.
106) 경찰청, 전게서, 9면.

시하고 그 내용을 해석하는 데에는 해당 분야에 대한 전문적인 지식 없이는 불가능한 경우가 많다. 또한 법정에 제시된 최종 산출물이 원본 증거에서 산출된 것인지 검증하는 것도 필요하다. 즉 디지털 증거의 수집과 분석에 전문적 기술이 사용되고 많은 전문가가 개입할 여지가 생기며, 증거법적으로 해결해야 할 문제의 소지가 많다. 미국의 경우는 이러한 문제 때문에 디지털 증거와 관련된 다양한 전문지식과 기술을 보유한 사람들이 직접 수사관으로서 증거를 수집·분석하는 경우가 많다.[107]

그러나 우리나라의 현실은 아직 전문적인 지식과 기술을 보유한 수사관이 많이 부족한 상황이며, 따라서 앞으로 발생될 디지털 범죄에 대비하여 디지털 증거 수집·분석 전문가의 채용, 다양한 신종 범죄의 출현에 대처하기 위한 지속적인 교육과 훈련을 통해 선진적이고 전문적인 지식과 기술을 습득해야 할 것이다.

6. 네트워크 관련성

현재의 디지털 환경은 각각의 디지털 장치들이나 기기들이 독립적으로 움직이는 방식이면서 서로 네트워크로 연결되어 있는 경우가 많다. 이러한 유선·무선 네트워크를 통해서 디지털 증거는 시·공간을 넘어서 저장·전송·처리된다. 따라서 증거가치가 있는 디지털 자료를 수집하기 위해서는 네트워크를 통해 시스템에 접근해야 하는 경우도 생기게 된다.[108]

---

107) 梁根源, 前揭論文, 25면.
108) 양근원, 「디지털 증거의 수집과 증거법상의 문제」, 사이버테러대응센터 공동심포지엄, 2005, 11면.

EU의 사이버 범죄방지조약 제32조는 초국경적 수색을 규정하고 있는데 이에 대한 비판론자들은 2000년 미국 FBI의 러시안 해커 검거 사건[109]을 들면서 타국의 주권을 침해하여 타국에 소재한 타국민 소유의 재산을 압수·수색하는 것은 잘못된 것이라고 비판하고 있다.[110]

또한 디지털 증거들은 저장매체에 저장되어 있는 경우뿐만 아니라 실시간으로 해킹 중인 범인을 추적해서 증거를 수집해야 하는 때도 있다. 이처럼 현재의 디지털 환경은 디지털 저장매체와 네트워크가 엄격하게 분리되는 것이 아니라 상호 밀접하게 관련을 가지면서 운용되고 있기 때문에 디지털 증거를 수집하는 데에는 이러한 기술적인 특성을 고려해야만 한다.[111]

---

109) U. S. v. Vasiliy Vyacheslavovich Gorchkov 사건 참조: 2000년 FBI는 해커들이 미국의 은행과 여러 회사의 전산망에 침입하고 있음을 발견하였다. FBI는 해킹의 근거지가 러시아에 소재한 서버임을 확인하고 러시아 수사 당국의 도움을 요청하였으나 거절당했다. 그사이 해커들은 피해회사들이 보유한 금융정보, 개인정보 등을 빼낸 다음 송금하지 않으면 위 정보들을 공개하겠다고 협박하였다. FBI는 가짜로 컴퓨터 보안 회사를 차린 후, 해커들에게 접근하여 사원 채용을 위한 면접을 하자고 해커들을 미국 내로 유인하였다. 수사관들은 컴퓨터 실력을 테스트하자고 제의하며 사전에 '키로깅'을 설치한 노트북을 건네주고 어느 회사의 전산망을 해킹하도록 하였다. 그들은 그 전산망 침입에 성공하였고 그 과정에서 러시아에 소재한 피의자들의 컴퓨터 시스템에 접속하였다. FBI는 이 과정에서 피의자들이 사용한 ID와 비밀번호를 알아냈고 이를 이용해 피의자들의 컴퓨터 시스템에 동의 없이 접속하여 해킹 혐의 등을 입증할 수 있는 증거들을 영장 없이 다운로드하였다. 미국 내에서의 컴퓨터 범죄와 사기로 기소된 위 피의자들은 재판과정에서 위 증거 수집이 미국의 수정헌법 제4조 및 러시아법을 위반하였다며 동 증거들의 배제를 주장하였다. 이에 대해 미연방 1심 법원은 수정헌법 제4조는 미국 영토 외에서 행해진 압수·수색에 적용되지 않는다. 또한 긴급 상황하에서 이루어진 압수·수색이므로 영장 없이 이루어진 것이라도 위법이 아니며 러시아의 압수·수색에 관한 법규는 미국 수사관의 행위에 적용되지 않는다는 등의 이유로 증거의 합법성을 인정하였다. 정수봉, 「유럽의회 사이버 범죄 방지조약의 주요 내용 및 쟁점」, 해외연수검사연구논문집(Ⅰ) 제19호, 법무연수원, 2004. 3, 644 - 645면.

110) Susan W. Brenner, Transnational Evidence Gathering and Local Prosecution of International Cybercrime, 20 J. Marshall J. Computer & Info. L. p.347.

111) 梁根源, 前揭論文, 26면.

Ⅲ. 디지털 증거의 유형

컴퓨터와 네트워크로 연결된 인터넷 공간은 다양한 형태의 디지털 증거를 만들어 내고 있다. 또한 디지털 증거를 어떻게 유형화할 것인가에 대한 여러 가지 견해가 있다. 어떤 학자는 사람에 의한 처리과정의 유무에 따라 컴퓨터에 의해 생성된 증거(Computer-generated Evidence)와 컴퓨터의 조력을 받은 증거(Computer-aided Evidence)로 구분하고 후자는 다시 컴퓨터에 저장된 증거와 컴퓨터 시뮬레이션으로 나누어진다고 한다.[112] 컴퓨터에 의해 생성된 증거와 컴퓨터의 조력을 받은 증거는 증거능력상의 차이가 있다고 한다. 즉 전자는 진정성의 문제가 제기되며 후자는 결국 조작자의 진술이므로 전문증거로 분류된다고 한다.[113]

또한 출력에 의한 문서화가 가능한가의 여부에 따라 전자문서 형태의 증거와 데이터 형태의 증거로 구분해 볼 수 있다는 견해도 있다. 그리고 증거의 존재양식에 따라 자기 테이프나 자기 디스크 등에 저장된 전자적 기록의 존재 그 자체가 증거가 되는 경우와 전자기록이 일정한 정보처리 장치에 의해 출력, 작성되어 그 내용이 증거로 되는 경우로 나누기도 한다.[114] 이의 구분은 증거조사 방식에 따라 구분의 실익이 있다고 한다. 즉 전자는 증거물인 서면에 관한 증거조사의 방식에 따라 이를 제시해야 하며 전문법칙

---

112) Randolph A. Bain · Cynthia A. King, "Comments: Guidelines for the Admissibility of Evidence Generated by Computer for Purpose of Litigation", 12 U. C. Davis Law Review, 1982, p.951; 탁희성, 전게서, 11면.

113) 최영호, 『컴퓨터와 범죄현상』, 컴퓨터 출판, 1995, 416면.

114) Arkin 외, Prevention and Prosecution of Computer and High Technology Crime, 1988, 8장 3절.

이 적용될 수 없지만 후자는 증거서류에 관한 증거조사 방식에 따라 그 내용을 제시하거나 그 내용을 알기 위해 검증이나 감정을 실시하고 전문법칙이 적용된다고 한다.[115]

이와 같이 디지털 증거 혹은 전자 증거를 구분하는 방식은 전문법칙 등 증거능력에 관한 규정 적용과 증거조사를 염두에 두고 구분한 경우가 많으나 사실상 전문법칙이 적용되느냐의 여부는 각각의 디지털 증거가 어떻게 생성되었느냐에 따라 구분되는 것이 아니라 수집된 증거가 진술증거인지 아니면 비진술증거인지, 혹은 진술증거라 할지라도 전문증거인지 원본증거인지에 따라 구분해야 할 것이다. 또한 디지털 증거는 각각의 존재형식에 따라 증거를 수집하는 방법에 커다란 차이가 있고 법적인 수단이 달라지는 것이며 증거능력에 관한 문제는 이와 별도로 판단해야 하는 것이 합리적이라고 본다. 따라서 여기에서는 디지털 증거의 수집과 관련된 법적인 절차, 그리고 각각의 특성에 맞는 수집방법이 어떠한 법적인 의미를 갖는 것인지 판단하기 위해 증거의 유형을 그 존재형식에 따라 구분하기로 한다.

디지털 증거를 그 존재형식에 따라 구분해 보면 휘발성 증거, 디지털 저장매체에 저장된 증거, 전송 중인 증거로 크게 대별할 수 있을 것이다. 물론 이러한 구분 방식이 절대적인 것은 아닐 것이나 디지털 증거의 수집 문제와 관련하여 중요한 의의를 가질 수 있을 것이다.

---

115) 吳奇斗, 前揭論文, 217면.

1. 휘발성인 디지털 증거

휘발성 증거라 함은 컴퓨터 실행 시 일시적으로 메모리 또는 임시파일에 저장되는 증거로 네트워크 접속 상태·사용 중인 파일 내역 등 컴퓨터 종료와 함께 삭제되는 디지털 증거를 말한다.[116]

휘발성 증거는 수사관들에 의해 파일형태로 별도 저장되거나 사진촬영 등의 방법으로 수집되며 컴퓨터 시스템 등을 이용하여 범행 중의 상태를 밝혀내는 데 있어서 중요한 근거자료가 된다. 예를 들어 용의자가 네트워크를 이용하여 타인의 서버 시스템을 해킹하여 이를 경유지로 이용하거나 자료를 삭제하고 있는 경우 주 메모리에서 작동 중인 응용소프트웨어[117]의 상태를 명령어로 표시해 보면 당시 어떤 행위를 하고 있는가 알 수 있다. 그리고 그 접속지도 추적해 낼 수 있으므로 범행을 증명하는 직접증거로 사용할 수 있는 것이다. 그러나 이 임시 공간에 저장된 휘발성 증거는 수집된 이후에는 동일한 상태를 지속적으로 유지할 수 없으므로 증거의 진정성을 증명하기가 어렵다는 데 문제가 있다.[118]

2. 매체에 저장된 디지털 증거

컴퓨터 하드디스크, CD-ROM, USB, 플래시 메모리 등의 매체에 저장된 디지털 증거는 인위적인 손상을 가하지 않는 한 저장된 상태를 지속적으로 유지하는 특성을 가지고 있다. 따라서 오래도록

---

116) 경찰청, 『디지털 증거처리 표준 가이드라인』, 경찰청 수사국, 2006. 12, 7면.
117) 이를 '프로세서'라고 한다.
118) 梁根源, 前揭論文, 28-29면 이하 참조.

저장 상태를 유지할 수 있는 이런 매체를 디지털 기기들은 저장장치로 이용한다. 현실적으로 수사관들이 직접 취급하는 많은 디지털 증거들은 이러한 저장매체에 저장된 디지털 증거들이다. 이들 각각의 저장매체들은 디지털 방식이라는 공통점이 있지만, 다양한 응용소프트웨어에 따라 저장 형식이 틀려지게 된다. 저장매체에는 범행에 사용된 응용소프트웨어 자체 또는 응용소프트웨어에 의해 결과적으로 생성된 데이터 파일이 저장되어 있다. 데이터 파일에는 사람의 작업의 결과로 저장되는 데이터가 있고, 서버의 로그처럼 시스템 설정에 따라 자동으로 저장되는 데이터가 있다. 저장매체에 저장된 데이터를 사람이 인식할 수 있는 형태의 자료로 제시하기 위해서는 이를 표현해 주는 응용소프트웨어가 필요하게 된다.[119] 이러한 과정 때문에 저장된 원본 데이터와 가시·가독할 수 있는 형태로 산출된 데이터 간의 동일성을 증명하는 문제가 제기될 수 있고, 가시·가독할 수 있게 사용된 소프트웨어의 성능에 대한 검증문제도 제기될 수 있다.[120]

3. 전송 중인 디지털 증거

전송 중인 디지털 증거를 수집한다는 것은 발신되어 수신되기까지의 과정 중에 수집하는 증거이다. 이는 헌법상 엄격하게 보장되고 있는 통신의 자유, 프라이버시권과 관련하여 네트워크상에서 수집되는 디지털 증거가 각각 어느 정도의 범위까지 보호를 받아야

---

119) hwp 파일 형식으로 저장된 데이터의 경우 '한글' 프로그램이 필요하며, xls 파일 형식인 경우 '엑셀' 프로그램이 ppt 형식인 경우 '파워포인트' 프로그램이 필요하다.
120) 梁根源, 前揭論文, 29 - 31면 참조.

하는가 하는 수집 수단의 문제와 직결된다. 전송 중인 통신의 내용을 지득하는 것은 통신의 자유와 프라이버시권을 직접적으로 침해하는 행위이다.

네트워크상에서 전송 중인 자료를 수집하는 방법은 실시간으로 용의자의 통신내용을 지득하거나 접속지의 위치를 추적하기 위해 필요한 경우에 사용될 수 있다. 그러나 정당한 수단을 사용하여 전송 중인 증거를 수집하는 경우에도 인터넷 통신의 특성상 수집이 필요한 자료뿐만 아니라 전송·수신 중인 모든 자료를 수집할 수 있게 되는 결과를 가져온다.[121] 이는 결국 범죄와 관련이 없는 타인의 사생활을 침해하는 결과를 가져오기 때문에 이에 대한 적절한 규제방법이 필요하다 하겠다.

제3절 컴퓨터 포렌식을 통한 디지털 증거의 수집

Ⅰ. 컴퓨터 포렌식(Computer Forensics)의 개념

1. 컴퓨터 포렌식의 기원과 탄생

1957년 미국의 아이젠하워(Dwight David Eisenhower) 대통령은 소련의 첫 번째 인공위성인 스푸트니크(Sputnik)[122]에 대항할 목적으로

---

121) 梁根源, 前揭論文, 31 – 34면 이하 참조.
122) 러시아가 발사한 세계 최초의 인공위성으로 '동반자'라는 뜻이다. 스푸트니크 1호는 1957년 10월 4일 발사되었고, 2호는 1957년 11월 3일, 3호 1958년 5월 15일 각각

국방부 산하기구에 고등군사연구계획국(Advanced Research Projects Agency: ARPA)을 만들었다. ARPA의 첫 번째 프로젝트는 미국의 첫 번째 위성을 만드는 것으로, 얼마 후 그 일환으로 컴퓨터와 네트워크 기술에 대해 연구하기 시작하였다. 1960년대에 미·소의 냉전은 핵전쟁의 가능성을 고려하기 시작했으며, 핵전쟁이 일어났을 경우 어떻게 서로 통신을 할 수 있을지에 대해 연구하기 시작하였다. 이것이 바로 ARPA가 컴퓨터에 관한 연구를 시작하게 된 동기였다. 1962년 ARPA의 컴퓨터 연구 프로그램의 수석 연구원인 릭 클라이더(J. C. R. Licklider) 박사[123]가 임명되어 정부·군대·대학 사이트를 연결하는 광역 네트워크를 구축하는 데 힘을 쏟았다. 이 네트워크는 다른 컴퓨터에 도달하는 데 있어서 여러 경로를 사용했기 때문에 한 노드(node)[124]가 다운되더라도 메시지를 다른 경로로 보낼 수 있었다. 이 네트워크는 1960년대에 개발된 패킷(packet)[125]교환 기술을 사용했는데 이 네트워크가 바로 ARPANet이었다.[126] 1970년대와 1980년대를 거치면서 컴퓨터가 서서히 증가하

발사되었다.

123) Joseph Carl Robett Licklider 박사는 인터넷을 제시한 사람으로 ARPA가 1962년 정보처리기술실(Information Processing Techniques Office: IPTO)을 설립하자 이곳의 초대 책임자로 컴퓨터그래픽, 인공지능, 컴퓨터 네트워크 등 최첨단 연구를 지휘했다. 그는 이미 1960년 「인간 – 컴퓨터 공생(Man – Computer Symbiosis)」에 관한 논문을 집필했을 만큼 사람과 기계의 인터페이스에 대해 비전을 가지고 있었다.

124) 데이터 통신망에서 데이터를 전송하는 통로에 접속되는 하나 이상의 기능 단위로 주로 통신망의 분기점이나 단말기의 접속점을 말한다. www.naver.com 이하 참조.

125) 패킷은 네트워크를 통해 전송하기 쉽도록 자른 데이터의 전송단위를 말한다. 본래는 소포를 뜻하는 용어로 소화물을 뜻하는 패키지(package)와 덩어리를 뜻하는 버킷(bucket)의 합성어이다. 우체국에서는 화물을 적당한 덩어리로 나눠 행선지를 표시하는 꼬리표를 붙이는데, 이러한 방식을 데이터통신에 접목한 것이다.

126) Debra little john shinder ed tittel; 譯 강유, Scene of the cybercrime computer forensics handbook, 에이콘, 2003, 59면.

기 시작하여 1990년대에 들어서면서 본격적인 인터넷이 시작되었으며, 인터넷의 상업화가 시작되면서 컴퓨터 범죄는 발생하기 시작하였다.

컴퓨터 범죄가 발생하게 된 것은 첫째로 컴퓨터의 하드웨어 공간에 중요한 정보를 저장하는 것이 알려지면서 이러한 정보를 습득하고자 하는 것이 범죄자의 목표가 되고부터 발생하였다. 둘째는 이러한 정보들이 인터넷을 통하여 전송되기 시작하고 범죄자들은 이러한 정보들을 획득하고자 컴퓨터를 공격하면서 시작되었다.

최근 인터넷 네트워크망의 발달과 컴퓨터의 가격이 저렴해짐에 따라 컴퓨터 범죄가 증가하기 시작하였으며, 이제는 초등학교에서부터 PC를 배우고 공공기관, 대학, PC방 등 어느 곳에서든 우리는 컴퓨터를 이용하여 인터넷에 접속할 수 있게 되었다. 컴퓨터가 나오던 초창기에는 그 분야를 전공하던 사람들만 취급하였지만, 이제는 누구라도 쉽게 인터넷을 사용하게 되다 보니 전문 컴퓨터 기술자가 아니어도 컴퓨터와 인터넷을 통하여 누구나 범죄 행위를 할 수 있게 되었다. 이와 더불어 정보통신 기술이 발달됨에 따라 디지털 범죄는 기하급수적으로 증가하게 되었으며 또한 새로운 양상의 디지털 범죄가 출현하게 되었다. 이러한 흐름에 따라 수사기관도 새로운 디지털 범죄에 대처하기 위하여 기술을 개발하고 연구하기에 이르렀다. 이러한 결과의 일환으로 미국에서 컴퓨터 포렌식이란 용어가 나오게 되었고 이를 디지털 범죄에 적용하게 되었다.[127]

---

127) 이러한 컴퓨터 포렌식은 2006년 성인도박 바다이야기 사건과 관련해 컴퓨터와 게임기를 증거물로 압수하면서 각광을 받았으며, 바다이야기 등 아케이드 게임기의 불법 개조 여부 확인이나 온라인 게임 아이템 거래를 위한 게임계정 해킹사례 등 디지털 범죄들을 해결하는 열쇠가 되며, 산업스파이를 통한 기업의 기밀 유출 등의 범죄 수

컴퓨터 포렌식은 개인용 PC가 개발·이용되기 시작한 1990년대 초반부터 발전되어 왔다. 원래 '컴퓨터 포렌식'은 1991년 미국의 오리건 주(Oregon) 북서부에 있는 포틀랜드(Portland)에서 열린 '국제컴퓨터전문가협회(International Association of Computer Specialists: IACIS)'에서 탄생한 말이다. 그 이후 컴퓨터 포렌식은 컴퓨터 보안 분야와 법학 분야에서 큰 관심을 끌게 되었으며 법률을 과학에 적용하는 분야로 인식되어 왔다.[128]

초기 컴퓨터 포렌식은 수사기관에서 디지털 기기를 중심으로 압수·수색하는 문제와 압수된 디지털 기기로부터 잠재된 증거를 발견하는 것에 중점을 두고 연구되기 시작하였다. 이러한 연구 경향은 1998년도에 들어오면서 디지털 증거 자체에 주목하기 시작하였고, 연구의 중점도 매체나 출력물에서 본래 소스인 디지털 증거에 주목하게 되었다. 따라서 명칭도 종래의 컴퓨터 증거나 전자증거라는 용어에서 디지털 증거로 변화되었으며 이를 연구하는 학문 분야도 컴퓨터 포렌식 또는 컴퓨터 포렌식 과학이라는 용어를 대신하여 디지털 포렌식 또는 디지털 포렌식 과학이라는 명칭으로 변화되고 있다.[129] 컴퓨터 포렌식과 디지털 포렌식의 용어 차이는 아래에서 언급하고자 하며, 이 책에서는 컴퓨터 포렌식(Computer Forensics)이라고 명명하고자 한다.

사에도 중요하게 사용되고 있다. 한국경제, 2006. 10. 17.

128) Michael G. Noblett · Mark M. Pollitt · Lawrence A. Presley, "Recovering and Examining Computer Forensic Evidence", Forensic Science Communications Volume 2 Number 4, October 2000. http://www.fbi.gov.

129) Gary Palmer, "A Road Map for Digital Forensics Research", DFRWS, Nov. 2001; http://www.dfrws.org; 탁희성 · 이상진, 「디지털 증거분석도구에 의한 증거 수집절차 및 증거능력확보방안」, 한국형사정책연구원, 2006. 12, 46-47면 재인용.

2. 컴퓨터 포렌식의 의의

디지털 범죄가 발생하면 수사기관은 범죄자를 검거하기 위하여 다양한 기술적인 방법을 동원할 것이다. 이러한 기술적인 방법을 통하여 범죄자를 검거한 후 범죄에 관련된 증거물들을 수집하고 이를 법정에 제출을 해야 할 것이다.

포렌식(Forensics)[130]이란 용어는 일반인에게는 익숙하지 않은 용어이며 또한 현재 법적으로 아직 정의된 개념도 아니다. 이 용어는 범죄 또는 돌연사 등으로 사망한 시체를 부검하고 사망의 원인과 종류를 판단하는 의학의 한 분야였다.[131] 이러한 포렌식이란 용어는 컴퓨터와 융합하여 컴퓨터를 매개로 하여 발생한 범죄의 증거를 확보하는 기술 및 방법을 연구하는 분야로 정의할 수 있다.

이에 대하여 좀 더 구체적으로 정의하면 '범죄 사건에 있어 증거를 수집·보존·처리하기 위해 과학적 또는 기술적인 기법을 사용하여 증거가치가 훼손되거나 상실되지 않고 법정에 제출하는 일련의 절차 또는 과정을 말한다.'고 정의할 수 있다. 미국에서는 '포렌식 과학(Forensic Science)'이 학문의 한 영역으로 일찍부터 발달되어 왔는데, 이는 그만큼 재판과정에서 증거의 중요성이 강조되

---

130) 이는 디지털 범죄에 사용된 컴퓨터에서 증거를 수집하고, 확보하는 기술이다. 디지털 범죄의 증거로는 ㉠ 디지털 증거: 범죄 사건과 관련된 정보 중 디지털 형태로 저장된 것, ㉡ 데이터 객체: 범죄 사건과 관련된 정보 중 물리적 항목과 관련된 것, ㉢ 물리적 항목: 디지털 정보를 저장하고 있거나 전송하는 물리적 매체 등이 있다. 특히, 디지털 증거는 생성·복사·변경·삭제가 쉬운 특성을 가지고 있어 증거를 보관하거나 획득하는 데 특별한 절차와 방법들이 요구된다. 포렌식의 증거 수집 기술 방법으로는 휘발성 메모리의 데이터나 삭제 및 변경된 데이터 복구 기술, 암호화 기술, 숨겨 놓은 파일 찾기, 임시 파일 데이터나 백업 데이터의 복구, 컴퓨터 시간과 날짜에 관련된 정보를 분석하는 기술 등이 있다.

131) 이에 대한 사전적인 의미는 '법과학의', '법정의', '변론에 적합한', '공식토론에 쓰이는' 등의 뜻이다.

었기 때문이다.[132]

컴퓨터 포렌식에 대한 또 다른 정의를 살펴보면, 미국의 컴퓨터 범죄 수사관인 Judd Robbins가 기고한 「Computer Forensics Legal Standards and Equipment」라는 논문에서 "잠재적인 증거를 찾기 위해 컴퓨터를 조사하고 분석하는 것을 의미한다."고 컴퓨터 포렌식을 정의하고 있다. 그리고 FBI 대변인 Mark Pollitt는 '디지털 증거의 법적인 문제를 다루는 응용과학 기술'이라고 정의하고 있다.[133] 즉 '과학과 법이 통합된 개념'이라고 강조하고 있는 것이다. 그러나 엄밀히 말하면 '과학·법·정책·제도가 모두 통합된 신개념의 디지털 범죄 대응 개념'이라고 정의할 수 있을 것이다.[134]

3. 컴퓨터 포렌식과 디지털 포렌식

여기에서 컴퓨터 포렌식과 최근에 사용하고 있는 디지털 포렌식의 용어 차이를 간단히 언급하고자 한다. 미국에서 컴퓨터와 관련된 범죄가 처음 시작되던 초창기에는 법집행기관에서 컴퓨터를 압수·수색하고, 압수된 컴퓨터로부터 잠재적 디지털 증거를 발견하는 것을 컴퓨터 포렌식이라고 불렀다. 그러나 1990년대부터 컴퓨터뿐만 아니라 다양한 디지털기기 및 장비들이 생기고 그와 더불

---

132) 梁根源, 前揭論文, 37면.

133) 미국은 중도시 또는 대도시에는 하나 이상의 컴퓨터 포렌식 전문기관이 있고, 그곳에서 데이터 복구와 기타 포렌식 서비스를 제공하고 있다. 또한 포렌식 기관은 수사기관에 컨설턴트, 법정 증언 서비스 제공, 포렌식 장비 대여, 교육과정도 운영한다. 앞으로 디지털 범죄가 증가할수록 컴퓨터 포렌식 회사도 증가할 것이다. Debra little john shinder ed titte(譯 강유), 전게서, 586면.

134) 李在灣, 「사이버 범죄에서의 증거의 확보방안 연구」, 高麗大學校 碩士學位論文, 2002. 12, 181면.

어 디지털 증거에 관심을 갖기 시작하면서부터 디지털 포렌식이라는 말이 사용되었다.

컴퓨터 범죄가 시작되던 초기에는 컴퓨터의 하드디스크에 있는 개인이 작성한 데이터를 확보하는 것이 증거를 수집하는 주류였으나, 현재에는 디지털 기술의 발달로 그 증거자료가 네트워크, 인터넷, 데이터베이스, 모바일, 휘발성 메모리 등 다양한 곳에 존재하므로 그 전문성이 더욱 심화되고 있는 상황이다. 즉, 각종 저장장치인 하드디스크, 플로피디스크, CD ROM, DVD에서 증거를 수집하는 디스크 포렌식, 컴퓨터의 운영체제, 응용프로그램 및 프로세스를 분석하여 증거를 확보하는 시스템 포렌식, 네트워크를 통하여 전송되는 데이터나 암호 등을 가로채거나 서버에 로그 형태로 저장된 것에 접근하여 분석하는 네트워크 포렌식, 휴대폰, PDA, 전자수첩, 디지털카메라, MP3 Player, 캠코더 등 휴대용 기기에서 필요한 정보를 입수하는 모바일 포렌식, 기업 등에서 관리하는 각종 공사·자재·회계·유통 관리시스템 등 데이터베이스로부터 데이터를 추출, 분석하는 데이터베이스 포렌식, 문서나 시스템에서 암호를 찾아내어 해독하는 암호 포렌식 등 포렌식(Forensics)의 분야가 다양화되고 있다.

앞에서도 설명하였지만 앞으로는 컴퓨터 포렌식보다는 디지털 포렌식이라고 명명하는 것이 더 정확할 것이다. 그러나 아직까지는 대부분의 범죄가 컴퓨터를 중심으로 발생하기 때문에 컴퓨터 포렌식이란 용어도 크게 문제가 되지 않는다고 생각한다.

4. 수사상 컴퓨터 포렌식의 필요성

컴퓨터를 통한 인터넷이 일상생활화되면서 디지털 범죄는 증가하게 되었고, 이와 관련하여 수사기관에 의해 컴퓨터를 비롯하여 디지털 저장매체에 저장된 증거를 수집, 또는 수집된 증거가 법원에서 증거능력 인정 여부가 다루어지는 경우가 발생하게 되었다. 우리나라는 디지털 범죄가 생겨나고 지금까지 디지털 증거에 관한 문제가 법원에서 다루어진 적은 거의 없었는데, 최근 이와 관련된 판례가 나왔다. 2007년 4월 16일 서울중앙지방법원은 '일심회 간첩단 사건' 판결135)에서 국내에서는 처음으로 법정에서 디지털 증거의 증거능력 문제를 제기하였다. 더불어 이 판례에서 컴퓨터 포렌식이 필요한 이유를 설명하였다.

가. 사건의 개요

이는 국가보안법 위반으로 수사기관에 체포된 간첩단 사건으로 피고인들은 국가기밀 자료를 탐지·수집·분석하고, 이러한 자료들을 E-mail을 이용하여 중국 북경에 있는 북한 공작원에게 전송하였다. 이들은 소위 통일 사업에 관하여 E-mail을 주고받았고, 수사기관은 컴퓨터와 관련된 디지털 저장매체, CD, USB메모리, 노트북, 플로피 디스켓 등을 압수하고, 압수물에서 그 내용을 출력하여 증거로 제출하였다. 수사기관에 의해 압수된 디지털 저장매체로부터 출력된 문건들의 증거능력 여부가 문제가 되었는데 이에 대하여 문제를 제기한 피고인의 주장은 다음과 같다.

---

135) 서울중앙지법, 2006 고합 1365.

나. 피고인 주장

첫째, 수사기관이 압수물인 디지털 저장매체에서 출력하여 법원에 제출한 문건들의 증거능력에 관하여 검찰이 위 저장매체의 데이터가 본래 존재하였던 상태와 전혀 다름이 없이 수집하여 제출되었다는 사실을 입증하지 못하였다.

둘째, 수사기관이 압수한 디지털 증거의 분석처리과정에 대한 신뢰성에 대하여 그 입증책임을 다하지 못하였다.

셋째, 법원은 디지털 증거에 관한 검증절차에 참여하여 이를 주도적으로 진행한 증인 정○○의 디지털 증거 분석능력과 그 증언은 신뢰할 수 없다. 따라서 위 문건들은 독립적인 증거로 사용할 수 없다고 피고인은 주장하였다.

다. 법원의 판결

위와 같은 피고인의 주장에 대하여 법원은 다음과 같이 판시하였다. 컴퓨터 디스켓 등 디지털 저장매체에 들어 있는 컴퓨터 기록이 증거로 사용되기 위해서는 디지털 저장매체에 들어 있는 무체정보인 컴퓨터 기록 그 자체로서는 가시성과 가독성이 없으므로 법원에서의 검증절차를 통해 디지털 저장매체에 수록된 컴퓨터 기록의 내용이 확인되어야 한다. 또한 디지털 저장매체로부터 출력된 문건이 증거로 사용되기 위해서는 법원에서의 검증절차를 통해 디지털 저장매체에 수록된 컴퓨터 기록의 내용이 출력된 문건에 기재된 것과 동일하다는 것이 입증되어야 한다.

한편 컴퓨터 기록의 증거능력이 인정되기 위해서는 ① 컴퓨터 기록이 입력된 후 법원의 검증절차에 이르기까지 변경되지 않았음이 인정되어야 한다. ② 이를 위해서는 컴퓨터 기록의 보관 상황에 대한 신뢰성이 담보되어야 한다. ③ 디지털 저장매체 원본에 변화가 일어나는 것을 방지하기 위해 디지털 저장매체 원본을 대신하여 디지털 저장매체에 보존된 데이터를 '하드카피' 또는 '이미징(복사)'한 매체가 법원의 검증에 사용될 경우에는 디지털 저장매체 원본과 '하드카피' 또는 '이미징'한 매체 사이의 데이터의 동일성이 증명되어야 한다. ④ 검증과정에 이용된 컴퓨터의 기계적 정확성·프로그램의 신뢰성·입력·처리·출력의 각 단계에서의 컴퓨터 처리과정의 정확성, 조작자의 전문적 기술능력 등이 갖추어질 때 컴퓨터 기록은 디지털 저장매체에 대한 법원의 검증절차를 통해 증거능력이 인정될 수 있다고 하였다.

따라서 이 법원의 검증조서 증인 정○○의 증언 및 기타 이 사건 변론에 나타난 제반 사정을 종합하면 다음과 같다.

수사기관에 의한 압수물인 각 원본 디지털 저장매체는 압수·수색영장을 통해 압수된 후 그 자리에서 봉인되었다. 그리고 피고인들은 수사기관에서 위 압수물에 대하여 카피 작업을 하거나 이미징 작업을 하기 위해 봉인을 해제하는 과정과 작업을 한 후 재봉인하는 과정에 참여한 사실이 있다. 수사기관에서는 압수물의 봉인 및 봉인 해제, 재봉인 시에 항상 피고인들로부터 확인서를 받았다. 또한 위 압수물을 포장한 밀봉 봉투 개폐 부분에도 피고인들의 서명무인을 받았으며, 봉인 및 봉인 해제, 재봉인의 전 과정을 캠코더로 녹화하였다.

압수물인 디지털 저장매체 원본에 액세스할 경우 원본에 변화가 일어나게 되므로 압수물인 디지털 저장매체 원본에 쓰기 방지장치를 사용하고 '이미징 장비'[136]를 통해 '이미징' 작업을 하였다. 그렇게 작성된 이미지가 법원에서의 검증절차의 대상이 된 사실을 인정할 수 있고, 또한 위 이미지 파일은 전 세계적으로 많이 사용되고 있는 인케이스(EnCase) 프로그램을 이용하여 작성되었는데 디지털 저장매체 원본의 해쉬값과 이미징 작업을 통해 생성된 이미지 파일의 해쉬값은 동일한 점이 인정된다.

그리고 수사기관의 압수·수색영장에 의해 피고인들의 주거지 또는 사무실 등에서 압수된 각 디지털 저장매체 원본들은 피고인들의 참여하에 이미징 작업을 하는 경우를 제외하고는 계속 봉인되어 있었으므로 압수된 이후 법원에서의 검증절차에 이르기까지 보관과정의 신뢰성이 인정된다. 또한 디지털 저장매체 원본과 이미지 파일 사이에 디지털 기기 등의 데이터가 서로 일치함을 증명하는 방법으로 일반적으로 이용되는 해쉬값이 동일하므로 디지털 저장매체 원본과 이미지 파일 사이의 데이터의 동일성이 인정된다.

한편 피고인들 및 검사·변호인들이 모두 참여한 가운데 서울중앙지방법원의 전자법정시설 및 인케이스(EnCase) 프로그램을 이용하여 법원의 검증절차가 이루어졌는바 검증 당시 규격에 적합한 컴퓨터와 인케이스 프로그램을 이용하여 적절한 방법으로 검증절차가 진행되었으므로 컴퓨터의 기계적 정확성·프로그램의 신뢰성·입력·처리·출력의 각 단계에서의 컴퓨터 처리과정의 정확성, 조작자의 전문적 기술능력 등의 요건이 구비되었다고 보이고 달리 그 요건의 흠결을 의심하거나 신뢰성을 배척할 만한 사정은 보이지 아니한다.

---

136) 이미징 장비라 함은 컴퓨터 포렌식 프로그램을 말한다.

따라서 위와 같은 검증절차를 거쳐 디지털 저장매체 원본을 이미징한 파일에 수록된 컴퓨터 파일의 내용이 압수물인 디지털 저장매체로부터 수사기관이 출력하여 제출한 문건들에 기재된 것과 동일하다는 점이 확인되었다.

결국 수사기관이 압수하여 디지털 저장매체로부터 출력된 문건들은 증거능력이 적법하게 부여되었다고 할 수 있으며 변호인들의 이 부분에 대한 주장은 이유 없다고 판결하였다.

라. 소 결

위 법원 판결의 내용을 컴퓨터 포렌식의 전형적인 절차로 이해할 수 있으며, 디지털 증거의 특성상 수사기관의 압수·수색을 통한 수집부터 법정에 제출할 때까지 컴퓨터 포렌식의 과정절차가 필요함을 보여 주는 대표적인 사례라 할 수 있다.

현재 컴퓨터 포렌식은 전산망 침해, 바이러스 유포, 암호해독, 마약거래, 자금세탁, 사이버 도박, 사이버스토킹, 명예훼손, 음란물, 공갈·협박 등을 저지르는 디지털 범죄자를 조기에 찾아내고, 행위에 필요한 증거확보를 통한 법적인 대응을 가능하게 하기 위하여 많은 필요성이 부각되고 있다.

컴퓨터 포렌식 초창기에는 컴퓨터의 하드디스크, 플로피디스크를 검사하는 등 디지털 증거를 수집하는 방법이 매우 단순하였다. 그러나 컴퓨터 사용이 일상화되고 디지털 범죄가 다양해지고 복잡해져 가면서 컴퓨터 포렌식의 방법도 변화되어 가고 있다.[137] 특히 디지털 방식으로 운용되는 기기들이 다양해지면서 컴퓨터 포렌식

---

137) 李道英, 「법적 증거능력 및 증명력을 위한 컴퓨터 포렌식에 관한 연구」, 高麗大學校 컴퓨터科學技術大學院 碩士學位論文, 2004, 16면.

은 디지털 기기 내에 저장된 데이터를 근거로 하여 범죄 행위의 사실관계를 규명하고 인과관계를 입증하는 필수적인 수단이 되어 가고 있다. 컴퓨터 포렌식은 수사기관이 디지털 범죄를 수사하는 과정에서 합법적이며 체계적인 방법으로 범죄 증거를 입증하여, 이를 최종적으로 법원에 제출하여 범죄사실의 증명을 용이하게 하기 위해 필요하다.[138] 또한 디지털 범죄의 증명을 과학적으로 명확하게 하여 범죄자들에게 경각심을 높이고, 범죄를 예방하는 측면에서도 절대적으로 필요한 영역이라고 생각한다.

II. 컴퓨터 포렌식의 유형 및 한계

1. 컴퓨터 포렌식의 유형

컴퓨터 포렌식의 유형을 분류해 보면 적용 대상 및 주요기술에 따라 디스크 포렌식(Disk Forensics), 네트워크 포렌식(Network Forensics), 인터넷 포렌식(Internet Forensics)으로 나눌 수 있는데, 이는 기술적인 부분인 까닭에 약술하고자 한다.

가. 디스크 포렌식(Disk Forensics)

디스크 포렌식은 디지털 정보기기의 주·보조 기억장치에 저장되어 있는 데이터 중에서 어떤 행위에 대한 증거자료를 찾아서 분석한 보고서를 제출하는 절차와 방법을 말한다. 디스크 포렌식에서 중요한 점은 획득·분석·보고 등의 전 과정에서 증거물인 Disk의

---

138) 탁희성·이상진, 전게서, 45 - 46면.

내용이 중간에 변경되지 않아야 한다. 이를 위한 방법으로는 우선 하드디스크를 똑같이 복사하여 복사디스크에서 분석 작업을 수행하도록 하는 방법과 증거분석 프로그램인 EnCase 등에서와 같이 증거물인 디스크에서 분석 컴퓨터로 디스크의 이미지를 읽어서 내부에 파일로 저장한 후에 이 파일로 분석 작업을 수행하도록 하는 방법이 있다. 두 방법 모두 분석 작업 중간 또는 종료 후에는 원본과 복사본 디스크의 전 데이터에 대한 해쉬값을 계산하여 복사본이 원본과 일치한다는 것을 항상 확인할 수 있어야 한다.

나. 네트워크 포렌식(Network Forensics)

네트워크 포렌식은 네크워크상에서 전송되고 있는 데이터를 분석·보고하는 형태로서 통신비밀보호법을 침해할 위험성이 매우 크며 사전에 필요한 수색영장을 발부받아서 실행하여야 한다. 트랜잭션 로그 분석 등을 먼저 수행하여 필요한 정보를 확보한 후 스니퍼 등과 같은 네트워크 모니터링 도구 등을 이용하여 수행한다.

다. 인터넷 포렌식(Internet Forensics)

인터넷 포렌식은 사용자가 웹(web)상의 홈페이지를 방문하여 게시판 등에 글을 올리거나 읽는 것을 파악하고 필요한 증거물을 확보하는 것이다. 주로 웹서버 프로그램에서 남기는 로그 등을 분석하거나 네트워크 포렌식스 기술을 이용하여 사용자를 추적하기도 한다. 익명을 사용하는 경우에는 실제의 사용자를 파악하기 위해서는 ISP 등의 협조가 필요하다.

이 밖에도 소프트웨어 불법복제, 바이러스 프로그램 제작·유포 등의 범인을 색출하기 위한 소스코드 포렌식(Source Code Forensics),

전자우편을 이용한 사기·공갈, 협박·불법문서 유포 등에 관련된 범죄가 발생하고 있으므로 송·수신되는 전자메일의 내용뿐만 아니라 실질적인 송신자·수신자를 식별하기 위한 전자우편 포렌식(E-mail Forensics) 등으로 세분화할 수 있다.[139)

이처럼 컴퓨터 포렌식의 유형을 몇 가지 살펴보았다. 이외에도 최근에 나온 형태로 모바일 포렌식이 있다. 정보통신 기술의 발전으로 인한 신종 범죄의 출현은 앞으로도 새로운 형태의 컴퓨터 포렌식이 등장할 것이라 예상된다.

2. 컴퓨터 포렌식의 적용의 한계

현재의 디지털 증거 수집 절차는 1990년대 초/중반 개인용 컴퓨터를 대상으로 설정된 절차이고, 우리 수사기관이 이를 근거로 하여 가이드라인을 만들었기 때문에 현재 네이버(Naver), 야후(Yahoo), 구글(Google), 엠파스(Empas) 등과 같은 대형 포털업체의 전산시스템에 적용하는 데 있어서는 몇 가지 문제점이 있다.

첫째, 범죄 수사 시 가동 중인 시스템을 비정상적으로 종료해야 하므로, 시스템의 안전성과 지속적인 서비스 제공에 차질이 생길 수 있다는 것이다. 비정상적인 종료로 인하여 전산운영시스템·응용프로그램 및 하드웨어에 치명적인 오류를 발생시킬 수 있다. 또한 해당 시스템이 핵심적인 서비스를 제공하고 있었다면 디지털 증거의 수집부터 시스템의 복구시간까지 서비스가 중단되어 포털업체의 경우 이용자 또는 사용자에게 불편을 끼치는 차원을 넘어

---

139) 이형우·이상진·임종인, 「컴퓨터 포렌식스 기술」, 정보보호학회지 제12권 제5호, 2002. 10, 9면.

서 고객들에게 신뢰성의 하락과 금전적인 피해를 발생시킬 수 있는 문제점이 있을 수 있다.

두 번째로 기술적인 문제에서 하드디스크 전체의 이미지 생성 및 해쉬값 생성과정에서 과다한 시간이 소요된다는 것이다. 이와 같이 디지털 증거를 수집하는 시간 이외에도 피해 시스템을 정상화시키기 위해서 소요되는 기간이 필요함을 감안한다면 그 시간은 더욱 늘어날 수밖에 없다.

세 번째 문제는 여러 대의 시스템에서 동시에 다발적으로 발생되는 침해사고에 대해서는 과다한 소요시간뿐만 아니라 디스크 이미지를 저장할 수 있는 여분의 저장 공간을 즉시 확보해야 하는데 이에 대한 어려움이 있다.

네 번째로 디지털 증거의 수집 절차는 전 과정이 수동으로 제어되어야 한다. 물론 디스크 이미지나 해쉬값 생성은 컴퓨터 포렌식 프로그램이 자동으로 실시하지만, 하드디스크를 분리해 컴퓨터 포렌식 도구에 연결하는 과정과 시스템 복원과정은 피해현장에서 직접 해결해야 하기 때문에 자동화할 수가 없다. 따라서 디지털 범죄에 신속하게 대응하기 위해서는 전산망 관제 센터 등에 전담 인력이 상시 대기해야 하므로 인적인 문제가 발생하게 된다.[140]

컴퓨터 포렌식을 통한 디지털 증거 수집에 있어 위와 같은 문제점들 때문에 현재 제시되고 있는 디지털 증거 수집절차가 점차 복잡해지면서 대형화되는 전산망에 그대로 적용하는 데는 현실적인 한계가 존재한다.

---

140) 김현상·이상진·임종인, 「자동화된 침해사고 대응시스템에서의 디지털 증거 수집」, 정보보호학회 하계학술대회, 2004. 6; www.cist.korea.ac.kr 참조.

Ⅲ. 포렌식을 통한 디지털 증거의 수집방법

1. 개 요

보통 해킹, 바이러스 유포 등 디지털 범죄가 발생하였다면 이 사실을 인지한 사람은 통상적으로 전산 또는 네트워크 관리자이다. 이들은 범죄의 진행을 중단시키고 수사관과 컴퓨터 포렌식 전문가가 도착할 때까지 범죄현장을 그대로 유지시키기 위해 조치를 취해야 할 것이다. 왜냐하면 범죄자가 전문적인 기술자일 경우에 다른 사람이 컴퓨터를 재부팅하였을 때 디지털 증거가 파괴되도록 설정하였을 가능성도 있기 때문이다. 또한 컴퓨터의 특성상 증거가 사라지기 쉬운 증거[141]일 수도 있기 때문에 디지털 증거를 수집하기 위해서는 범죄 현장을 반드시 보호해야만 한다.

수사기관이 디지털 증거의 무결성을 보장하기 위해 세밀하게 신경을 쓰는 것은 디지털 증거가 법정에 제출될 경우 증거능력을 인정받기 위해서이다. 미국의 경우는 국제컴퓨터전문가협회(International Association of Computer Specialists: IACIS)와 같은 기관에서 디지털 증거 수집에 관한 표준절차를 제공하고 있다. 이는 법정에서 디지털 증거에 대한 신뢰도를 높이기 위해서 표준절차를 따르고 있다.

우리나라의 디지털 증거 수집에 관하여는 2006년 12월 말에 경찰청에서는 '디지털 증거 처리 표준 가이드라인(Digital Forensics

---

141) 사라지기 쉬운 증거는 컴퓨터의 메모리에 있는 데이터와 현재 실행 중인 프로세스를 의미한다. 디스크는 시스템을 끄기 전에 복제되어야 한다. 왜냐하면 시스템이 재부팅될 때 디스크 내용을 지우도록 설정돼 있을 가능성이 있기 때문이다. Debra little john shinder ed tittel(譯 강유), 전게서, 555면.

Guidelines)'을 발행으로 시작단계에 들어왔다고 할 수 있다. 이 가이드라인은 수사관 및 디지털 증거 분석관이 디지털 증거를 수집·분석·보관함에 있어 필요한 절차와 준수 사항에 관한 지침을 제시하였고, 디지털 증거를 적법한 절차에 따라 수집·분석·보관하는 등 디지털 증거 취급과 관련된 각종 조사 및 수사행위를 제시하고 있다.

디지털 증거가 수집·분석되어 법정에 제출되는 경우에는 증거로서 가치를 상실하지 않도록 과학적·기술적 지식과 더불어 적법한 절차와 수단을 토대로 진행되어야 한다. 우리나라에서는 특히 디지털 증거와 관련된 논란은 그리 많지 않아 관련 판례가 거의 축적되지 않았다. 그러나 디지털 증거가 압수·분석되며, 법정에서 증거로 사용되고 있는 것이 현실이지만 디지털 증거와 관련된 기술적 이해의 부족과 현행 형사재판의 성격상 증거재판주의, 공판중심주의가 원리 그대로 실현되기는 어려워 법정에서 디지털 증거에 대한 논란은 거의 없었던 것이다. 반면 미국 등 컴퓨터 기반 기술이 발달한 나라들을 중심으로 '컴퓨터 포렌식'이라는 이름 아래 증거의 가치를 보존하면서 디지털 데이터를 수집하고 보존하며 분석하는 기술적·절차적 문제들이 1990년대부터 꾸준히 제기되어 왔으며, 2000년대 들어와 더욱 활발히 논의되고 있다.[142]

보통 수사기관에서 디지털 증거를 수집하기 위한 준비사항으로는 증거 수집 계획의 수립, 증거 수집 전문가 구성, 증거를 수집하기 위한 수집 장비의 구비 등이 있다.

---

142) 임종인, 「유비쿼터스시대의 컴퓨터 포렌식의 중요성과 향후 전망」, 수사연구 2005년 3월호, 2005, 12면.

2. 증거 수집 계획과 전문가의 구성

수사기관은 특히 디지털 증거를 전문으로 수사하는 부서는 범죄 발생 현장에서 신속하고 효과적인 디지털 증거 수집을 위하여 다음과 같은 사항에 유의하여 증거 수집 계획을 수립해야 한다.

첫째, 수사관 및 디지털 증거 수집 전문가는 증거 수집과 관련하여 컴퓨터 하드웨어, 운영체제, 소프트웨어, 저장매체, 데이터베이스, 네트워크 관련 정보, 시스템 또는 네트워크 책임자나 관리자, 디지털 증거를 수집해야 할 매체의 개수나 데이터의 분량 등을 사전에 파악해야 한다. 둘째, 수사기관은 디지털 증거 수집 및 이송에 필요한 인원과 장비를 준비해야 한다. 셋째, 수사기관이 디지털 증거를 수집함에 있어 필요에 따라서는 압수 · 수색영장을 신청해야 한다.

대기업 및 규모가 큰 범죄 사건과 관련된 대규모의 압수 · 수색, 고도의 전문적인 해킹 사범 등 디지털 증거 수집에서 컴퓨터 포렌식 전문가가 필요한 경우에는 수사관과 더불어 증거 수집 전문가를 별도로 구성해야 한다. 이러한 증거 수집 팀이 구성이 되면 운영체제, 데이터베이스, 네트워크, 프로그래밍, 해킹, 악성코드[143] 등 세부적인 분야별 전문가로 구성해야 하며 구성이 완료되면 디지털 증거 수집방법, 범위, 역할 분담, 주의사항에 대한 사전 교육을 실시하여 완벽하게 디지털 증거를 수집, 실시해야 한다.

---

143) 미국 캘리포니아에 있는 Computer Economics이란 연구기관은 바이러스와 기타 악성 코드로 인한 피해가 2001년에 전 세계적으로 130억 달러에 달한다는 보고서를 발표했다. 물론 그 숫자의 정확도에 의문을 제기하지만 다른 누가 추정했더라도 그런 결과를 냈을 것이다. 왜냐하면 그 추정은 공식적으로 보고된 사건과 회사의 데이터 손실만을 가지고 계산한 것이기 때문이다. www.computereconomics.com.

그러나 아직 우리 수사기관은 디지털 증거 수집을 위한 전문가들이 거의 없는 실정이다. 예를 들어 경찰청 사이버테러대응센터의 경우 증거분석 전문가들이 10명이 안 된다. 물론 검찰도 마찬가지다. 적은 인원의 증거분석 전문가들이 지속적으로 증가하는 디지털 범죄를 모두 해결하기에는 역부족이다. 수사기관이 디지털 증거 수집을 위한 전문가를 구성하기 위해서는 어느 정도의 인원은 확보를 해야 할 것이다. 따라서 컴퓨터 하드웨어, 운영체제, 소프트웨어, DB, 네트워크, 모바일, 핸드폰, 각종 디지털 기기 등으로 세부적으로 나누어 각 분야에 전문가를 채용하여 미리 디지털 범죄에 대응해야 할 것이다.

3. 디지털 증거 수집을 위한 장비

증거 수집 장비는 크게 하드웨어와 소프트웨어로 나눌 수 있다. 하드웨어적인 장비는 우선 증거 수집 및 범죄 현장 초동 분석업무를 수행하기 위하여 증거 수집 및 분석용 컴퓨터가 필요하며, 이동 시 충격을 완화하기 위하여 보호용 케이스에 보관해야 할 것이다.[144]

둘째로는 쓰기 방지 장치가 필요한데 범죄 현장에서 초동분석 업무에 사용할 하드디스크 등 원본 디지털 증거의 위조·변조를 위한 쓰기 방지 장치가 필요하다.

셋째로는 디지털 증거의 사본을 보관할 수 있는 대용량 저장장

---

144) 여기에는 인터넷 접속에 필요한 장비(100Mbps 또는 이더넷 카드, 무선랜 카드 등)와 주변기기 및 외부장치와 연결할 수 있는 장비(USB 2.0 포트, IEEE1394b, RS-232 시리얼 포트 등)가 필요하다. 마지막으로 증거를 보관하기 위하여 대용량 저장장치, 하드디스크, CD 등이 필요하다.

치가 필요하다. 이는 디지털 증거의 원본에 대한 압수가 어려울 경우, 사본을 생성하여 저장하기 위한 대용량 하드디스크로 이 보관용 디스크는 안전하게 이동 가능할 수 있도록 보호용 케이스를 사용하고 기존에 저장된 자료들과 혼합되지 않도록 데이터를 완전 삭제 후에 사용해야 할 것이다.

넷째는 휘발성 증거 또는 파일 증거 수집을 위한 USB 메모리, CD - R, DVD - R 등 외장형태의 저장매체가 필요하다.

다섯째로는 하드디스크 등 외부충격에 약한 증거물을 위한 스티로폼, 스펀지 등이 내장된 충격완화용 보호박스인 증거 운반용 박스가 필요하다. 이는 최대한 압수한 증거물을 보호하기 위한 장비이다. 마지막으로 현장 디지털 증거분석을 위해 필요한 케이블 및 어댑터와 컴퓨터 분해와 해제를 위한 공구, 서류 작성을 위한 각종 서식, 프린터, 범죄 현장을 촬영하기 위한 카메라나 캠코더 등도 디지털 증거 수집을 위한 필요한 하드웨어적인 장비이다.

소프트웨어적인 장비는 원본증거에 대한 사본을 생성하기 위한 이미지 복제용 소프트웨어, 디지털 증거 현장 초동분석에 필요한 분석 소프트웨어, 휘발성 증거 수집을 위한 소프트웨어 등이 필요하다.[145]

디지털 증거 수집을 위한 대표적인 장비가 컴퓨터 포렌식 도구인데 이는 기술적인 부분을 많이 차지하고 있어 이 부분에 관해서는 간단히 언급하기로 하겠다. 국내에서 컴퓨터 포렌식 도구는 주로 수사기관인 검찰·경찰에서 주로 사용되고 있고, 일부 대기업에서 보안을 담당하는 부서에서 내부 기밀 유출 등을 이유로 사용

---

145) 경찰청, 「디지털 증거 처리 표준 가이드라인」, 경찰청, 2006. 12, 11 - 13면.

되고 있어 정확한 실태를 파악하기에는 어려움이 있다. 그래서 컴퓨터 포렌식 도구를 개발 및 판매하는 회사의 자료와 수사기관의 교육과정에 비추어 국내의 컴퓨터 포렌식 기술의 현황과 수준을 간접적으로나마 추론해 볼 수 있을 것이다.[146]

컴퓨터 포렌식 도구를 통한 관련 기술은 크게 데이터 복제기술·복구기술·분석기술로 구분할 수 있는데, 이러한 기술들은 합법적이고 투명한 방법으로 구현되어야 하고, 분석된 범죄의 증거가 원본과 동일함을 증명할 수 있는 기술이 필수적으로 뒷받침되어야 한다. 최근 컴퓨터 포렌식 도구들은 이러한 기술들을 통합적으로 제공하고 있는데, 국내에서 가장 많이 사용되는 도구로는 Encase,[147] Final Data,[148] Safeback, FTK, iLook[149] 등이 있다.[150] 우리의 경찰청 및 검찰청에서는 컴퓨터 포렌식 도구로 인케이스(Encase)를 주로

---

146) 컴퓨터 포렌식을 통하여 디지털 증거를 수집·분석하는 도구와 장비의 시장규모는 2003년 186억에서 2006년은 875억으로 증가하였다. 전 세계적으로 디지털 증거분석에 사용되는 수사 장비와 소프트웨어 시장, 프로그램 개발 등은 미국이 거의 독점하고 있다. 디지털 증거분석은 이미 범죄 수사에서 큰 비중을 차지하고 있고 앞으로도 활용 범위가 더 넓어질 것이다. 이에 국내 기업들도 기술 개발에 착수해서 장비·프로그램의 국산화를 시도해야 할 것이다. 서울경제신문, 「디지털 증거분석 시장 급성장」, 2007. 6. 11.

147) Encase의 주요기능으로는 윈도우 기반 환경의 통합된 증거확보 도구로 용의자가 범죄의 증거인멸 등을 위해서 임의로 삭제한 디렉터리 및 파일을 복구하거나 파일내용을 키워드 검색과 제공되는 사전 등을 통해 손쉽게 확인해 볼 수 있다. 탁희성·이상진, 전게서, 55면.

148) Encase와 함께 가장 많이 알려진 도구는 Final Data로 이는 강력한 데이터 복구기능이 특징이며, 사용자 환경이 한글이라는 점에서 많이 사용되고 있다. 이 복구기능을 토대로 삭제, 손상된 파일의 검색기능, 전자우편, 레지스트리·웹 히스토리 등의 분석 및 보고서 작성 기능 등이 제공된다. www.finaldata.com 이하 참조.

149) 미국 국세청 조사국(Internal Revenue Service Criminal Investigation, IRS-CI)에서 개발하여 미국 정부기관에서 사용하고 있는 포렌식 분석 프로그램으로서 수사관들이 다양한 운영체제와 디스크 구조를 조사할 수 있도록 개발한 소프트웨어이다. www.iLook-forensics.org.

150) 탁희성·이상진, 전게서, 54면.

사용하고 있다.

Encase는 컴퓨터 범죄 수사에 사용되는 소프트웨어를 전문으로 만드는 가이던스 소프트웨어(Guidance Software)사가 1980년대 개발한 통합기능 도구이다. Encase는 포렌식 소프트웨어가 갖추어야 할 증거 보존기능 및 분석기능을 모두 갖추고 있으며, 미국 법원에서 Encase를 통해 얻은 내용을 증거로 채택한 판례가 있어 더욱 유명해진 도구이다.[151] 미국의 경우 1990년대 후반부터 600여 개의 사법기관에서 컴퓨터 관련 범죄 수사에서 Encase가 활용되고 있다고 한다.[152]

현재 우리나라는 '경찰청' 사이버테러대응센터 및 각 지방청 사이버 수사대와 대검찰청, 서울중앙지검 첨단범죄 수사부 등 각 사법기관들의 노력으로 사이버 범죄 범인 검거율이 매년 증가하고 있음에도 현재 각 수사기관들이 사용하는 장비나 소프트웨어는 100%가 외국에서 생산된 것에 의존하고 있다. 그 이유는 컴퓨터 포렌식 분야에 대한 원천기술 자체가 없고, 협소한 내수시장, 고가인 장비와 프로그램을 구입할 수 있는 정책적 지원이 부족하기 때문이다.

---

151) 2001년 미국의 세계 최대 에너지 그룹인 엔론사(Enron)는 6억 달러 회계부정 사건에서 FBI는 엔론의 회계사들이 삭제한 파산과 관련된 증거를 찾기 위해 EnCase를 사용하여 대규모의 파기문서와 대용량의 삭제된 E-mail을 찾았다. 이처럼 EnCase 분석 자료가 공신력을 얻은 것은 디지털 기록장치의 최소 단위인 비트(bit) 단위까지 정교하게 분석하면서도 해쉬(hash)값이 일정해 증거가 수사 이후에도 변조되지 않았다는 점을 보여 주는 무결성 입증 능력과 동영상 등을 검색하는 시그니처 기능, 뛰어난 파일 복구 기능이 있기 때문이다. 또 다른 사례로는 미국 오하이오 법원은 미성년자에게 음란물을 유포한 혐의로 기소된 앤더슨 사건 항소심에서 앤더슨이 컴퓨터로 접속한 사이트의 서버를 EnCase로 분석해 유죄를 선고하는 등 EnCase가 디지털 증거를 분석하여 법원에서 증거로 채택되어 증거능력을 인정받고 있다. 한겨레신문, 2006. 9. 11.
152) 우리나라의 2007년 '일심회 간첩단 사건'에서도 컴퓨터 포렌식 프로그램인 Encase가 사용되었음을 서울중앙지방법원의 판결문에서도 밝히고 있다.

미국의 경우에는 컴퓨터 포렌식 시장규모만 2001년 2,400만 달러에서 2004년 6,900만 달러로 급성장하고 있으며, 형사 사건 수사뿐만 아니라 기업의 정보 유출 등 민사사건에도 활용되고 있다. 이는 미국정부 주도로 컴퓨터 포렌식 기반이 구축되었고 포렌식에 대한 원천기술이 이미 확보됐기 때문에 가능하다. 따라서 우리나라도 컴퓨터 포렌식에 대한 원천기술 확보차원에서 국가의 장기적인 지원이 필요하다.

디지털 범죄는 매년 증가하고 있을 뿐만 아니라 범죄에 사용되고 있는 기술도 날로 고도화·전문화되어 가고 있다. 이러한 디지털 범죄를 다루기 위해서는 범죄 기술보다 앞선 컴퓨터 포렌식 기술이 요구되는데 국내에서는 아직까지 일관성 있는 컴퓨터 포렌식 모델이나 표준이 마련되지 못하고 있을 뿐만 아니라 포렌식 기술이나 도구에 대한 신뢰성 있는 검증도 이루어지지 않고 있는 것이 현실이다.

디지털 범죄를 다루는 수사관마다 자신의 경험과 기술에 따라 증거를 수집하는 방법과 절차가 제각각 다르다면 수집된 증거에 대한 신뢰성을 확보하기는 어려울 것이다.[153]

4. 디지털 증거 수집 절차[154]

디지털 증거 수집 절차를 보면 다음과 같다. 수사기관이 범죄현장에 도착을 하면 첫째로 사진촬영 및 현장 스케치를 수행해야

---

153) 손정환 외, 「디지털 포렌식 절차 모델」, 제2회 추계학술발표대회, 사이버테러정보전 학회, 2004.
154) 경찰청, 전게서, 13 - 15면 참조.

한다. 촬영 대상은 컴퓨터 등 대상물의 앞・뒷면, 컴퓨터 주변장치를 포함한 사진, 전원이 켜져 있는 경우는 컴퓨터 모니터 화면을 촬영한다. 또한 현장에 있는 수집 대상물의 위치를 상세히 스케치해야 한다.

둘째로 네트워크 정보 등 휘발성 증거를 수집해야 한다. 우선 수집 대상물의 전원을 확인하여, 컴퓨터 등 대상물의 전원이 꺼져 있는 경우는 그대로 수집하고, 전원이 켜져 있는 경우에는 정상적인 시스템 종료 절차를 수행하면 임시 데이터가 삭제되므로 이를 방지하기 위해서 컴퓨터의 종료 절차 없이 전원 플러그를 강제 분리한다. 단 서버는 정상적인 종료 절차를 수행해야 한다.

셋째로 컴퓨터의 본체 수집을 원칙으로 하되, 부득이한 경우에는 하드디스크만 분리하여 수집한다. 하드디스크만 압수할 경우 충격 등으로 증거물이 손상이 가지 않도록 특별히 주의를 기울여야 한다. 여기에서는 먼저 BIOS의 메인 메뉴에서 시스템의 시간과 날짜 정보를 확인하고,[155] BIOS 시간과 표준 시간 간의 오차를 확인 후, 반드시 기록해야 한다. 그리고 컴퓨터 본체에서 하드디스크를 안전하게 분리한다. 특히 범죄 현장에 도착하여 압수할 시스템이 확인되었으면 각 시스템별로 현재 시간과 컴퓨터 시간이 일치하는지 반드시 확인해야 한다.

넷째로 외장형 디스크, USB 메모리 등 기타 디지털 저장매체와 각종 소프트웨어, 주변장치, 케이블 등을 수집한다. 더불어 컴퓨터 주변에 있는 노트, 메모 등에서 사용자의 ID와 패스워드 등 인증

---

155) 컴퓨터 본체를 부팅하는 즉시 Delete 키를 누르면 BIOS 화면에 들어갈 수 있으며, 예외적으로 F2, Alt - F2, Alt - S 등의 키를 사용하는 경우도 있다.

정보가 있다면 같이 수집해야 한다.

다섯째로 증거물을 포장하고 이에 대한 상세한 정보를 기재하여 증거물에 부착한다. 특히 하드디스크는 보호박스를 사용하여 개별 포장함이 원칙이며, 컴퓨터 및 주변장치 등에 대한 상세 정보를 기재하여 증거물에 부착해야 한다. 상세 정보에 대한 내용은 사건번호, 수집자, 입회인, 수집일시, 장소, 물품, 제조번호 등이고, 하드디스크만 분리하여 수집하는 경우에는 추가로 BIOS 시간 오차를 기재해야 한다.

여섯째로 수사기관은 압수증명서를 입회인에게 교부하고, 입회인으로부터 압수 확인서 및 압수 증거물 목록에 서명날인을 받는다.

마지막으로 컴퓨터 사용자의 질의서를 작성하여 사용자에게 컴퓨터의 용도, 설치된 운영체계, 주로 사용하는 응용프로그램명, 패스워드가 설정된 프로그램명, 패스워드 정보 등을 질의 후 기재해야 한다.

이러한 증거 수집절차에 의하여 증거가 손상되지 않도록 수집해야 한다. 이는 차후 발생할 수 있는 디지털 증거의 무결성의 문제를 방지하기 위한 것이다.

제3장
디지털 범죄 수사에 있어서 기본권 보호

제1절 디지털 범죄 수사에서의 사생활 보호

Ⅰ. 서 설

인간은 누구나 남에게 알리고 싶지 않은 자신의 사생활에 대해 비밀을 가지고 있으며 또한 자신의 사생활을 외부의 간섭 없이 스스로 형성하고 전개하려 한다. 만약 자신의 사생활에 관한 비밀이 공개되거나 자신의 사생활이 외부의 간섭을 받게 된다면 자신의 인격이 손상되고 존엄성이 침해될 수밖에 없다. 그런데 개인의 사생활은 수사기관의 수사, 언론의 보도, 행정자료의 수집과 보관과정 등 다양한 형태로 노출되고 침해될 위험에 처해 있다. 특히 정보통신기술의 발달이 급속히 진행되면서 과거 그 어느 때보다도 개인의 사생활의 자유가 침해될 위험성과 가능성은 더욱 커지고 있다.[156]

이러한 배경에 의하여 현재는 컴퓨터 및 디지털 기기에 집적되는 정보의 양이 많아지고 있으며, 그 부작용으로 인한 개인 사생활의 침해 문제가 심각한 사회문제로 등장하고 있다. 컴퓨터를 통한 인터넷이 현재에는 통신뿐만 아니라 디지털 자료 및 정보의 저장 창고 역할도 하고 있다. 이러한 디지털 자료들이 범죄자의 해킹 등을 통해 누설되는 경우에 개인의 사생활의 비밀이 유출되는

---

156) 桂禧悅, 『憲法學(中)』, 博英社, 2007, 391면.

일이 발생하게 된다. 또한 수사기관이 디지털 범죄를 수사함에 있어 그에 따른 일환으로 범죄 용의자 및 혐의자와 관련된 컴퓨터 및 관련 디지털 저장매체에서 디지털 증거 자료를 수집함에 있어 컴퓨터 서버나 공용으로 쓰는 컴퓨터에서 범죄와 관련이 없는 타인의 개인정보 및 자료들이 공개되거나 유출이 되어 사생활의 침해가 발생하고 있다. 이러한 개인의 디지털 자료들이 수사기관의 범죄 수사에 의하여 침해되는 경우를 방지하기 위해서는 헌법이나 관련 법률에 근거를 두고 사생활의 침해가 최소화될 수 있도록 해야 할 것이다.

우리 헌법 제17조에 "모든 국민은 사생활의 비밀과 자유를 침해 받지 아니한다." 또한 헌법 제18조에 "모든 국민은 통신의 비밀을 침해받지 아니한다."고 규정하고 있음에도 불구하고, 현재 제정되어 있는 관련 법률하에서는 수사기관이 디지털 증거를 수집함에 있어 범죄와 관련이 없는 타인의 개인정보를 비롯하여 사생활이 유출·공개되는 부분에 대하여 하위 법률에 구체적으로 규정되어 있지 않아 헌법상 보장된 국민의 사생활이 침해되는 문제가 제기될 수 있다.

물론 우리 사회에서 개인의 사생활이 침해되는 부분은 다양하게 나타나고 있지만, 이 책에서는 수사기관에 의한 디지털 범죄 수사와 관련하여 헌법상 보장된 개인 사생활의 침해에 한정하여 살펴보고자 한다.

Ⅱ. 미국 헌법상 디지털 범죄 수사에서 사생활 보호

1. 개 요

모든 국가는 사회질서의 유지를 위해 이를 파괴하는 자를 체포하여 처벌하여야 한다. 20세기에 들어와서 법집행기관들은 범죄와의 전쟁에서 증거를 수집하기 위한 노력을 강화하기 시작하였다.[157] 특히 최근에는 인터넷 공간에서 발생하는 디지털 범죄에 관한 증거를 수집하기 위하여 세계 각국의 수사기관은 훈련과 연구 및 기술 도입에 적극적이다. 왜냐하면 디지털 증거는 휘발성이 강하고, 삭제, 위·변조의 조작이 쉽기 때문에 각국의 수사기관은 이에 대비하고 있는 추세이다. 이러한 추세에 따라 수사기관에 의한 개인의 사생활의 침해가 증가하고 있으며, 이에 따라 수사기관에 의한 압수·수색영장의 발부요건 및 증거의 수집과 방법, 기술 장비 등에 관한 제한이 엄격해지고 있다.

사생활 보호는 개인의 사적인 영역의 존중에 대한 권리로 이것은 사생활의 불가침을 보장받을 수 있는 권리이다. 개인은 자기의 사생활을 타인에게 공개할 것인가의 여부에 대한 결정권을 가지고 있으며 수사기관, 방송, 정보원, 기자 등에 의하여 사생활의 감시나 정보수집도 금지가 됨은 당연하다고 할 수 있다. 국민 개개인은 자신에 관한 정보를 언제, 누구에게, 어느 범위까지 알려 주고 또 이용할 수 있도록 할 것인가를 정보 주체인 자기가 스스로 결정할 수 있는 권리가 있다.[158]

---

157) 尹明善, 前揭書, 136면.

현행 헌법 제17조와 제18조에서 사생활과 통신의 자유를 보장하고 있음에도 불구하고, 수사기관이 디지털 증거를 수집함에 있어 범죄와 관련이 없는 타인의 개인정보를 비롯하여 사생활이 유출·공개되는 부분에 대하여 구체적으로 규정되어 있지 않아 사생활의 침해 문제가 제기될 수 있다. 그러나 이러한 사생활이 절대적인 것은 아니며, 국가안전보장·질서유지·공공복리를 위하여 필수불가결한 경우에는 법률로써 제한을 할 수 있다.

　　특히 질서유지나 범죄 수사의 목적으로 경찰관이 사진을 촬영하거나, 전화를 도청하거나, 수색하는 것이 문제가 되고 있다. 국가안전보장·질서유지·공공복리를 위한 경우에는 법률이 정하는 바에 의하여 어느 정도의 사생활의 자유에 대한 침해는 인정된다고 한다. 그러나 대법원의 판례에 의하면, 수사기관의 피의사실공표로 인하여 피의자의 명예가 훼손되거나 피의사실이 진실이라고 믿는 데에 상당한 이유가 없는 경우에는 보도 자료의 작성·배포에 관여한 경찰서장과 수사관 및 국가는 연대하여 배상책임을 진다고 판결하고 있다.159) 이처럼 수사기관이 질서유지라는 명목하에 범죄 수사를 하면서 개인의 사생활이 침해되는 경우가 발생하고 있는데, 아직 우리나라에서는 이 문제에 대한 구체적인 문제점을 제기하고 있지 않고 더불어 관련된 사례도 거의 없는 실정이다.

---

158) 이는 개인정보의 자기결정권으로 정보 주체가 개인정보의 공개와 이용에 관하여 스스로 결정할 권리를 말한다. 이러한 개인정보 자기결정권은 정보 주체로 하여금 개인정보의 공개와 이용을 스스로 통제하도록 함으로써 타인에게 형성될 정보 주체의 사회적 인격상에 대한 결정권을 정보 주체에게 유보시킨다는 의미를 갖고 있다. 憲裁 2005. 5. 26. 선고, 99헌마513, 2004헌마190(병합), 憲裁判例集 제17권 1집, 668면 이하.

159) 대판, 1996. 8. 20, 94다29928, 공 1996, 2776 이하.

미국의 경우는 수사기관에 의한 프라이버시 침해 문제와 관련하여 많은 사례가 있고 또한 이와 관련된 문제점들도 많이 제기되고 있다.

미국의 경우 미연방 수정헌법 제4조에서 수사기관의 부당한 압수·수색을 헌법으로 제한하고 있는데, 미국 연방수정헌법 제4조[160]는 "신체·가택·서류·재산의 안전을 위하여 부당한 수색과 압수(unreasonalbe searches and seizures)를 금지"하고 또 "영장은 상당한 사유(probable cause)가 있어야 하며 이것도 선서 또는 공약으로 지지를 받아야 하고, 영장에는 수색할 장소와 체포될 사람, 압수할 물품을 기재하여야 한다."고 규정하고 있다.

미국 연방대법원에 의하면 영장 없는 수색은 다음 두 개의 조건에서 한 가지만 해당하는 경우에는 수정헌법 제4조에 위반되지 않는다고 한다. 첫째로 국가기관의 행위가 개인의 '프라이버시에 대한 합리적인 기대(reasonable expectation of privacy)'를 침해하지 않는 경우에는 영장 없이도 수색이 가능하며,[161] 둘째로 수사기관의 영장 없는 수색은 개인의 프라이버시를 침해하지만, 영장요구의 예

---

160) FOURTH AMENDMENT [U. S. Constitution] "The right of the people to be secure in their persons, houses, papers, and effects, against unreasonable searches and seizures, shall not be violated, and no Warrants shall issue, but upon probable cause, supported by Oath or affirmation, and particularly describing the place to be searched, and the persons or things to be seized."

161) Illinois v. Andreas, 463 U. S. 765, 771(1983). 이 사건은 국제공항에서 시정장치가 되어 있는 큰 가방이 관세청 직원에 의하여 개봉되고 그 가방 안에서 대마초가 발견되었고, 직원은 가방을 다시 잠그고 피고인의 집으로 배달하였다. 한 수사관은 압수·수색영장을 받으러 간 동안 또 다른 수사관은 피고인의 집을 감시하고 있었는데 영장이 도착하기 전에 피고인이 대마초가 든 가방을 가지고 집에서 나왔다. 그래서 수사관은 피고인을 체포하고 증거물을 압수하였다. 이에 대하여 대법원은 상당한 이유가 있는 체포이기 때문에 헌법에 위배되지 않는다고 판결하였다. 文鴻柱, 「美國憲法과 基本的 人權」, 裕豊出版社, 2002. 515 - 516면.

외에 의한 수색은 '합리적일 경우에는 수색이 가능하다'고[162] 판시하고 있다.

그러므로 수사기관은 디지털 범죄와 관련하여 컴퓨터 및 디지털 저장장치를 수색할 경우 범죄와 관련 없이 개인의 프라이버시를 침해하는지 그리고 프라이버시가 침해되었다면 수사에 있어 그것이 합리적인 이유가 있는지 등을 고려해야만 한다.

이하에서는 미국의 프라이버시의 성립, 발전, 의의, 유형 등과 컴퓨터 및 디지털 범죄를 중심으로 하여 수사기관이 디지털 범죄를 수사함에 있어 사생활이 침해되는 문제를 살펴보고자 한다.

2. 미국 헌법상 프라이버시

가. 프라이버시의 성립과 발전

미국에서는 헌법상 프라이버시 권리[163]에 관한 명문 규정이 없

---

162) Illinois v. Rodriguez, 497 U. S. 177, 185(1990). 이 사건의 경우 한 여인이 경찰관에게 말하기를 다른 아파트에서 한 남자로부터 습격을 당하였는데, 그 남자가 지금 이 아파트에서 잠자고 있다고 하였다. 이 아파트는 자기 아파트라고 하고 아파트 안에는 자기의 옷과 가구가 있다고 경찰관에게 말하였다. 아파트의 현관문이 열려 있어서 경찰관과 여인이 함께 실내로 들어가니 마약이 흐트러져 있고 침실에는 범죄 용의자가 잠자고 있었고 가방 안에는 마약이 들어 있었다. 경찰관은 마약을 압수하고 용의자를 체포하였다. 그런데 용의자가 주장하길 "이 여인은 수주일 전에 이 아파트에서 떠났기 때문에 경찰관에게 입실을 허가할 아무런 법적인 권한이 없다."고 하고 영장 없는 가택 침입은 불법이라고 주장하였다. 미연방대법원은 "경찰관이 집에 들어가서 압수·수색·체포한 것은 집에 들어갈 때 실제로 그런 권한이 없었지만, 일반적으로 그와 같은 권한이 있다고 합리적으로 믿을 만한 제3자의 동의에 의하여 들어간 것인데, 본 사건에서 가장 중요한 점은 경찰이 제3자가 권한을 가졌다고 합리적으로 믿음이 있을 경우에는 그 사람의 동의로 영장 없이 들어가서 수색·체포할 수 있다."고 판시하고 있다. 文鴻柱, 上揭書, 460면.

163) 프라이버시(privacy)란 말은 '사람의 눈을 피하다.'라는 의미의 라틴어 'privatue'에서 유래한다. 權寧星, 「私生活權의 意義와 역사적 변천」, 言論仲裁委員會, 1983. 6, 13면; 梁邵英, 「犯罪報道로 인한 프라이버시권 侵害에 관한 研究(韓·日 比較)」, 成均館大學校 大學院 碩士學位論文, 2007. 8, 1면.

었다. 이처럼 '프라이버시권'을 구체화하지 않았다 할지라도, 내재
적으로 이미 프라이버시가 보장된다는 이념은 19세기 말로 거슬러
올라간다. 프라이버시에 관한 가장 최초의 언급은 1880년 Thomas
Cooley 판사의 불법행위에 관한 저서에서 나타나는바, 그에 따르면
이는 '혼자 있을 권리'를 포함한다고 하였다.[164]

　프라이버시 권리가 처음 독자적인 권리로 주장된 것이 1890년의
Samuel Warren과 Louis Brandeis에 의하여 쓰인 「프라이버시권(the right
to privacy)」이란 논문에서 독립된 권리로 인정되었는데,[165] 미국에서
는 판례법상 인정하게 되었다.[166] 그 다음으로 부당한 수색과 압수
로부터 보호하는 수정헌법 제4조와 관련하여 특히 Warren과 함께
프라이버시에 관한 논문을 썼던 Brandies가 이제 연방대법원의 판사

---

164) Thomas C. Cooley, Laws of Torts, 1880, p.29.

165) Samuel D. Warren and Louis D. Brandeis, 「The Right to Privacy」, Harvard Law
Review, Vol.4, 1890, p.193; 徐柱實, 「Warren·Brandeis의 The Right to Privacy」,
美國憲法研究 第6號, 美國憲法研究所, 1995, 45－84면. Warren의 딸 결혼 축하연
소식을 지역신문이 보도하면서 과거 호스티스였던 Warren 부인의 사사로운 처신을
자세하게 다루면서 초청 인사들의 명단까지 공개하자, 이를 불쾌하게 여긴 Warren
이 법적인 대응을 위하여 Brandeis와 상의하게 된 계기가 되었다고 한다.

166) 미국에서는 1905년 Pavesich v. New England Life Insurance co., 122 Ga. 1901, 50 S.
E. 68(1905). 이 사건에서 처음으로 프라이버시 권리가 인정되었다. 원고 Pavesich는
'남루한 옷을 입은 병약한 자'로 나온 사진을 뉴잉글랜드 생명보험 회사가 애틀랜타
신문광고에 사용하자, 이를 상대로 프라이버시 침해로 인한 손해배상을 청구하였다.
원고 Pavesich는 전혀 보험에 가입하지도 않았으며, 그의 사진 게재도 허락하지 않았
다. 조지아 주 대법원은 원고의 프라이버시 권리를 인정하면서 승소판결을 내렸다.
이 판결이 미국에서 프라이버시 권리를 사법적으로 승인한 최초의 판례이다. 프라이
버시 권리가 확고부동한 법원칙으로 승인되는 데 결정적인 역할을 한 판례는 1931
년의 Melvin[Melvin v. Reid, 112 Cal. App. 285, 297(1931)] 사건으로 원고인 Melvin
은 매춘부로서 살인혐의로 재판을 받았지만 무죄로 석방되었다. 그 후 다른 주에 정
착하여 정숙한 가정부로서 사회적 명성도 얻고 있었다. 그러나 피고 Reid는 1925년
에 원고의 동의 없이 그녀의 과거에 기초하여 본명까지 사용한 '붉은 기모노(The
Red Kimono)'란 영화를 제작·상영하였다. 원고는 정신적 고통에 대한 피해보상의
청구를 제기하였고, 캘리포니아 주 대법원은 프라이버시 권리침해를 이유로 원고승
소의 판결을 내렸다. 尹明善, 前揭書, 135면.

로서 자신의 생각을 관철시켰다.

그 당시 신문들은 개인의 사생활 영역을 침해하고 가십(gossip)란까지 영리를 목적으로 이용하고 있었다. Warren과 Brandies의 주요 관심사는 신문들이 사적 정보와 가십을 공개함으로써 프라이버시를 침해하는 것이었으며 또한 스냅사진의 발견으로 본인의 승낙 없이 찍은 사진을 공개하는 것이 문제되었다.[167] 이 이후로 프라이버시 권리가 최초로 법원에서 논의되기 시작한 것은 1902년에 뉴욕 주에서 제소된 Roberson v. Rochester 사건[168]이었다. 이 사건에서 원고인 Roberson은 그녀의 동의 없이 자기의 초상을 광고에 이용한 밀가루회사를 상대로 하여 소송을 제기하면서, 정신적 고통을 구제받기 위해 손해배상을 청구하였다. 원심 법원은 원고의 프라이버시 권리를 인정하였으나, 언론기관은 원심 판결로 표현의 자유가 제한될 것을 우려하여 맹렬하게 비난하였다. 뉴욕 주 의회는 이 판결 이후 1903년에 '프라이버시법'[169]을 제정하였다. 이 법은 광고 또는 영업의 목적으로 본인의 승낙 없이 성명 또는 초상이 사용된 경우에 형벌 또는 불법행위의 책임을 묻고 있다. 또한 최초로 입법에 의해 프라이버시 권리를 승인하였다는 점에 의의가 있다.[170]

1928년 Olmstead v. United States[171]에서 브랜다이스 판사는 "헌법 제정자는 개인에게 정부에 대하여 혼자 있을 권리(가장 포괄적인 권리이고 문명인에 의하여 가장 높게 평가받는 권리)를 부여하

---

167) 尹明善, 前揭書, 132면.

168) Roberson v. Rochester Folding Box Co., 171 N. Y. 538, 64 N. E. 442(1902).

169) N. Y. Sess. Laws 1903, ch. 132, §50 – 51에 규정되어 있다.

170) 尹明善, 前揭書, 134면.

171) Olmstead v. United States, 277 U. S. 438(1928).

였다."는 이제는 유명해진 반대의견을 피력하였고,[172] 브랜다이스 판사의 이러한 견해는 Katz v. United States[173]에서 채택되었다.

그리고 마침내 1965년 연방대법원은 수정헌법 제4조에서 보장되는 것과는 명백히 다른 헌법상 프라이버시권을 인정하였다. 이러한 권리는 Griswold v. Conneticut[174]에서 연방대법원에 의하여 처음으로 인정되었다. 법원을 위한 의견에서 William O. Douglas 판사는 헌법 및 그 수정조항들로부터 '유출하는', '경계가 모호한' 프라이버시권을 언급하였다. 그리고 브레난 판사는 Eisenstadt 사건에서 "프라이버시권이 어떤 것을 의미한다면, 이는 혼인을 했든 안 했든 아이를 갖거나 낳을지를 결정하는 것처럼 한 사람에게 근본적으로 영향을 주는 문제들에 정부의 부당한 침입으로부터 자유로울 개인의 권리이다."[175]라고 말하였다. 이는 다음 해인 1973년 미국 헌법 사상 가장 유명하고 논란이 되는 판례 중 하나인 Roe v. Wade 결정을 위한 길을 닦았다. 그 뒤 이러한 권리는 혼인, 출산, 피임, 가족관계와 아이 양육 및 교육에 관한 행위들을 보호하는 쪽으로 확대되었다.[176]

---

172) 277 U. S. 478 - 479(1928).

173) Katz v. United States, 389 U. S. 347(1967).

174) Griswold v. Connecticut, 381 U. S. 479(1965). 이 사건은 1961년 Connecticut 州 가족계획연맹 이사장인 Griswold와 동 연맹 소속인 예일대 의대 교수인 G. Buxton 박사가 함께 기혼자에게 의학적 정보인 피임방법을 제공하였으며, 부인들을 진찰한 후 피임방법과 기구에 대하여 처방해 주었다는 이유로 유죄판결을 받았다. 그러나 Connecticut 州法은 수정헌법 제14조상의 적법절차조항에 위반하였다는 이유로 연방 대법원에 상고하여 결국 1965년에 연방대법원은 이들의 주장을 받아들여 '부부의 프라이버시(marital privacy)'라는 새로운 헌법상 권리를 승인하였다. 산아제한에 관한 정보의 배포를 금지한 Connecticut 주법이 결혼한 부부간의 프라이버시권 침해라고 하였다. 文鴻柱, 『美國憲法과 基本的 人權』, 裕豊出版社, 2002. 416면.

175) Eisenstadt v. Baird, 405 U. S. 438, 453(1972).

176) 이에 관하여 자세한 것은 변재옥, 「정보화 사회의 프라이버시와 표현의 자유」, 커뮤

이 1973년의 Roe v. Wade[177] 사건에서 연방대법원은 수정헌법 제14조의 적법절차조항에 의해 명시적으로 프라이버시권이 보장된다고 판시하였다. 이 사건에서 문제가 되고 있는 임신중절의 권리는 개인의 사생활의 일정 영역에 있어서의 자율성을 승인한 것으로 볼 수 있다. 이후에도 프라이버시권에 대하여 많은 논의가 제기되었으며, 현재에는 수정헌법 제9조[178]와 실체적 적법절차 이론을 통해 헌법상의 권리로 인정되고 있다.

나. 프라이버시권의 의의와 유형

앞에서 언급한 것처럼 브랜다이스 판사는 헌법상 프라이버시권을 혼자 있을 권리로서 가장 포괄적인 권리이며 가장 중요시되는 권리라고 하였다.[179] 미국 수정헌법 제4조의 법리에 의해서 프라이버시는 신성한 공간인 자기 가정에서 실제로 고독을 향유할 권리이며, 자주적인 의사결정권을 의미하는 것으로 이해할 수 있다.[180]

프라이버시의 의의에 대하여 다음과 같은 다양한 입장을 검토할

니케이션북스, 1999, 11면 이하; 尹明善, 「性的 프라이버시 權利」, 美國憲法研究 제6호, 1995, 115면 이하 참조.

177) Roe v. Wade, 410 U. S. 113(1973). 이 사건의 판시를 보면, ① 헌법상 명문규정은 없지만 프라이버시권은 수정헌법 제14조의 적법절차조항에 의해 보장되며, ② 프라이버시권에는 여성이 임신중절 여부를 선택할 수 있는 권리가 포함되어 있는 것이며, ③ 임신중절의 권리는 기본적인 권리로서 정부의 절대적인 이익에 근거를 둔 경우에만 제한할 수 있으며, ④ 州는 두 가지의 중요한 이유를 가지고 있다. 하나는 모체의 건강을 보호하는 것이고 다른 하나는 태아의 생명을 보호하는 것으로 볼 수 있다.

178) 수정헌법 제9조는 "이 헌법에 어떤 종류의 권리가 열거되어 있다고 하여 국민이 보유하는 기타의 여러 권리를 부인하거나 또는 경시하는 것으로 해석하여서는 아니된다."고 규정하고 있다.

179) Laurence H. Tribe, American Constitutional Law(Second Edition), The Foundation Press Inc., 1988, p.1302.

180) 정영화, 「현대헌법학에서 프라이버시 법리의 재검토」, 사이버커뮤니케이션 학보 통권 제7호, 2001, 217면.

수 있는데, 첫째, L. Brandeis는 개인의 '혼자 있을 권리'(right to be left alone)로 이해하여 민주주의에서 가장 중요한 자유로서 헌법에 반영되어야 한다고 주장하였다.[181]

둘째, Alan Westin은 프라이버시는 어떠한 환경에서든지 자신의 신체, 태도와 행위를 타인에게 얼마만큼 노출시킬 수 있는가는 자신이 자유롭게 선택할 수 있는 자유라고 파악하였다.[182]

셋째, Edward Bloustine은 프라이버시란 인간의 인격권으로 인격의 침해, 개인의 자주성, 존엄과 안전성을 보호하는 것이라고 한다.[183]

넷째, Ruth Gavison은 프라이버시의 3가지 요소로서 비밀(secrecy), 익명성(anonymity), 고독(solitude)을 들고, 그것이 자신의 선택에 의해서 또는 타인의 행위에 의해서 상실될 수 있는 상태를 말한다고 한다.[184]

프라이버시에 관한 이러한 다양한 견해들은 결국 그 실체를 명확하고 구체적으로 파악하기는 여전히 어려움이 있다.[185]

'프라이버시'란 권리의 이름하에 법원이 보호받을 만한 가치가 있다고 판단한 행태들을 유형별로 분류하여 고찰하는 견해가 오늘날 유력하게 대두되고 있는데, 여기에는 1) 물리적 공간(영역)의 보호, 2) 간섭(방해) 없이 어떤 중요한 결정들을 내릴 개인의 능력, 3) 정보 프라이버시[186] 등이 있다.

---

181) Samuel D. Warren and Louis D. Brandeis, 「The Right to Privacy」, Harvard Law Review, Vol.4, 1890, pp.193 - 220.

182) Alan F. Westin, "*Privacy and Freedom*", Atheneum(N. Y), 1967, p.7.

183) Edward Bloustine, "Privacy as an Aspect of Human Dignity", 39 *New York Univ. Law Review*, 1964, p.971.

184) Ruth Gavison, "Privacy and the Limits of Law", *Yale Law Journal* 421, 1980, p.428.

185) Jerry Kang, "Information Privacy in Cyberspace Transaction's", Stanford Law Review Vol.50, 1998, p.1204.

186) Jerry Kang, lbid, p.1202 이하 참조. 그리고 Judith Wagner DeCew는 정보 프라이버

다. 정보 프라이버시로 발전

1977년 Whalen v. Roe 사건[187]에서 Stevens 대법관은 헌법상 보호되는 '프라이버시 영역'은 두 개의 독립된 이익들을 포함한다고 결정하였다. 이는 '독립적으로 어떤 중요한 결정을 내릴 이익'과 '사적 문제의 공개를 회피할 개인적 이익'[188]으로 첫 번째 이익은 위에서 언급한 Griswold와 Roe 같은 판례들에서 분명하게 제시되었으나, 두 번째 이익은 Whalen 판례에서 법원이 새롭게 언급한 것이다.[189] 결국 Whalen 결정 이후에 수정헌법 제14조의 적정절차와 자유보장 등에 근거하여 어떤 개인정보의 공개에 관하여 정부로부터 강요당하지 않을 헌법상 권리를 법원이 인정하였다는 것은 확실하다.[190] 그 뒤 연방대법원은 Nixon v. Administrator of General Services[191]에서 다시 정보 프라이버시권을 다루었다. 이 사건에서 법원은 어떤 개인의 프라이버시 요구는 추상적으로 검토될 수 있는 게 아니라, 구체적인 법 규정과 관련하여 검토해야만 한다고 언급하였다.[192]

그러나 법원은 어떤 개인을 확인시킬 수 있는 모든 정보를 통제할 광범위하고 포괄적인 권리를 헌법상 인정할 생각은 아직 없는

시, 접근(가능)성 프라이버시(accessibility privacy), 표현적 프라이버시(Expressive privacy)로 분류한다. In Pursuit of Privacy: Law, Ethics, and the Rise of Technology, Cornell University Press, 1997, p.73 이하 참조.

187) Whalen v. Roe, 429 U. S. 589(1977).

188) 429 U. S. 599 – 600(1977).

189) Fred H. Cate, "Privacy in the Information Age", Brookings Institution Press, 1997, p.62.

190) Fred H. Cate, Ibid, p.66.

191) Nixon v. Administrator of General Services, 433 U. S. 425(1977).

192) 433 U. S. 458(1977).

것처럼 보인다. '어떤 상황에서' 헌법이 정보 프라이버시권을 확립
한다는 법원의 언급은 '모든 개인정보'가 헌법상 보호를 누리지는
못한다는 것을 암시한다. 결국 정보 프라이버시권에 관한 법원의
언급을 살펴보면 법원이 '공개된다면 잠재적으로 당황스럽거나 해
롭다'고 개념 정의한 '친밀한(내적인)' 정보와 이러한 권리가 연결
된다.193) 따라서 아직까지 연방대법원은 헌법상 정보 프라이버시권
의 범위와 그 내용 등에 관하여 전반적으로 다루거나 검토하지는
않았다고 판단된다.194)

3. 미국 헌법상 디지털 범죄 수사에서 사생활 침해

가. 헌법상 사생활 보호에 관한 원칙

수사기관의 수사권의 남용은 개인의 사생활의 비밀과 자유에 대
한 중대한 위협이 된다. 수사권의 발동으로 예를 들어 범죄 수사
를 위한 사진촬영이나 도청 등으로 말미암아 사생활의 비밀과 자
유가 제한될 수밖에 없는 경우에도 헌법상의 요건에 따라야 하고
필요 최소한의 제한이어야 한다.195)

미국에서 부당한 압수·수색은 개인의 사생활을 보장하기 위한

---

193) Glenn Chatmas Smith, We've got your Number, UCLA Law Review Vol.37, 1989, p.219 參照.

194) 정보 프라이버시를 적극적으로 인정하는 下級法院의 判例에 관하여는 Glenn Chatmas Smith, Ibid, p.174 참조.

195) 일본판례: 범죄 수사를 위한 피의자의 사진촬영은 현재 죄를 범하였다고 의심할 상당한 이유가 있을 경우, 범죄가 막 행해지려고 하는 경우 및 긴급성이 인정되고 그 방법이 일반적으로 허용된 상당성을 갖추었을 경우에는 피의자의 의사에 반해서도 행할 수 있다고 해석하여야 한다. 이러한 경우에 행하여진 경찰관에 의한 사진촬영은 그 대상 가운데 범인의 얼굴 외에 범인의 신변 또는 근처의 제3자인 개인의 모습 등을 포함하고 있더라도 헌법 제13조, 제35조에 위반되지 아니한다. 最大判, 1969[昭和 44]. 12. 24. 刑集 23卷 12號, 1625면.

것인데 그것이 초창기에는 유형물의 압수만을 의미하는 것으로 해석되었다. 예를 들어 남의 집 창 밑에서 엿듣거나, 열쇠구멍으로 실내를 들여다보는 것은 부당한 압수·수색이 아니라고 하였다. 또한 피고인 소유의 공개된 장소에서의 양주병의 발견도 압수·수색에 해당되지 않는다고 하였다.[196] 그리하여 수색은 실질적인 침입이 있어야 하고 압수는 유형물을 대상으로 하는 것이기 때문에 통화자 모르게 전화를 도청[197]하는 것은 압수·수색이 아니며 따라서 이것은 수정헌법 제4조가 말하는 '부당한 압수·수색'에 해당되지 않는다고 하였다.[198]

이에 대한 사건이 아래의 1928년 Olmstead 사건[199]이다. 1920년대에는 정부가 전화도청장치를 사용하여 통화내용을 도청함에 따라 도청에 의한 정부의 비물리적 침해에 대해서도 수정헌법 제4조가 적용될 수 있는가의 문제가 제기되었다.

미국 연방대법원은 1928년 Olmstead 사건에서[200] 최초로 도청문제를 다루면서 '물리적 침해론'(physical intrusion)으로 불리는 법 원칙을

---

196) Hester v. United States, 265 U. S 57(1924).

197) 도청에 관한 용어는 광의의 Eavesdropping(전통적 용어), Interception(법률 용어)이 있고, 협의로는 wiretapping(전화도청), bugging(전화 도청 이외의 전자기구 등에 의한 도청)이 있고, 현대적 의미로는 Electronic Surveillance(전자감시)가 있다.

198) 文鴻柱, 前揭書, 521면.

199) 동 사건은 연방 금주단속 수사요원(federal prohibition agent)이 영장 없이 대량 밀주제조 음모에 관한 전화내용을 도청한 사건이다. 위와 같은 전화도청은 아무런 물리적 침입이 없었으므로 압수·수색에 관한 영장주의를 규정한 수정헌법 제4조나 적법절차 및 사유재산보장을 규정한 수정헌법 제5조를 위반한 것이 아니라고 대법원은 판시하였다. Olmstead v. United States 277 U. S. 438(1928).

200) 이 Olmstead 사건 원칙은 1942년의 Goldman v. United States, 316 U. S. 129 사건에 적용되었는데, 이 사건의 내용은 옆방의 말을 비밀도청기로 엿듣는 것은 부당한 압수·수색이 아니라고 하였다. 또 이 원칙은 1952년의 Oh Lee v. United States, 343 U. S. 747 사건에서 재확인되었다. 文鴻柱, 前揭書, 521면.

확립하였는데,[201] 연방대법원의 다수의견은 감청은 수정헌법 제4조에 해당되는 압수·수색이 아니라고 판시하였다. 국가기관에 의한 전화감청에는 물리적인 불법침해가 없으므로 '수색(search)'에 해당되지 않고, 유체물이 포함되어 있지 않으므로 '압수(seizure)'도 이루어진 것이 아니라고 주장하였다.[202]

이에 반해 소수의견은 수정헌법 제4조가 보호하고자 하는 것은 "주거·서류·재산 또는 인간관계에 있어서의 사생활 그 자체이며, 그 수단이 무엇이든 간에 개인의 사생활에 대한 정부의 모든 부당한 침해로부터 보호하는 데 있다."고 주장하였다. 이 소수의견은 수정헌법 제4조의 해석은 물론 프라이버시 권리의 승인의 이정표가 되었다.[203]

위 Olmstead 사건에서 전화도청이 불법이 아니라는 대법원의 판결이 있자, 이것을 방지하려는 여러 방안이 제안되어 1934년에 의회는 도·감청을 금지하는 '연방통신법(Federal Communications Act: FCA)'[204]을 제정하였다. 동법 제605조에서 "송신자의 허가 없이는 누구든지 유·무선 통신을 방해하거나, 도청하여 들은 통신의 존재 유무·내용·요지·목적·효과·의미를 타인에게 폭로하거나 공개할 수 없다."[205]라고 규정하였다. 동 규정은 사인은 물론 주정

---

201) 동 판결에서 확립된 물리적 침해 이론은 1967년 Katz 사건 판결에서 파기될 때까지 40여 년 동안 도청에 관한 판례의 기초이론으로 유지되었다. Denise A. Hill, Telecommunications, Creighton Law Review v13, 1980, p.1279.

202) David M. O'Brien, Privacy, Law, Public Policy Praeger Publishers, 1979, pp.51 - 54; 尹明善, 前揭書, 137면.

203) 尹明善, 前揭書, 137면.

204) 48 Stat. 1103, 47 U. S. C §605.

205) ……no person not being authorized by the sender shall intercept any wire or radio communication and divulge or publish the existence, contents, substance, purpose,

부 또는 연방정부 공무원에 의한 도·감청에도 적용되고, 주간의 통신에도 적용되는 것으로 해석되었다.

이후 1937년 Nardone 사건[206])에서 연방대법원은 연방정부 공무원에 의한 전화도청의 내용은 부당한 압수·수색으로서 도청은 위법이며, 위법한 도청에 의해 얻은 증거는 증거능력이 없다고 판시하였다. 또한 1939년 제2차 Nardone 사건[207])에서는 전화도청의 결과로 발견된 증거도 불법의 과실로서 증거능력을 인정하지 않았다.[208])

1960년대 후반에 들어 전자도청장치를 설치한 사안에서 프라이버시 침해를 이유로 위헌이라고 판시한 이래,[209]) 1968년 미국 의회는 일정한 요건 아래 도청을 허용하는 법률인 옴니버스범죄통제 및 안전도로법(The Omnibus Crime Control and Safe Street Act, 1968)을 제정하게 되었다. 동법의 제3편이 연방 및 주의 법집행당국에 의한 전자적 감시를 특히 다루고 있으므로 동법을 도·감

---

effect or meaning of such intercepted communication to any person.

206) Nardone v. United States, 302 U. S. 397(1937).

207) Nardone v. United States, 308 U. S. 338(1939).

208) Athan Theoharis, FBI Wiretapping: A case study of Bureancratic Autonomy, Political Science Quaryerly V1077, Spring, 1992, p.104.

209) 이 사건에서 피고인 Katz는 연방법령(USC 18 - §1084)을 위반하여 Los Angeles로부터 마이애미와 보스턴까지 공중전화 부스(telephone booth)를 이용하여 도박에 관한 정보를 전달하였다. 이에 연방수사관은 그 공중전화 부스 바깥쪽에 전자 도청장치를 부착하여 증거를 확보하였다. 피고인은 California 지방법원 및 항소심까지 유죄판결을 받았다. 그러나 본 사건에서 문제가 된 것은 검찰 측이 증거로 제시한 전화내용 수집방법이다. 즉, 전화내용이 공중전화실 밖에 전자 수신기록 장치를 설치하여 획득한 증거는 전화 사용인의 프라이버시(privacy)의 권리를 침해하여 획득한 것이며, 이는 수정헌법 제4조에서 금지하는 수단으로 수색하고 압수하였다고 하여 연방대법원은 항소심을 파기하였다. 개인의 프라이버시에 대한 권리는 미국헌법에 의해 보호되는 자유(liberty)보다도 우월한 것이고, 연방수사관은 도청장치를 사용하기 전에 선행적으로 법원의 허가를 얻지 않았으므로 그러한 도청에 의해 얻어진 증거는 받아들일 수 없는(inadmissible) 불법적으로(illegally) 얻어진 증거라고 판시하였다. Katz v. United States, 389 U. S. 347(1967).

청과 관련하여 지칭할 때 흔히 Title Ⅲ라고 약칭되어 왔다. 동법은 모든 사적인 도·감청을 금지하고 다만 법집행기관이 도청장치를 사용하는 것은 허용하면서 어떻게, 언제 도청장치가 사용될 수있고 법원의 허가는 누가 신청하며, 신청서에는 어떤 내용이 포함되어야 하고 허가를 하는 법관은 어떤 사항을 심사하여야 하는지, 허가기간 및 연장 등에 관하여 규정하고 있다. 동법은 법원의 허가없이 도·감청이 가능한 2가지 예외적 경우로 긴급 상황(emergency situation)[210]과 급박한 경우인데, 도청 후 48시간 내에는 허가를 받아야 한다고 규정하고 있다.[211]

그리고 1986년 제정된 미국 전자통신프라이버시보호법(Electronic Communications Privacy Act)[212] 제3117조는 연방차원에서 영장에 의한 전자 감시 장치(conventional electronic surveillance)를 자동차에 장착하는 것을 허용하고 있다.[213]

미연방의 1986년 전자통신프라이버시보호법은 의도적으로 권한

---

210) 동법은 법원의 영장이 필요 없는 3가지 긴급 상황을 규정하고 있다. 첫째 §2518(7)(a) 즉각적인 사망이나 육체적 부상의 위험에 관련된 경우, 둘째 §2518(7)(a)(ⅰ) 국가안보(national security)를 위협하는 음모에 관한 경우, 셋째 §2518(7)(a)(ⅱ) 조직범죄 (organized crime)의 특성을 지닌 음모가 있는 경우이다. 동법이 규정한 3가지 긴급 상황은 즉각적인 사망이나 육체적 부상의 위험에 관련된 경우, 국가안보를 위협하는 음모에 관한 경우, 조직범죄의 특성을 지닌 음모가 있는 경우이다.

211) 동법 §2158(7)(b)는 "적절한 신청을 제출하기 위한 소요시간 관계상 즉각적으로 법원의 허가를 얻을 수 없는 경우, 수사요원은 감청이 허용되지만 그렇게 얻어진 증거가 법정에서 받아들여지기 위해서는 48시간 내에 법원의 허가를 얻어야 한다."고 규정하고 있다.

212) Electronic Communications Privacy Act of 1986.

213) "(a) 법원은 전자차량 이동 감시 장치의 장착을 위해 영장을 발부할 수 있는 권한을 갖고, 당해 법원의 관할 구역 내에서 그 장치를 사용하는 것을 인정하며, 그 장치의 관할 외 사용을 허가하는 명령을 발할 수 있다. (b) 차량 이동 감시 장치라 함은 사람이나 물건의 이동 상태를 추적할 수 있는 전자적, 공학적 장치를 말한다."고 규정하고 있다. Lyle D. Larson, An end-run around the fourth amendment: Why roving surveillance is unconstitutional, American Criminal Law Review, summer, 1990, pp.145-146.

없이 관련 설비에 접근하여 전자적으로 저장되어 있는 데이터를 입수·변경하거나 권한 있는 자의 사용을 방해하는 행위를 금지할 뿐만 아니라 컴퓨터 해커 등이 권한 없이 컴퓨터 통신에 간섭하는 행위를 금지하고 있다.[214] 미국의 몇몇 주에서도 컴퓨터에 내장된 개인의 비밀자료에 관한 사생활 보호를 위해 권한 없이 컴퓨터 시스템에 접근하는 행위를 처벌하고 있다.[215]

미연방 수정헌법 제4조는 개인의 프라이버시를 침해하지 않는 수색의 경우에는 헌법에 위배되지 않는다고 판결하고 있다.[216] 여기에는 두 가지의 문제가 있는데 첫째는 프라이버시에 대한 개인의 주관적인 기대가 반영된 것인지, 둘째는 프라이버시에 대한 개인의 주관적 기대가 사회에서 합리적으로 받아들일 인식이 되어 있는지가 문제가 된다.[217]

미국에서 프라이버시에 대한 기대가 헌법적으로 합리적인지 아닌지 명확한 규정은 없다. 예를 들어 미연방대법원은 개인이 그의 집안에 있는 재산에 대하여,[218] 닫힌 공중전화 박스 안에서의 대

---

214) Barry J. Hurewitz, Allen M. Lo, "Computer – related crimes", p.501; 吳奇斗, 前揭論文, 192면, 재인용.

215) Barry J. Hurewitz, Allen M. Lo, *Ibid*, p.515; 吳奇斗, 前揭論文, 192면, 재인용.

216) Katz v. United States, 389 U. S. 347, 362(1967).

217) O'Connor v. Ortega, 480 U. S. 709, 715(1987).

218) Payton v. New York, 445 U. S. 573, 589 – 90(1980). 뉴욕 주의 법률이 중죄범을 체포하기 위해서는 영장 없이 개인 주택에 들어갈 수 있다고 규정하고 있는데 이것은 긴급한 사태가 있어서 영장을 발부받을 시간적 여유가 없을 때이다. 그러지 않으면 수정헌법 제4조와 제14조에 위반된다. 공공장소에서는 믿을 만한 이유가 있으면 물품을 그대로 압수할 수는 있는데, 이 경우에는 개인의 프라이버시의 침해가 없기 때문이다. 그러나 개인주택은 신성한 개인의 영역으로 뉴욕 주 사실심 법관은 영장 없이 개인주택에 들어간 것은 뉴욕 주 법률에서 그와 같은 법률을 부여하고 있기 때문에 가능하다고 할 수 있다. 뉴욕 주 항소법원도 영장 없이 주택에 들어가서 강도 행위를 한 피의자를 체포하여 유죄판결을 하였다. 미연방대법원은 수정헌법 제4조는 수정헌법 제14조에 의하여 주에도 적용하게 되어 있는데, 이 조항은 영장 없이 경찰

화,[219] 가정집의 여러 개의 방에서 나온 열(heat)과 관련된 것을 열영상 카메라를 사용한 경우,[220] 빛이 들지 않는 컨테이너(opaque containers)의 내용물에 대하여[221] 프라이버시에 대한 합리적인 기대가 있다고 판시하였다.

이와는 반대로 개인의 프라이버시에 대한 합리적인 기대가 없는 경우는 공개된 장소에서의 활동하는 행위,[222] 가정집 앞에 버려진 쓰레기,[223] 타인이 절도를 하기 위하여 집주인의 동의 없이 가택에 들어오는 경우[224]에는 개인의 프라이버시에 대한 합리적인 기대가 없다고 본다.

나. 디지털 저장장치 수색을 통한 사생활 침해

미연방 수정헌법 제4조는 수사기관이 영장 없이는 컴퓨터 및 디지털 저장장치에 저장된 정보를 탐색 및 액세스를 금지하고 있다.

이 중범죄인을 체포하기 위하여 함부로 개인주택에 들어가는 것을 금지하고 있다. 따라서 뉴욕 주 법률의 해당 조항은 헌법에 위반된다고 하였다. 文鴻柱, 前揭書, 472면.

219) Katz v. United States, 389 U. S. 358(1967).

220) Kyllo v. United States, 533 U. S. 27(2001).

221) United States v. Ross, 456 U. S. 798, 822 – 23(1982).

222) Oliver v. United States, 466 U. S. 170, 177(1984). 수사기관은 대마초가 재배되고 있다는 정보에 의하여 피고인의 집을 조사하러 갔는데 출입이 금지되었다. 집 옆길로 갔더니 대마초를 재배하는 밭을 발견하였다. 그곳도 출입이 금지되었지만 밭은 공개되어 있다는 원칙(open field doctrine)에 의하여 밭에 대한 조사는 영장이 없어도 위헌이 아니라고 판결하였다. 文鴻柱, 前揭書, 443면.

223) California v. Greenwood, 486 U. S. 35, 40 – 41(1988). 수사기관이 집 밖에 버려진 쓰레기 속을 수색함에는 영장이 필요 없다고 판결한 사건이다. 수사관은 버려진 쓰레기 속에서 마약 포장지를 발견하고, 수색영장을 발부받아 가택을 수색한 결과 피고인의 집에서 마약을 발견하였다. 수사관이 쓰레기통을 뒤지는 것은 영장이 필요 없으며, 이는 미연방 수정헌법 제4조의 위반이 아니라고 판결하였다. 文鴻柱, 上揭書, 443면.

224) Rakas v. Illinois, 439 U. S. 128, 143 n.12(1978).

디지털 범죄에 있어서 가장 기본적으로 문제가 되는 것은 개인이 관리하고 있는 컴퓨터 및 다른 디지털 저장장치 안에 저장된 디지털 정보에 대하여 프라이버시에 대한 합리적인 기대를 적용할 수 있는지 문제가 된다. 예를 들어 개인의 컴퓨터, USB, 플로피디스켓, 디지털카메라, 노트북, PDA 등에 저장되어 있는 정보 및 자료에 대하여 개인의 관리가 가능하고 프라이버시에 대한 합리적 기대가 있다면 수사기관은 그러한 디지털 저장장치 안에 있는 정보나 자료에 접근하기 위해서는 반드시 수색영장을 발부받아야 한다.225)

연방대법원은 디지털 저장장치 안에 저장된 정보를 액세스할 때는 시정장치가 된 저장장치와 유사하게 보는데 그 이유는 시정장치가 되어 있는 디지털 자료에는 개인의 프라이버시가 있기 때문이다.226) 따라서 디지털 저장장치 안에 있는 정보나 자료에 대하여는 그 소유자에게 프라이버시가 있다고 할 수 있다.227)

법원은 디지털 저장장치가 시정된 저장장치라는 것에는 동의하지만, 컴퓨터나 디스크 안에 저장된 각각의 파일들은 분리되어 시정된 저장장치라는 결론에는 견해 차이가 있다. 이에 대하여 미연방 제5순회재판소는 컴퓨터 디스크 안에 있는 여러 개의 파일들은

---

225) Computer Crime and Intellectual Property Section Criminal Division United States Department of Justice, "Searching and Seizing Computers and Obtaining Electronic Evidence in Criminal Investigations", 2002. 7, p.2.

226) United States v. Ross, 456 U. S. 798, 822 – 23(1982).

227) United States v. Barth, 26 F. Supp. 2d 929, 936 – 37(W. D. Tex. 1998). 이 사건은 개인용 컴퓨터의 하드드라이브에 저장된 파일은 프라이버시에 대한 합리적인 기대가 있다고 판결하였다; United States v. Reyes, 922 F. Supp. 818, 832 – 33(S. D. N. Y. 1996). 이 사건은 개인용 호출기(pager) 안에 저장된 데이터(data)에도 프라이버시에 대한 합리적인 기대가 있다고 판결하였다; 같은 판례로는 United States v. Lynch, 908 F. Supp. 284, 287(D. V. I. 1995); United States v. Blas, 1990 WL 265179, at *21(E. D. Wis. Dec. 4, 1990).

수정헌법 제4조의 목적에 비추어 하나라고 판결하였다.[228]

이와 관련하여 다음 두 개의 사례가 있는데 첫 번째 Runyan 사건으로 경찰관이 Runyan의 개인용 컴퓨터에서 사적인 부분을 수색하여 포르노 파일을 발견한 것에 대하여 제5순회재판소는 경찰관이 Runyan의 사적인 컴퓨터 하드디스크와 파일을 부가적으로 수색한 경우에는 개인적인 수색의 범위를 초과하지 않았다고 보았다. 법원은 경찰관이 시정장치가 되어 있는 디스크 내의 자료들을 부가적으로 검사한 경우 사적인 수색의 범위를 초과한 것이 아니라고 판결하였다.[229]

두 번째는 Slanina 사건으로 법원은 컴퓨터의 일부분과 ZIP 디스크를 정당하게 수색하였으며, 정당하게 수색한 것 외에 남아 있는 자료에 대하여 프라이버시에 대한 보호를 받지 못한다고 판결하였다. 결과적으로 수사기관에 의한 포괄적인 컴퓨터의 수색은 수정헌법 제4조를 위배하지 않는다고 판결하였다.[230]

이와는 반대로 미연방 제10순회재판소는 영장 없는 또는 영장요구의 예외사항 없이 컴퓨터 하드디스크의 수색은 허용하지 않는다고 판결하였는데, Carey 사건에서 경찰관이 마약을 판매한 증거를 찾기 위해 컴퓨터를 수색하던 중 아동포르노를 발견하였다. 경찰관은 마약판매 관련 증거 수색을 중단하고, 그 대신에 5시간 동안 아동포르노에 관한 증거를 수색한 것은 범위를 초과한 것이라 하여 프라이버시를 침해하였다고 판결하였다.[231]

---

228) Computer Crime and Intellectual Property Section Criminal Division United States Department of Justice, *op. cit,* p.3.

229) United States v. Runyan, 275 F.3d 449, 464 – 65(5th Cir. 2001).

230) United States v. Slanina, 283 F.3d 670, 680(5th Cir. 2002).

현재 사람들은 컴퓨터가 많은 디지털 정보를 저장하고, 증거자료나 정보들이 혼합되어 있다 보니 수사기관이 디지털 증거를 수색할 때 개인의 사생활 침해가 필연적으로 발생하고 있다고 보았다.[232)

보통 개인이 컴퓨터를 사용할 때 프라이버시를 갖고 있지만, 특수한 상황에서는 프라이버시에 대한 기대를 갖지 못하는 경우도 있는데 예를 들면 우리나라의 PC방이나 공공기관, 병원, 공공 도서관 등에 설치되어 누구나 사용할 수 있는 컴퓨터처럼 공개적으로 사용하는 컴퓨터들은 프라이버시에 대한 합리적인 기대를 가질 수 없다.

수사관이 피의자의 어깨너머로 피의자가 입력하는 비밀번호를 스크린을 통하여 목격한 경우[233)에는 프라이버시를 침해하지 않았다고 판결하였다.[234) 또한 개인이 자기의 집이나 사무실을 의도적으로 공개한 경우,[235) 절취한 컴퓨터 내의 디지털 자료나 정보에 대하여는 사생활의 보호를 받지 못한다고 하고 있다.[236)

다. 제3자 소유의 디지털 정보유출에 의한 사생활 침해

개인의 관리하에 있는 디지털 자료나 정보에 대한 소유를 제3자에게 양도하였을 경우, 미연방 수정헌법 제4조는 저장된 디지털 정보에 대한 프라이버시를 보호하지 않는다. 예를 들어 개인의 고장 난 컴퓨터를 제3자가 운영하는 A / S센터에 가지고 가거나, E -

---

231) United States v. Carey, 172 F.3d 1268, 1273 - 75(10th Cir. 1999).

232) United States v. Walser, 275 F.3d 981, 986(10th Cir. 2001).

233) United States v. David, 756 F. Supp. 1385(D. Nev. 1991).

234) Id, 1389.

235) also Katz v. United States, 389 U. S. 347, 351(1967).

236) United States v. Lyons, 992 F.2d 1029, 1031 - 32(10th Cir. 1993).

mail이나 인터넷 메신저를 이용하여 디지털 자료를 제3자에게 보내는 경우처럼 디지털 정보를 제공하여 소유권이 제3자에게 넘어간 경우에는 미연방 수정헌법 제4조에 의하여 사생활을 보호받지 못한다. 수사기관은 제3자가 범죄에 대한 디지털 증거를 소유하고 있다는 것을 알았을 때 그 정보를 조사할 수 있다. 이처럼 제3자에 의한 소유는 사생활 보호를 받을 수 없으며, 수정헌법 제4조는 이 경우에는 영장의 발부를 요구하고 있다.237)

제3자의 소유문제에 관하여 살펴보면, 지정된 수령자에게 전달되는 과정에서 운반자의 소유와 그 후의 지정된 수령자의 소유를 구분하는 것이 좋다. 예를 들면 만약 A는 물건을 운반하기 위하여 B를 고용하였다. B가 C에게 물건을 운반하는 동안에 그 물건의 내용물에 대하여 A의 프라이버시에 대한 합리적인 기대는 C가 그 물건을 받은 후에는 다를 수 있다. 물건의 내용물에 대하여 운송 중에는 일반적으로 미연방 수정헌법 제4조의 보호를 받지 못한다. 수사기관은 운송 중인 물건의 내용물에 대하여는 영장 없이 수색하지 못한다. 수사기관이 물건의 내용물에 대하여 불법적으로 점유하거나 검사를 하는 것은 발송자와 수령자 양 당사자의 프라이버시를 침해하는 것이다.238) 그러나 Walker 사건에서는 범죄계획에 의하여 가명으로 보내는 소포물은 프라이버시에 대한 보호를 받지 못한다고 판결하였다.239) 이는 운송인이 수사기관인지 개인회사인지 관계없이 적용이 된다.240)

---

237) Computer Crime and Intellectual Property Section Criminal Division United States Department of Justice, *op. cit*, p.4.

238) United States v. Villarreal, 936 F.2d 770, 774(5th Cir. 1992).

239) United States v. Walker, 20 F. Supp. 2d 971, 973 - 74(S. D. W. Va. 1998).

개인이 본인의 디지털 저장장치를 관리할 수 있는 권한을 잃을 경우에는 프라이버시에 대한 보호도 받을 수 없다. 일단 지정된 수령인이 물건을 받은 후에는 발송인의 프라이버시에 대한 합리적인 기대는 발송인의 물건과 그 내용물에 대한 통제의 유무에 따라 차이가 있다. 예를 들면 공공장소에서 물건을 잠시 제3자에게 보관을 시켰을 때에는 그 물건에 대하여 계속 유지할 수 있는 권한이 있기 때문에 물건에 대한 프라이버시에 대한 합리적인 기대를 갖는다 할 것이다.

이에 대한 대표적인 사례로 Walter 사건이 있는데, 외설영화 우편물이 잘못 우송되어 제3자에게 배달되었다. 제3자가 이것을 개봉해 보니 외설 필름이므로 이것을 FBI에 전달하였다. FBI가 영장을 발부 받을 의사도 없이 이것을 영사해 보고 외설물이 주간 우송이라는 이유로 하여 기소하였다. 하급법원에서는 유죄판결을 받았지만, 연방대법원은 이를 파기·환송한 사건이었다.

이 사건에 대한 대법원의 견해는 다음과 같다. ㉮ FBI의 수색요원이 합법적으로 필름을 입수하였다는 사실이 외설 필름상자의 내용물에 대한 수사권까지 부여한 것은 아니다. 우편물의 내용은 수정헌법 제1조에 의하여 보호된다고 주장할 여지가 있는 도화나 기타 자료들이고, 그 압수의 근거가 압수물에 포함된 내용물이 주간 운송이 금지된 것임을 이유로 하는 경우에는 수정헌법 제4조의 영장요구 조건을 철저하게 준수하는 것이 중요하다. ㉯ FBI의 수사요원에 의하여 물품이 압수되기 전에 私人인 제3자에 의하여 운송

---

240) Parte Jackson, 96 U. S.(6 Otto) 727, 733(1877) 이 사건은 국가기관에 의한 운반된 판결이고, Walter v. United States, 447 U. S. 649, 651(1980) 사건은 개인에 의해 운반된 판결이다.

물 상자의 1-2개가 개봉되었다는 사실이 있다는 것이 수색영장의 발부를 받지 않은 것에 대한 이유가 되지 않는다. 외설영화 우편물이 당국에 인도되었을 때, 이미 행하여진 제3자의 수색의 결과가 FBI의 압수물에 대한 재수사를 정당화한다고 하더라도 FBI는 독립적인 수색을 할 권한을 갖고 있지 않는 한 사적 수색의 범위를 넘어서는 안 된다.

본 사건에서 私人인 제3자는 실질적으로 필름을 수색하지 않았고, FBI가 필름을 영사하기 이전에 단지 필름의 내용이 무엇인가에 관하여 추측하였을 뿐이다. 따라서 필름의 영사행위는 私人인 제3자에 의한 사전 수색의 중대한 확대이다. 제3자의 사적인 수색은 필름 소유자의 프라이버시를 단지 부분적으로 침해한 것이며, 아직 개봉되지 아니한 부분까지 프라이버시를 침해한 것은 아니다. 따라서 위헌이며 이것이 다수의견이다.[241]

미국은 수사기관이 디지털 정보를 수색할 경우에 미연방 수정헌법 제4조에 적용을 받는다. 1967년의 Berger 사례는 뉴욕 주의 도청에 관한 법률[242]의 합헌성 여부 문제가 제기된 사건인데, 이 뉴욕 주 법률에 의하면 ① 도청영장은 주 최고법원 법관이 발부하고 ② 신청은 지방국장, 검찰총장, 주의 경찰서의 경위급 이상의 지위에 있는 자가 할 수 있고 ③ 도청에 의하여 확실히 범죄 증거가 얻어진다는 믿을 만한 사유가 있다는 구술선서서가 있어야 하고 ④ 도청허가에는 대화자의 성명, 전화번호가 특정되어야 하고 ⑤ 허가기간은 2개월을 초과하지 못하나 연장할 수 있다고 규정되어 있다.

---

241) 文鴻柱, 前揭書, 453-454면 參照.
242) N. Y. Code Crim. Proc. §813-a.

본 도청사건은 주의 주류관리당국(State Liquor Authority) 직원이 주류 판매 허가의 대가로 뇌물을 받는다는 정보를 입수한 후, 뉴욕 주 법률에 의거하여 법원의 도청허가영장을 발부받아 범죄 증거를 확보하기 위하여 직원과 관련된 변호사 사무실에 대하여 2개월간 도청을 하였다. 그 도청에 의해서 취득된 증거에 근거하여 또 다른 관련자에 대해 제2차 도청허가를 받아 도청하여 증거를 확보하여 피고인을 주류관리당국 직원에게 뇌물을 공여하려는 음모죄로 기소하고, 그 결과 유죄판결을 받아 냈다.

이에 대하여 대법관 Clark는 동법이 위헌이라고 선언하였다. ⓐ 적법절차조항은 '대화(conversation)'도 보호하며, 이를 파악하는 도청장치도 수색에 해당된다. 그러므로 수색영장에는 대화도 특정되어야 하며 모든 대화를 도청하도록 허용하는 뉴욕 주 법은 너무나 광범위하다. ⓑ 또한 한 가지 범죄 증거를 얻기 위하여 2개월의 도청을 허용하는 것은 너무 장기간이며, 더구나 그것이 필요에 따라 갱신될 수 있다는 것은 지나치다. 갱신에는 다시 믿을 만한 사유를 제시하는 조건이 붙어 있지 않았다. ⓒ 도청된 기록의 유효기한에 대한 제한이 없이 수사관에게 일임한 것은 부당하며 더구나 범죄와 관련 없는 것은 더욱 그러하다. 이러한 도청은 불합리한 압수·수색에 해당되므로 뉴욕 주 도청법은 위헌이라고 판결하였다.[243]

미국은 제3자에 의한 사생활 침해를 방지하기 위한 1968년의 옴니버스범죄통제 및 안전도로법은[244] 최초로 私人에 의한 도청과

---

243) Berger v. New York, 388 U. S. 41, 58 – 60(1967).

244) Public Law §§90 – 351(1968).

전자감시를 금지하고 있는 법규이다. 그러나 국가안전에 관한 문제가 포함되어 있는 때에는 수색영장 없이 도청 또는 감시하는 것을 금지하고 있지 않으므로 이들에 의해 사생활 침해를 할 수 있는 국가기관의 권한 범위는 아직 과제로 남아 있었다.[245]

라. 디지털 증거 수집에 의한 사생활 침해

미연방 수정헌법 제4조는 개인이 디지털 정보 및 자료를 관리할 수 있을 경우에는 사생활의 보호를 받는다고 하고 있다. 그러나 e - mail처럼 일단 메일이 수신자에게 도착하면 그 자료에 대한 관리가 불가능하기 때문에 프라이버시에 대한 보호를 받을 수가 없다. 예를 들어 개인이 자기의 가방을 제3자에게 맡겨 두고 잠시 자리를 이탈하였더라도 가방에 대한 소유권은 갖고 있기 때문에 프라이버시는 있다고 본다.[246]

제3자의 소유에 관한 논쟁을 분석하면 이에 대한 판단은 그 물건 및 내용물에 대하여 발신인이 계속하여 관리능력을 가지고 있는지 여부에 달려 있다. 즉 발신인이 물건을 제3자에게 임시적으로 보관만 시킨 것이라면 발신인의 프라이버시에 대한 합리적인 기대는 그대로 유지된다. 예컨대 피의자가 자기 회사의 영업비밀인 상품 가격정보를 경쟁회사에게 이메일로 보낸 것을 수사기관인 FBI가 상대

---

245) 尹明善, 「美國 基本權 硏究」, 慶熙大學校 出版局, 2004. 12, 143면.

246) United States v. Most, 876 F.2d 191, 197-98(D. C. Cir. 1989) 사건에서 식품 매장 매니저에게 플라스틱 가방과 그 안의 물건을 맡기고 떠났더라도 프라이버시에 대한 합리적인 기대는 있다고 판결하였다; United States v. Presler, 610 F.2d 1206, 1213-14(4th Cir. 1979) 사건에서 여행객의 잠긴 여행용 가방이 공항의 수화물 카운터에 있는 경우에도 이에 대한 프라이버시는 있다고 판결하였다; United States v. Barth, 26 F. Supp. 2d 929, 936-37(W. D. Tex. 1998) 사건에서는 고장 난 컴퓨터를 수리하기 위하여 컴퓨터 수리전문가에게 컴퓨터 하드드라이브를 맡긴 경우에도 이에 대한 프라이버시의 합리적 기대는 있다고 판시하고 있다.

회사의 컴퓨터를 수색하여 가격정보를 찾았다. 이에 대하여 피의자
는 사생활이 침해되었다고 주장하였으나, 법원은 피의자가 상대 경
쟁회사에게 상품의 가격정보를 보낸 것은 그 소유와 통제를 포기하
였다고 판결하였다.[247]

또 다른 비슷한 사례로 인터넷을 통한 채팅과 관련된 사건에서
피의자가 아메리카 온라인(America Online) 채팅방을 통해 이메일
메시지를 보내고 그 메일을 채팅방에 있는 참석자들이 수령을 한
이후에는 메시지 내용에 대한 프라이버시의 합리적인 기대가 없다
고 판결하였다.[248]

결과적으로 발신인에 의하여 발송된 물건을 제3자가 소유하고
있다면 발신인의 관리능력이 없다고 판단되며 물건에 대한 발신인
의 프라이버시에 대한 합리적인 기대는 더 이상 인정될 수 없다.

예를 들어 Poulsen 사건[249]에서 컴퓨터 해커인 케빈 폴센(Kevin
Poulsen)이 렌트 비용은 지불하지 않고 시정장치가 되어 있는 상업
용 저장설비에 디지털 자료들을 저장하였다. 수사기관은 이 저장설
비에 대하여 영장 없이 수색을 하여 폴센의 디지털 자료들을 찾았
다. 이에 대하여 미연방 제9순회재판소(The Ninth Circuit)는 수사
기관이 Poulsen의 프라이버시를 침해하지 않았다고 판결하였는데,
그 이유는 렌트 비용을 지불하지 않았기 때문에 Poulsen이 저장 설
비에 액세스할 수 있는 권리는 소멸했다는 것이다.[250]

미연방대법원과 지방법원들의 의견은 개인이 디지털 정보를 제3

---

247) United States v. Horowitz, 806 F.2d 1222(4th Cir. 1986).

248) United States v. Charbonneau, 979 F. Supp. 1177, 1184(S. D. Ohio 1997).

249) United States v. Poulsen, 41 F.3d. 1330(9th. Cir 1994).

250) id. 1337.

자에게 전송하였을 때는 그 디지털 정보에 대하여는 프라이버시권을 기대할 수 없다는 것이 일반적인 견해이다. 만약 개인이 제3자에게 보낸 정보들이 본인의 주관적인 생각으로는 제3자가 그 정보의 비밀을 지켜 줄 것이라고 생각하더라도 정보는 제3자에게 소유를 이전했다고 보아 프라이버시에 대한 보호를 받을 수 없다는 것이다.

이에 대한 대표적인 사례로 Miller 사건이 있는데 이는 다음과 같다. 수사기관에 의해 압수된 은행발행의 수표, 저금통장 등은 피고인의 개인사물로 볼 수 없기 때문에 프라이버시는 존재하지 않는다. 이는 제3자인 은행 업무상 은행직원에 의하여 공개가 가능하기 때문이다. 따라서 은행은 고객이 소지하고 있는 은행 계좌의 누설에 관하여 계좌정보를 보호하지 않는다고 법원은 판결하였으며, 이는 미연방 수정헌법 제4조에 위반되지 않는다고 판결하였다.[251]

또 다른 사례로 Smith 사건에서 수사기관의 요청에 의하여 중앙전화국에 전화이용 상황기록장치(pen register)[252]를 설치한 것은 수정헌법 제4조가 말하는 수색이 아니므로 영장이 필요 없으며, 전화이용 상황기록장치는 누가 전화를 걸었는지를 아는 것뿐이고, 전화통화 내용을 기록하는 것이 아니기 때문에 프라이버시 침해가 아니라고 하였다. 따라서 전화기 소유자가 전화번호를 안 것은 프라이버시에

---

251) United States v. Miller, 425 U. S. 435, 443(1976).

252) pen register라 함은 전화이용 상황기록장치로서 원래는 전화국에서 가입자의 전화이용 상황을 기록하기 위해 개발된 것인데, 이것은 전화통화 내용을 파악할 수는 없으나, 전화기의 다이얼 번호마다 전압의 변화가 다른 것을 이용하여 감청대상 전화기에서 발신되어 나가는 전화번호를 파악할 수 있는 감청장치로도 이용된다. Leonard Atkinson, The Origins of Wiretapping in Connecticut, Univ of Bridgeport Law V12 Winter, 1991, pp.247 - 292.

대한 합리적인 기대가 없다고 판결하였다.[253] pen register와 같은 감청장치는 창고나 지하실에 있는 전화시설에 부착하여 감청대상 전화기로부터 발신되는 전화번호 단위를 파악할 수 있고, 또 어떤 장치는 마티니(martini) 칵테일 잔 속의 올리브 열매 속에 설치하여 실제로는 안테나이지만 외관상 이쑤시개처럼 보이는 정교한 장치까지 출현하였다.[254] 이러한 디지털 장치들은 특별한 주파수 등을 이용하여 별도의 연결용 유선(wire)이 필요하지 않기 때문에 책, 전등, 만년필, 넥타이핀, 양복단추, 소매단추 등에 설치가 가능하고 무선 원격조종장치(remote control)에 의해 조작이 가능하다.[255]

개인이 디지털 자료나 정보를 인터넷 네트워크를 이용하여 전송을 하고 이것이 수신자에게 도착한 이후부터는 프라이버시에 대한 보호를 받지 못한다. Meriwether 사건에서[256] 호출기를 이용하여 디지털 메시지를 보낸 경우, 또한 e-mail 메시지를 이용하여 상대방에게 메시지가 전송된 경우에는 프라이버시에 대한 보호를 받지 못한다.

물론 헌법상 프라이버시에 대한 보호를 받지 못한다고 하여 수사기관이 법원의 명령이나 영장 없이 디지털 자료나 정보를 마음

---

253) Smith v. Maryland, 442 U. S. 735, 743-44(1979); Couch v. United States, 409 U. S. 322, 335(1973) 사건에서는 의뢰인이 회계사에게 건네준 의뢰인 정보를 얻기 위해 수사기관은 회계사를 소환할 수 있다고 판결하였는데 그 이유는 의뢰인이 회계사에게 건네준 정보에 대하여 의뢰인은 프라이버시에 대한 합리적인 기대가 없기 때문이다.

254) J. Cederbaums, Wiretapping and Electronic Eavesdropping, The Law and 1st Implications 7, 1969.

255) 법원은 이러한 장치들을 '현대적 감청장치(modern devices for eaves dropping)'라 규정하였다. Berger v. New York, 388 U. S. 41, 47(1967).

256) United States v. Meriwether, 917 F.2d 955, 959(6th Cir. 1990).

대로 압수·수색을 할 수는 없다.

마. 공개된 인터넷 자료에 의한 사생활 침해

일반 네티즌에게 공개된 인터넷 자료도 관련 포털업체나 서버운
영자와 그 가입자 간의 동의나 승인이 없으면 당연히 법관의 영장
이 있어야 취득이 가능하다고 해야 할 것이다. 특히 인터넷 게시판
의 경우 송신자와 수신자 간에 흐르고 있는 정보는 그 성질상 압
수·수색 범위를 특정하기 어려우므로 이를 압수하기 위해서는 보
통 일반 범죄보다 그 요건을 완화하여 압수할 수 있다고 보아 디지
털 범죄와 관련성만 인정되면 압수할 수 있다는 견해가 있다.[257]

물론 인터넷 게시판과 같이 다수의 이용자에게 광범위하게 정보
를 제공하고자 할 목적을 갖고 있는 것에 관해서는 컴퓨터 시스템
의 이용자에 대해 헌법이 보장하는 사생활의 보호 정도가 축소된
다고 보아도 좋을 것이다. 그러나 인터넷 게시판이 다수에게 개방
되어 있다고 하여도 비밀번호나 ID에 의해서 그 이용이 제한되어
있는 경우에는 이용이 허용된 자 이외의 누구에게나 자유롭게 액
세스할 수는 없다. 따라서 인터넷 게시판 이용자는 프라이버시에
대한 합리적 기대를 갖고 있다고 보아야 하며, 이에 따라 인터넷
게시판의 통신비밀도 보호되어야 한다. 그러므로 수사기관은 법관
이 발부한 영장에 의하지 않고는 인터넷 게시판 또는 자료실을 무
단으로 수색할 수 없다. 즉 수사기관이 컴퓨터 시스템 이용자의
동의를 얻어 비밀번호나 ID를 확보한 경우 이외에 인터넷 게시판
에 게시된 정보를 무단 취득하는 것은 위법한 도청이나 위법한 컴

---

257) 安富 潔, 「刑事手續とコンピュータ 犯罪」, 慶應義塾大學 法學研究會叢書(52)(平
　　成 4年, 1992. 2. 20), 217면.

퓨터 수색이라고 해야 한다. 또한 수사기관이 디지털 기록에 대해 정당하게 접근할 수 있는 권한이 없이 위법하게 취득한 ID나 비밀번호를 이용하여 수색행위를 하는 것은 위법한 수색행위에 해당한다고 보아야 한다.[258]

다만 인터넷 게시판에 접근할 수 있는 권한을 갖고 있는 공동이용자는 수사기관의 수색에 동의할 수 있다고 하겠다. 그러나 그 접근 권한은 무한정한 것이 아니며, 당해 게시판의 특정파일에 메시지를 남길 수 있을 뿐 그곳으로부터 정보를 읽어 내는 것이 허용되어 있지 않다면 그 파일에 접근할 수 없다고 해야 한다. 따라서 공동 이용자의 접근 권한에 일정한 제한이 있는 경우 수사기관의 수색범위는 제한될 수밖에 없는 것이다. 특정기록에만 접근할 수 있는 이용자는 그 외의 전자기록에 대한 수색에 동의할 수 있는 권한이 없다고 해야 할 것이다.[259] 이때에도 수사기관은 범죄수사를 위해 법관이 발부한 영장에 근거하여서만 수색할 수 있으며, 이를 위반하여 수색할 경우에는 당연히 헌법상 보장된 타인의 사생활이 침해된다.

바. 私人에 의한 디지털 증거의 수색 시 사생활 침해

미연방 수정헌법 제4조는 정부기관·수사기관에서 활동하지 않는 私人에 의한 수색행위에 대하여는 적용되지 않는다. 다시 말해서 私人이 정부기관과 관계를 갖고 하는 행위나 국가기관의 공적인 업무에 경험 없이 행하는 압수·수색은 수정헌법 제4조가 적용

---

258) 吳奇斗, 前揭論文, 196 – 197면.
259) 安富 潔, 前揭書, 211면.

되지 않는다. 1984년 Jacobsen의 사건에서 私人인 Jacobsen이 본인의 의지로 수색을 하여 그 결과물을 수사기관에 제출하였다. 이 경우에는 수정헌법 제4조의 침해가 아니라고 판결하였다.[260] 수정헌법 제4조의 적용은 경찰·정부 공무원과 같은 국가기관 공무원에게만 적용이 된다. 私人에 의한 수색은 가능하지만 프라이버시 침해라는 문제가 제기될 수 있다.

디지털 범죄에서도 컴퓨터의 하드디스크를 수색할 때 오직 정부 직원들에게만 미연방 수정헌법은 적용이 된다. 이에 관한 사례로 1998년도에 Hall 사건이 있는데 이는 다음과 같다. 피고인은 본인의 컴퓨터가 고장이 나서 私人인 컴퓨터 수리전문가에게 수리를 맡겼다. 컴퓨터 수리전문가는 피고인의 컴퓨터를 수리하는 과정에서 컴퓨터 파일 이름이 아동포르노그라피(child pornography)로 되어 있는 다수의 파일이 저장된 것을 발견하였다. 그래서 그는 파일들을 열어 보았고, 아동포르노가 있는 것을 확인한 다음 州 경찰관에게 신고를 하였다. 경찰관은 영장을 발부받아 피고를 체포하였고, 그는 아동포르노 소지죄로 유죄를 선고받았다. 이에 대하여 피고는 컴퓨터 수리전문가의 영장 없는 컴퓨터의 수색은 미연방 수정헌법 제4조를 위반한 것이라고 주장하여 항소를 하였고, 미연방 제7순회 재판소는 피고의 항소를 기각하였다. 왜냐하면 컴퓨터 수리전문가의 수색은 본인 자신이 한 행위로 법원은 이에 대하여 私人이 행한 수색에 대하여 미연방 수정헌법 제4조는 적용되지 않는다고 판결하였다.[261] 단지 프라이버시 침해 문제가 제기될 뿐이다.

---

260) United States v. Jacobsen, 466 U. S. 109, 113(1984).

261) United States v. Hall, 142 F.3d 988(7th Cir. 1998).

또 다른 사례로 2000년에 Kennedy 사건은 私人인 ISP의 직원은 가명으로 인터넷을 이용하여 피고인의 컴퓨터를 수색한 것이 정부기관을 위하여 행한 것이라는 증거가 없기 때문에 미연방 수정헌법 제4조에 위반되지 않는다고 판결하였다.262) 이 사례 역시 프라이버시 침해에 관한 문제가 제기될 수 있다.

미연방대법원은 Jacobsen 사건263)에서 수사기관은 私人이 수색한 범죄의 증거를 입수한 경우에는 프라이버시의 침해 없이 私人이 수색한 것을 다시 재현할 수 있으며, 이때 수사기관은 영장을 발부받아 수색해야 한다.264) 만약 私人이 수색한 범위를 초과하여 영장 없이 수색을 한다면 이는 미연방 수정헌법 제4조를 위반한 행위이다.265)

디지털 범죄의 경우에 있어서 私人이 수색한 파일을 수사기관이 파일의 내용을 검사하는 것은 私人이 영장 없이 수색한 범위를 초과한 것이다.

이에 관하여 2001년 Runyan 사건에서는 私人이 컴퓨터 디스크 파일을 조사하였는데, 경찰관은 이 디스크 파일의 내용을 私人이 수색한 범위를 넘어서 더 많은 부분을 조사하였다. 이에 대하여 법원은 경찰관의 수색은 사인이 수색한 범위를 초과한 것이 아니라고 판결하였다.266) 이 사건에서 미연방 제5순회재판소는 私人이

---

262) United States v. Kennedy, 81 F. Supp. 2d 1103, 1112(D. Kan. 2000).

263) United States v. Jacobsen, 466 U. S. 109(1984).

264) United States v. Miller, 152 F.3d 813, 815 – 16(8th Cir. 1998); United States v. Donnes, 947 F.2d 1430, 1434(10th Cir. 1991).

265) United States v. Allen, 106 F.3d 695, 699(6th Cir. 1999).

266) United States v. Runyan, 275 F.3d 449, 464 – 65(5th Cir. 2001).

컴퓨터 파일 한 개를 수색한 것이지만, 이에 대하여 수사기관이 컴퓨터 전체의 내용을 영장 없이 수색하는 것을 인정하였다.

그러나 다른 법원에서는 미연방 제5순회재판소의 판결과 다르게 판결하였는데, 수사기관의 수색은 오직 私人에 의해 수색된 그 파일 한 개만 적용이 된다고 판결하였다. 그러나 Runyan 사건 이전에는 私人에 의하여 수색된 파일보다 수사기관은 더 많은 파일을 수색하였다.[267]

법원은 사인의 수색으로 수집한 정보보다 더 깊숙한 수색을 위해서 영장을 발부받고자 한다면, 영장 발부에 필요한 상당한 이유를 제시해야 한다고 판시하고 있다.

또한 컴퓨터에 저장된 디지털 범죄의 증거를 확인한 후에 수사기관은 컴퓨터에 저장된 정보를 수색하기 위해 수색영장을 발부받기 전에 디지털 증거의 무결성(integrity)과 유효성(availability)을 확보하고자 잠시 동안 컴퓨터를 압수할 필요가 있다.[268] 이에 대하여 미연방 수정헌법 제4조는 수사기관이 컴퓨터를 잠시 동안 압수하는 것에 대하여 디지털 범죄의 증거가 컴퓨터에 있다고 믿을 만한 상당한 이유가 있는 한 가능하다. 또한 수사기관이 영장을 신속하게 청구하고, 영장 없이 압수한 컴퓨터가 합리적인지 등 모든 상황을 고려하여 허가하고 있다.[269]

---

267) United States v. Barth, 26 F. Supp. 2d 929, 937(W. D. Tex. 1998).

268) United States v. Hall, 142 F.3d 994－95(7th Cir. 1998).

269) United States v. Place, 462 U. S. 696, 701(1983). 이 사건은 비행장에서 90분간이나 짐을 압수하여 수색영장을 얻어 수색한 것은 불법수색이라고 판결한 사건으로 내용은 다음과 같다. 피고인의 태도가 의심스러워 마약단속관은 피고인에게 신분증 제시를 요구하고 이를 받았다. 피고인이 소유한 두 개의 가방은 동의를 얻어 개봉하였다. 그러나 짐은 비행기가 떠날 시간이 임박하였기에 조사를 못 해서 도착지인 뉴욕 단속관에게 연락하여 조사하도록 지시하였다. 뉴욕에 도착하자 단속관이 와서 짐을

私人에 의한 수색 시에 발생할 수 있는 문제는 사인이 수사기관에게 계획적으로 범죄의 증거를 제공하고 재산을 조사하였을 때와 우연히 Plain view(그냥 눈에 띄는)에 의하여 범죄의 증거를 보았을 때 문제가 된다.

이에 대한 예로 1996년의 Procopio 사건을 보면 피고인의 범죄 파일을 그의 형이 안전하게 보관하였는데, 얼마 후 도둑이 피고의 가택에 침입하여 이 파일을 훔쳐서 열어 보고 근처 공원에다 버렸다. 경찰이 도둑을 잡고 그 주위를 조사하여 도둑이 버린 파일을 습득하였다. 그리고 경찰은 그 범죄 파일의 습득으로 피고를 체포하였다. 이에 대하여 제1순회재판소는 경찰관의 파일의 수색은 수정헌법 제4조의 위반이 아니라고 판결하였다. 왜냐하면 파일은 사인인 도둑에 의하여 먼저 수색되었기 때문이다.[270]

여기서 중요한 것은 미연방 수정헌법 제4조의 목적에서 私人이 수색한다는 의미는 반드시 정부기관의 직원이 아닌 私人에 의한 수색행위만을 의미하는 것은 아니다. 사인에 의한 수색이 정부나 수사기관이 사인을 이용하여 수색에 이용하였다면, 수사기관의 수색으로 미연방 수정헌법 제4조는 적용되어야 할 것이다.[271]

미연방대법원은 私人의 행위가 수사기관의 행위로 인정되는지에

열어 보자고 하자 피고인은 거절을 하였다. 그리하여 연방법원에 짐을 운반하여 수색영장을 발부받아 수색하려고 하였다. 단속관은 그 짐을 다른 비행장으로 가서 수색견에게 냄새를 맡게 하였다. 이때가 짐을 압수한 지 90분이 경과하였다. 그 후 단속관은 수색영장을 발부받아 짐을 수색한 결과 마약이 발견되었다. 이에 대하여 지방법원은 유죄판결을 하였지만, 항소법원은 불법수색이라 하여 원심판결을 전복하고, 미연방대법원도 수정헌법 제4조에 위반되는 수색이라고 하였다; United States v. Martin, 157 F.3d 46, 54(2d Cir. 1998); United States v. Licata, 761 F.2d 537, 540 – 42(9th Cir. 1985).

270) United States v. Procopio, 88 F.3d 21(1st Cir. 1996).

271) Skinner v. Railway Labor Executives Ass'n, 489 U. S. 602, 614(1989).

대하여, 법원은 반드시 사인의 행위에 대한 수사기관의 참여 정도를 보아야 하며, 모든 상황을 고려해야 한다고 판결하였다.272)

私人 수색에 관하여 미국의 많은 연방 항소법원들은 명확한 기준이 없기 때문에 사인의 수색과 수사기관의 수색을 구분하기 위하여 넓은 접근방법을 적용하였다. 약 법원의 반 정도는 모든 상황을 고려하는 접근방법을 통해 아래의 세 가지 요건들을 기준으로 삼고 있다. 첫째 수사기관이 사인의 수색행위에 대해 알거나 동의했는지, 둘째는 私人이 수색을 할 경우 수사기관을 도와준다는 의도가 있는지, 셋째는 수사기관이 사인의 수색 행위를 긍정적으로 돕거나, 제안하거나, 선동한 것은 아닌지 등이다.273) Miller 사건에서는 사인의 수색활동을 수사기관이 알았거나 동의했고, 수사기관에 대하여 돕는 것을 의도하였다면 이는 수사기관의 행위라고 판결하였다.274)

사. 수사기관이 보유한 디지털 증거 수색에 의한 사생활 침해

수사기관은 보통 범죄자에게서 압수한 물건을 보관한다. 이때 그 압수물을 수색하는 경우가 있는데, 이는 합리적이며 영장 없이 가능하다. 이러한 경우에는 두 가지 조건이 있는데 첫 번째는 수

---

272) Coolidge v. New Hampshire, 403 U. S. 443, 487(1971).

273) 관련된 사례로는 United States v. Pervaz, 118 F.3d 1, 6(1st Cir. 1997); United States v. Smythe, 84 F.3d 1240, 1242 – 43(10th Cir. 1996); United States v. McAllister, 18 F.3d 1412, 1417 – 18(7th Cir. 1994); United States v. Malbrough, 922 F.2d 458, 462(8th Cir. 1990).

274) United States v. Miller, 688 F.2d 652, 657(9th Cir. 1982); 이와는 유사한 사례로 United States v. Paige, 136 F.3d 1012, 1017(5th Cir. 1998); United States v. Lambert, 771 F.2d 83, 89(6th Cir. 1985)가 있는데, 미연방 수정헌법 제4조의 목적 하에 사인의 수색행위를 수사관이 선동, 조장, 참여하였고, 수사관의 수색에 대하여 도움을 주고자 관여하였다면 이는 수사기관의 행위라고 판결하였다.

사기관이 피의자를 구금하고 있는 동안 피의자가 소지하고 있던 물건을 보관한다. 이때 그 보관물의 위험으로부터 경찰관을 보호할 수 있는 물건, 훔친 물건, 파괴될 수 있는 물건은 영장 없이 수색이 가능하다. 이러한 물건들에 대한 합법적인 수색은 개인의 사생활의 권리를 침해하지 않는다고 하였다.[275] 두 번째로 수색은 적법한 절차를 따라야 한다.[276]

디지털 범죄에서 컴퓨터와 관련하여 수사기관에 보관되거나 압수되어 있는 컴퓨터, 디스켓, 핸드폰, 디지털카메라 등 디지털 증거에 관해서는 영장 없는 수색이 허용되지 않는다.[277] 이는 오프라인에 관한 범죄 증거에 대하여는 경찰서에서 보관하는 데 큰 문제가 없지만, 컴퓨터에 저장되어 있는 디지털 정보나 자료는 디지털 증거의 특성상 경찰서에서 보관하게 되는 경우에 증거의 삭제나 변경이 가능할 수 있기 때문이다. 따라서 수사기관에 보관되어 있는 디지털 증거들에 대한 수색에 있어서는 수색영장을 발부받아야 할 것이다.[278] 이를 위반하여 영장 없이 디지털 증거를 수사하는 경우에도 헌법상 사생활 침해의 문제가 제기될 수 있을 것이다.

또한 디지털 범죄의 정보를 얻기 위하여 수사기관이 보유한 최첨단 기술(Use of Technology to Obtain Information)을 사용할 경우 사생활

---

275) Illinois v. Lafayette, 462 U. S. 640, 644(1983); South Dakota v. Opperman, 428 U. S. 364, 369 – 70(1976).

276) Colorado v. Bertine, 479 U. S. 367, 374 n.6(1987); Florida v. Wells, 495 U. S. 1, 4 – 5(1990).

277) United States v. O'Razvi, 1998 WL 405048, at *6 – 7(S. D. N. Y. July 17, 1998); United States v. Flores, 122 F. Supp. 2d 491, 493 – 95(S. D. N. Y. 2000).

278) Computer Crime and Intellectual Property Section Criminal Division United States Department of Justice, *op. cit,* p.23.

이 침해되는지 여부와 관련하여 문제가 제기되었다. 미연방대법원은 Kyllo 사건[279]에서 피고인이 집안에서 마리화나를 재배한다는 혐의가 있어 수사기관이 보유한 열영상 카메라(Thermal Imager)[280]로 집에서 방출되는 열의 양을 측정하였다. 그 결과 집안에서 마리화나를 재배하는 것을 밝혔고, 이를 근거로 기소하였다. 그러나 수사기관의 영장 없이 개인 주택에 대하여 열영상 카메라를 사용한 것은 불법적인 수색으로 사생활을 침해한 것이라고 판결하였다. 특히 연방대법원은 수사기관이 일반적으로 사용하지 않는 장비를 사용하여 수색하는 것과 물리적인 침입 없이 이전부터 알려지지 않았던 방법으로 집안을 세심하게 수색하는 것은 영장이 필요하다고 판시하였다.[281]

수사기관이 컴퓨터와 네트워크를 통하여 전송되는 디지털 정보나 자료를 얻기 위하여 일반적으로 사용되지 않는 최첨단 기술 장비를 사용하는 경우에는 당연히 영장이 요구된다.[282] 따라서 영장 없이 수사기관이 보유한 최첨단 기술로 디지털 증거를 수색하는 것은 당연히 헌법상 보장된 개인의 사생활이 침해된다 할 것이다.

---

279) Kyllo v. United States, 533 U. S. 27(2001).
280) 열영상 카메라(Thermal Imager)라 함은 마리화나를 자라게 하는 고온의 조명을 사용하는지를 측정하기 위하여 집안으로부터 새어 나오는 열을 측정하는 기구를 말한다.
281) Id. 40.
282) Id. 34 & 39 n.6 參照.

Ⅲ. 한국 헌법상 사생활의 보호 범위와 법적 성격 및 내용

1. 헌법 규정

우리나라의 사생활 보호에 관한 권리는 인간의 존엄과 가치·행복추구권의 한 내용으로서 주장하게 되었다.[283] 우리의 헌법은 1980년 제5공화국 제8차 개정에서 사생활 보호를 규정하였으며,[284] 현재 제6공화국 헌법은 제17조에 "모든 국민은 사생활의 비밀과 자유를 침해받지 아니한다."는 규정을 두어 이를 명문화하고 있다. 그러나 그 이전의 헌법하에서도 학계는 인간의 존엄과 가치, 주거의 자유, 통신의 자유, 혼인과 가족의 보호 등에 근거하여 사생활의 비밀과 자유가 보장된다고 보았다. 또한 사생활의 비밀과 자유는 형법, 민법 등의 법률에 의해 보호되었다.[285]

우리의 헌법 규정에 근거하여 이를 보장하고 있는 공공기관의 개인정보보호에 관한 법률(1994년 1월 7일 제정)은 컴퓨터에 의해 처리되는 개인정보의 보호를 위한 법으로서 현저한 기본권의 침해의 우려가 있는 개인정보의 수집 등을 원칙적으로 금지하고 있다. 그러나 그 보호 대상을 컴퓨터에 의해 처리되는 개인정보에 한정하고 그 규제 대상도 공공기관으로 한정하고 있다는 문제점이 있다.[286]

최근 첨단과학기술 변화에 따른 헌법상 기본권인 사생활의 보호에 관하여 새로운 보호 필요성이 강하게 제기되어 개정을 하고자

---

283) 金哲洙, 前揭書, 518면.
284) 李準一, 『憲法學 講義』, 弘文社, 2007, 629면.
285) 桂禧悅, 前揭書, 393-394면.
286) 金哲洙, 前揭書, 519면.

하는 견해가 제기되고 있는데,[287] 정보사회 발전으로 인한 사생활
과 개인정보의 적극적인 보호는 당연한 귀결이라고 할 수 있다.
현행 헌법 제17조는 사생활의 비밀과 자유를 규정하고 있으나, 이
는 정보통신 사회가 도래하기 이전에 제정·개정된 것으로 사생활
관련 부분인 보호 범위, 법적 성격, 다른 기본권 간의 관계 등이
충분하지 않아 이에 대한 문제를 법원의 해석을 통하여 해결하였
다.[288] 앞으로 우리 사회는 더욱더 첨단 정보화 사회로 진입할 것
이며, 이에 따른 사생활의 침해 또한 다양한 방식으로 발생할 것
으로 예상된다. 따라서 헌법상 사생활 보호에 관하여 정보화 시대
에 맞추어 기능, 역할, 보호 내용 등을 충분히 검토할 필요성이 있
다 할 것이다.

2. 사생활의 보호의 의의

과거에는 사생활의 자유가 당연한 것으로 인정되었기 때문에 이
에 대한 보호요구가 적었다. 그러나 현대는 정보통신기술의 발전으
로 디지털 정보화가 빠르게 이루어지고 특히 인터넷상에서 개인의
사생활이 공개 또는 유출, 누설되는 경향이 많아지고 있어 사생활
의 보호가 요구되기 시작하였다.[289] 물론 우리나라에서는 헌법에
명시적으로 규정하고 있지만, 정보통신 기술의 발전에 따른 사생활
침해에 대한 보호의 필요성은 날로 증대되고 있다. 이에 따라 이

---

287) 金日煥, 「憲法上 私生活關聯 自由의 改正方向과 內容에 관한 考察」, 憲法學研究,
    第12券 第4號, 2006. 11, 164면.

288) 金日煥, 上揭論文, 172 - 173면 參照.

289) 金哲洙, 『憲法學 新論』, 博英社, 2007. 4, 518면; 성낙인, 「개인정보보호법제의 현
    황과 재정립 방향」, 인터넷과 法律Ⅱ, 法文社, 2005, 62면.

를 법제화할 필요성이 끊임없이 학계에서 제기되어 왔고, 또한 정보화로 인한 폐해는 우리 앞에 있는 현실이기도 하다.[290]

사생활의 비밀과 자유의 개념은 다양하게 이해되고 있다.[291] 사생활의 자유라 함은 개인이 사적인 생활을 영위할 수 있는 자유를 말하는 것이고, 사생활의 비밀이라 함은 사생활의 부당한 공개로부터의 자유라고 할 수 있겠다. 이 권리는 외국에서 말하는 프라이버시의 권리를 뜻하는 것이라고 하겠다. 이러한 프라이버시의 권리는 정보통신이 발달한 오늘날 소극적으로 '사생활의 평온을 침해받지 아니하고 사생활의 비밀을 함부로 공개당하지 아니할 권리'에서 그치는 것이 아니고, 적극적으로 '자기에게 관련된 정보의 전파를 컨트롤할 수 있는 권리'로 파악하려는 경향이 있다. 이는 오늘날의 정보화 사회에서 개인의 존엄을 보장하기 위하여 필수적인 것으로 인정되어야 할 것이다.[292]

헌법재판소는 '사생활의 자유'란 시민공동체의 일반적인 생활규범의 범위 내에서 사생활을 자유롭게 형성해 나가고 그 설계 및 내용에 대해서 외부로부터의 간섭을 받지 아니할 권리이며, 사생활

---

290) 성낙인, 전게서, 62면.

291) 이에 대하여 구병삭 교수는 사생활의 비밀은 사생활의 부당한 공개로부터의 자유를 말하고, 사생활의 자유란 개인의 사생활을 영위하는 자유를 말한다고 한다. 丘秉朔, 『新憲法原論』, 博英社, 1995, 489–490면. 다른 의견으로 권영성 교수는 사생활의 내용을 공개당하지 아니할 권리, 사생활의 자유로운 형성과 전개를 방해받지 아니할 권리 그리고 자신에 관한 정보를 스스로 관리·통제할 수 있는 권리 등을 내용으로 하는 복합적인 권리라고 한다. 權寧星, 『憲法學原論』, 法文社, 2007, 445면. 또 다른 의견으로는 프라이버시 권리는 개인 또는 단체가 그 의견에 반하여 자기의 성명·초상·행동·사상·문서 기타 징표를 탐지·공개 또는 이용당하지 아니할 권리 및 자기 또는 자기의 지배하에 있는 자의 정보가 타인에 의하여 취득·개시될 정도를 결정할 수 있는 권리라고 한다. 변재옥, 「정보화 사회에 있어서 프라이버시 權利」, 서울대학교 박사학위논문, 1979, 257면.

292) 金哲洙, 前揭書, 519면.

에 관련된 사사로운 자신만의 영역이 본인의 의사에 반해서 타인에게 알려지지 않도록 할 수 있는 권리인 '사생활의 비밀'과 함께 헌법상 보장되고 있는 것이라고 한다.[293)

사생활의 보호가 개인의 기본권으로서의 가치를 갖는다는 점에서 오늘날 이론의 여지가 없지만, 기본권으로서의 사생활 보호의 위상과 좌표는 여전히 논란이 되고 있다. 즉, 개인의 기본권으로서의 사생활 보호는 집회·결사의 자유와 같은 집단적 성격의 기본권과 구별되는 개인적인 기본권이라는 점, 또한 개인적인 기본권 중에서도 재산권과 같은 순수한 경제적 성격의 기본권과는 구별되는 개인의 신상에 관련된 기본권이라는 점 등에서 여타의 기본권과 구별될 수 있다.

또한 사생활 보호는 형사사법적 정의의 실현과 관련된 신체의 자유와 더불어 개인의 안전에 관한 기본권이라는 점에서 공통점을 가질 수 있다. 그러나 사생활 보호는 사람의 육체적 안전이 아니라 주로 사람의 인격과 관련된 기본권이라는 점에서 구별된다.[294)

사생활의 비밀과 자유는 넓은 의미로는 인격적 이익의 총체를 포괄하게 된다. 이렇게 사생활의 비밀과 자유를 넓은 의미로 이해하는 미국의 판례에 비추어 본다면 그것은 대체로 프라이버시권(Privacy Right)으로 이해될 수 있다.

그 구체적인 양태로서는 ① 결사 내에서의 프라이버시, ② 정치적 신념에 속하는 프라이버시, ③ 익명으로 삐라 등을 배포할 수

---

293) 憲裁 2001. 8. 30. 선고, 99헌바92 당, 憲裁判例集 제13권 2집, 174면 이하(203면); 憲裁, 2003. 10. 30. 선고, 2002헌마518, 憲裁判例集 제15권 2집(하), 185면 이하; 헌재공보 제86호, 100면 이하(109면).

294) 성낙인, 전게서, 63면.

있는 프라이버시, ④ 신체의 불가침에 대한 프라이버시, ⑤ 결혼생활에서 부부의 프라이버시, ⑥ 음란문서의 사적 소유의 프라이버시, ⑦ 부당한 압수·수색을 받지 않을 권리, ⑧ 행정조사에 대한 프라이버시 권리, ⑨ 도청을 당하지 않을 권리, ⑩ 싫은 정보를 받지 아니할 권리, ⑪ 자기에 관한 기록장부 등의 공개요구와 정정요구권리 등이 있다. 그 외에도 프라이버시권을 개인의 사적 영역에서의 자율권으로 이해할 경우에는 결혼·임신·출산·자녀의 양육·교육 등을 포괄하게 된다. 그러나 미국처럼 프라이버시권을 광의로 이해하는 경우에는 현실적으로 개별적 기본권과의 관계 설정상 매우 어려운 문제를 야기하게 되기 때문에 현행 우리 헌법상의 사생활의 비밀과 자유는 미국에서의 프라이버시권과 같은 넓은 의미로 이해하기에는 한계가 있다.295)

3. 헌법상 통신비밀보호와 사생활의 자유296)

헌법 제18조의 통신비밀의 보호는 인류발전의 역사와 그 호흡을 같이 하며,297) 과학기술의 발전에 따라서 오늘날 그 보호 또한 확대되고 있다. 곧 헌법상 통신비밀의 보호는 그 특징상 개인 간 정보전달 과정을 보호함으로써 개인의 사생활을 보호하고자 하였다. 게다가 근대민족국가가 성립한 이후로 우편이나 체신업무를 국가

---

295) 성낙인, 상계서, 65면.

296) 金日煥, 「첨단과학기술사회에서 通信秘密의 憲法上 保護範圍와 制限에 관한 考察」, 憲法學硏究 제10집 제1호, 2004, 311면 이하 參照.

297) 원거리통신은 오랜 기간 동안 우편제도를 통하여 이루어져 왔고, 19세기 중반에 전신(1844년)과 전화(1876년)가 발명되고 점차 그 이용이 일반화됨에 따라 통신의 비밀을 보호할 필요성이 논의되게 되었다. 박용상, 『표현의 자유』, 현암사, 2002, 621면 參照.

가 독점하면서[298] 통신비밀의 보호는 헌법상 중요한 기본권으로 인식되었다.[299] 그런데 외부로부터 차단 및 취급자나 전달자의 열람 및 누설금지를 통하여 당사자 간 통신비밀이 충분히 보호되었던 과거와는 달리 오늘날에는 첨단과학기술, 정보통신기술의 발전에 따라서 이러한 통신비밀이 충분이 보호되고 있지 않아 사생활이 많이 노출되고 있다.

헌법 제18조에서 보호되는 통신비밀에 관하여 이를 사생활의 자유에 속하는 기본권으로 보는 견해와 표현행위의 하나로 이해하는 견해로 나누어진다. 전자는 통신비밀을 '개인 간 의사소통과정'의 신뢰성을 보호하고자 하는 것으로서 자유권적 기본권 중 사생활 보호에 관한 것으로 이해하는 반면,[300] 후자는 사생활 보호라는 의미를 넘어 헌법 제21조가 보장하는 언론자유의 전제조건, 특히 표현의 자유와 연결시킨다.[301]

4. 사생활 자유의 보호 범위

헌법 제17조에서 보호되고 있는 사생활 자유의 보호 범위에 관하여는 용어상의 혼란이나 다툼에도 불구하고 문헌상 의견의 일치를 보고 있다. 통설에 따르면 헌법 제17조는 우선 사생활의 비밀을 보장하고 있는데, 이는 자신의 의사에 반하는 사생활의 공개를 당하지 아니할 권리를 말한다. 그 다음으로 사생활의 자유는 사생

---

298) 쉔케 / 박종수 번역, 「通信의 基本權的 問題」, 公法研究 제30집 제2호, 2001, 22면 이하 参照.
299) 憲裁, 2001. 3. 21. 2000헌바25.
300) 成樂寅, 「通信에서의 基本權 保護」, 公法研究 제30집 제2호, 2001, 35면 이하 参照.
301) 박용상, 前揭書, 620면 이하 参照.

활의 자유로운 형성과 전개를 방해받지 아니할 권리로서, 자신이 원하는 방식의 사생활을 적극적으로 형성하고 전개하는 것을 내용으로 한다. 이에 따라서 모든 국민은 사생활의 내용과 비밀에 대한 침해를 소극적으로 배제할 수 있음은 물론 사회공동체 속에서 적극적으로 자신의 사생활을 자유롭게 형성하고 통제할 수 있게 된다.

5. 사생활의 자유에 대한 헌법재판소 판례

헌법재판소는 "헌법 제18조에서 '모든 국민은 통신의 비밀을 침해받지 아니한다.'라고 규정하여 통신의 비밀보호를 그 핵심내용으로 하는 통신의 자유를 기본권으로 보장하고 있다. 통신의 자유를 기본권으로서 보장하는 것은 사적 영역에 속하는 개인 간의 의사소통을 사생활의 일부로서 보장하겠다는 취지에서 비롯된 것이라 할 것이다. 그런데 개인과 개인 간의 관계를 전제로 하는 통신은 다른 사생활의 영역과 비교해 볼 때 국가에 의한 침해의 가능성이 매우 큰 영역이라 할 수 있다. 왜냐하면 오늘날 개인과 개인 간의 사적인 의사소통은 공간적인 거리로 인해 우편이나 전기통신을 통하여 이루어지는 경우가 많은데, 이러한 우편이나 전기통신의 운영이 전통적으로 국가의 독점에서 출발하였기 때문이다. 사생활의 비밀과 자유에 포섭될 수 있는 사적 영역에 속하는 통신의 자유를 헌법이 별개의 조항을 통해서 기본권으로 보호하고 있는 이유는, 이와 같이 국가에 의한 침해의 가능성이 여타의 사적 영역보다 크기 때문이라고 할 수 있다."[302]고 하였다.

다음으로 헌법재판소는 헌법상 사생활의 자유는 "사회공동체의 일반적인 생활규범의 범위 내에서 사생활을 자유롭게 형성해 나가고 그 설계 및 내용에 대해서 외부로부터 간섭을 받지 아니할 권리"303)라고 규정하고 있다. 예를 들어 "흡연자들이 자유롭게 흡연할 권리를 흡연권이라고 한다면, 이러한 흡연권은 인간의 존엄과 행복추구권을 규정한 헌법 제10조와 사생활의 자유를 규정한 헌법 제17조에 의하여 뒷받침된다."고 결정하였다.304)

그리고 사생활의 비밀과 자유의 보호 영역과 관련하여 헌법재판소는 "사생활의 비밀은 국가가 사생활 영역을 들여다보는 것에 대한 보호를 제공하는 기본권이며, 사생활의 자유는 국가가 사생활의 자유로운 형성을 방해하거나 금지하는 것에 대한 보호를 의미한다. 구체적으로 사생활의 비밀과 자유가 보호하는 것은 개인의 내밀한 내용의 비밀을 유지할 권리, 개인이 자신의 사생활의 불가침을 보장받을 수 있는 권리, 개인의 양심 영역이나 성적 영역과 같은 내밀한 영역에 대한 보호, 인격적인 감정세계의 존중의 권리와 정신적인 내면생활이 침해받지 아니할 권리 등이다. 헌법재판소는 '사생활의 자유'란 사회공동체의 일반적인 생활규범의 범위 내에서 사생활을 자유롭게 형성해 나가고 그 설계 및 내용에 대해서 외부

302) 통신비밀보호법 제10조 제1항 등 위헌소원(2001. 3. 21. 2000헌바25).

303) 형법 제259조 제2항 위헌소원(2002. 3. 28. 2000헌바53).

304) 2004. 8. 26. 2003헌마457: "사생활의 자유란 사회공동체의 일반적인 생활규범의 범위 내에서 사생활을 자유롭게 형성해 나가고 그 설계 및 내용에 대해서 외부로부터의 간섭을 받지 아니할 권리를 말하는바(헌재 2001. 8. 30. 99헌바92, 판례집 13 - 2, 174, 202), 흡연을 하는 행위는 이와 같은 사생활의 영역에 포함된다고 할 것이므로, 흡연권은 헌법 제17조에서 그 헌법적 근거를 찾을 수 있다. 또 인간으로서의 존엄과 가치를 실현하고 행복을 추구하기 위하여서는 누구나 자유로이 의사를 결정하고 그에 기하여 자율적인 생활을 형성할 수 있어야 하므로, 자유로운 흡연에의 결정 및 흡연행위를 포함하는 흡연권은 헌법 제10조에서도 그 근거를 찾을 수 있다."

로부터의 간섭을 받지 아니할 권리이며, 사생활과 관련된 사사로운 자신만의 영역이 본인의 의사에 반해서 타인에게 알려지지 않도록 할 수 있는 권리인 '사생활의 비밀'과 함께 헌법상 보장되고 있는 것이라고 판시한 바 있다.[305] 즉, 헌법 제17조가 보호하고자 하는 기본권은 '사생활 영역'의 자유로운 형성과 비밀유지라고 할 것이며, 공적인 영역의 활동은 다른 기본권에 의한 보호는 별론으로 하고 사생활의 비밀과 자유가 보호하는 것은 아니라고 할 것이다." 라고 결정하였다.[306]

6. 사생활 보호의 법적 성격

가. 인격권적 성격

사생활 보호의 법적 성격으로 첫째, 인간의 존엄한 가치 존중에 대한 구체적 내용이 되는 인격의 자유로운 발전과 법적 안정성을 그 보호법익으로 하는 일종의 인격권이다. 인간의 존엄성을 유지하고 인격의 자유로운 발전을 가능하게 하기 위해서는 개인의 자유의지에 대한 간섭을 의미하는 개인의 자율성을 침해, 개인에 대한 평가나 신뢰의 훼손, 개인의 가장 심오한 곳에 내재하는 자아의 신성불가침성의 교란 등 개인에게 정신적 고통이 되는 일체의 행위가 배제되어야 한다. 이를 위해 사생활의 보장이 요청된다. 이것은 인격적 존재로서의 인간이 소극적으로는 그 사생활과 私事의 내용 그리고 명예·신용 등을 침해받지 아니하고, 적극적으로는

---

305) 헌재 2001. 8. 30. 99헌바92 등, 판례집 13-2, 174, 203 참조.
306) 도로교통법 제118조 위헌확인(2003. 10. 30. 2002헌마518).

자신이 원하는 대로의 자유로운 활동과 생활을 형성하고 영위하는 것을 침해 또는 간섭받지 않도록 하려는 권리이기 때문이다.

사생활의 침해에 대한 구제방법이 비록 금전적 평가를 기초로 하는 손해배상의 형식을 띠는 경우에도 사생활의 본질이 인격권적 이익이라는 데에는 변함이 없다. 사적사항의 침해로 인해 받은 정신적 고통의 구제야말로 사생활의 보호법익이다. 사생활의 유형 중에는 재산권적 성격이 강한 것이 있고 판례도 재산권의 이론을 원용한 경우도 있었으나, 이것은 정신적 고통을 구제하는 방법에 불과한 것이며 그 법익의 중심은 역시 인격권이다.

나. 일신전속성

사생활의 보호는 사적사항 · 인격적 징표 · 자유로운 사생활의 영위 · 사생활 자율 등 특정인에게 고유한 사항을 그 보호법익으로 하는 까닭에 그것은 원칙적으로 일신전속적인 권리인 프라이버시권을 기본적으로 가족 탈속적인 권리로 본 판례도 없지 않았다.[307] 그러나 판례의 경향은 다시 전환되어 일신전속적인 권리로 보는 것이 일반화되었다. 이에 대한 대표적 판례가 1972년 Eisenstadt v. Baird 사건[308]이다. 아무튼 프라이버시권은 원칙적으로 일신전속권이기 때문에 타인에게로 양도하거나 대리행사를 허용할 수 없다 한다.

---

307) 그 대표적인 예로 앞에서 설명한 1965년의 Griswold v. Connecticut 판례로 여기서 프라이버시권을 원칙적으로 가족의 전속적인 기본권으로 보았다.

308) Eisenstadt v. Baird, 405 U. S. 438, 92 S. Ct. 1029(1972). 이 사건은 기혼자에게만 피임기구를 사용 · 배포할 수 있도록 규정한 매사추세츠 주법의 위헌 여부에 관한 사건이다. 이에 대하여 법원은 만일 프라이버시권이 있다면 그것은 기혼자이거나 미혼자이거나 간에 개인의 권리라고 판시함으로써 프라이버시권을 기본적으로 일신전속적인 권리로 보고 있다.

다. 자유권적 성격과 청구권적 성격

소극적·수동적 의미에서의 사생활의 보호는 국가로부터의 자유를 의미하여 자유권적 성격이 강하였다. 그러나 현재의 적극적·능동적 의미의 사생활의 보호는 자유권적 성격뿐만 아니라 국가에 대한 청구권적 성격도 포함하고 있다. 사생활의 보호는 공권력에 의해 침해당하지 아니할 것을 요구할 수 있는 자유권적 성격의 권리가 있고,[309] 아울러 복지국가, 정보화 사회에 있어서는 공적기관이 개인정보를 수집해서 그것을 체계적으로 보존, 이용하는 상황에 있기 때문에 국민은 개인정보가 정확한지 여부에 관하여 열람·정정·삭제를 요구할 수 있는 청구권적 성격의 권리가 있다.[310]

7. 사생활 보호의 내용 및 형태

사생활의 비밀과 자유는 사생활 비밀의 불가침, 사생활 자유의 불가침 그리고 자신에 관한 정보의 통제권을 그 내용으로 한다. 이에 대한 구체적인 내용은 아래와 같다.

가. 사생활 비밀의 불가침

사생활의 비밀, 즉 프라이버시는 매우 다양한 방식으로 침해되지만 이를 개인의 사생활 침해, 개인의 사생활 공개, 개인의 사생활의 공표, 개인의 성명·초상 등의 영리를 위한 이용 등으로 유

---

309) 일본 판례로 「변호사법에 근거한 전과 조회가 사생활을 침해한 것이라는 사건」, 최고재판 1981(昭和 56) 4월 14일 民集 第35卷 3号 620頁; 指紋에 관하여 그것이 개인을 식별하는 신체적인 특징인 것에 비추어 하나의 프라이버시로서 누구라도 함부로 그 의사에 반하여 지문을 날인하지 않을 권리가 있다는 사건, 東京高判 1986. 8. 25, 判例時報, 第1001号, 3面.

310) 「エロス＋虐殺」事件, 東京高裁 1970년(昭和 45) 4월 13일, 高民集 23卷 2号 172頁.

형화할 수 있다.[311]

첫째로 개인의 사생활 침해의 금지는 본인의 의사에 반하여 감시, 도청, 도촬 등으로 사생활의 비밀을 탐지 · 교란하는 행위 또는 사생활의 평온을 적극적으로 방해 또는 침해하는 행위는 금지된다. 또한 거짓말탐지기나 마취분석 등 부당한 방법을 이용하여 정보를 얻으려고 하는 경우에도 당연히 사생활이 침해되므로 금지된다 할 것이다. 그러나 개인의 모든 사생활에 대한 사소한 침입이 모두 불법행위가 되는 것은 아니다. 그것이 불법행위가 되려면, 그 침해행위가 통상인의 수인한계를 넘을 정도로 감정을 해하는 것이어야 하고, 그 침해대상이 사적인 사항 또는 영역이어야 한다.[312]

둘째로 개인의 사생활 공개금지는 개인의 난처한 사적사항을 본인의 의사에 반하여 무단으로 공개하는 것은 금지된다. 여기서 난처한 사항이라 함은 개인의 신체상의 특징, 비정상적인 행위, 성관계 등과 같이 비밀로 하고자 하는 사항을 말하고, 공개라 함은 주로 컴퓨터를 이용한 인터넷, 신문, 잡지, TV, 라디오 등 정보통신매체에 의한 공개를 말한다. 그러나 모든 사적인 사항의 공개가 불법행위가 되는 것은 아니다. 그것이 불법행위가 되려면 사생활이 공공연하게 공표되어야 하고, 공개된 사실이 아직 공표되지 않은 사적사항이어야 하며, 공개된 사실이 통상인의 감수성을 기준으로 판단할 때 심리적 부담 또는 불안을 주는 것이어야 하며, 공개된

---

311) 尹明善, 「私生活의 秘密과 言論의 自由」, 월간고시, 1992. 3, 54면 이하 參照.

312) 헌법재판소는 "헌법 제17조가 보호하고자 하는 기본권은 '사생활 영역'의 자유로운 형성과 비밀의 유지라고 할 것이며, 공적인 영역의 활동은 다른 기본권에 의한 보호는 별론으로 하고 사생활의 비밀과 자유가 보호하는 것은 아니라고" 판시하였다. 憲裁 2003. 10. 30. 2002헌마218, 憲判集 15 - 2(하), 185(208)면.

사적사항이 자신에 관한 것이라는 증명이 입증되어야 한다.[313]

셋째로 사생활의 공표금지는 허위의 사실을 공표하거나 사실을 과장, 왜곡하여 공표함으로써 일반인으로 하여금 특정인을 사실과 다르게 인식하도록 만드는 것을 말한다. 이러한 행위는 프라이버시 침해이며 당연히 금지된다.

넷째로 개인의 인격을 영리적으로 이용하는 것은 당연히 금지된다. 개인의 성명, 초상, 경력 등과 같이 인격적인 징표를 영리의 목적으로 이용하는 행위는 인격적 이익을 침해하는 행위로 금지된다. 그러한 이용이 사생활의 비밀을 침해하는 것이 되기 위해서는 이용된 명의, 사진 등이 본인의 것과 일치하고, 영리목적이어야 한다.[314]

나. 사생활 자유의 불가침

사생활 자유의 불가침이라 함은 사생활의 자유로운 형성과 전개, 즉 사생활의 자율을 방해 또는 간섭받지 아니할 권리를 말한다. 가령 결혼, 이혼, 임신, 피임, 낙태, 성생활, 자녀의 양육, 교육, 취미생활 등의 자유가 간섭 또는 방해받아서는 안 된다. 개인은 자신의 사생활을 헌법과 법질서의 테두리 안에서 누구의 간섭도 받지 않고 자율적으로 형성하고 전개할 권리를 갖는다. 이러한 의미에서 사생활의 자유란 사적 영역에 있어서의 인격의 자유 발현권을 말한다.[315]

---

313) 桂禧悅, 前揭書, 396면.
314) 桂禧悅, 前揭書, 396 – 397면 이하 참조.
315) 桂禧悅, 前揭書, 397면.

다. 개인정보자기결정권316)

자기정보에 대한 통제권(개인정보자기결정권)은 자신에 관한 정보가 언제, 누구에게, 어느 범위까지 알려지고 또 이용되도록 할 것인지를 그 정보 주체가 스스로 통제하고 결정할 수 있는 권리이다. 즉 정보 주체가 개인정보의 공개와 이용에 관하여 스스로 통제하고 결정할 권리를 말한다.317)

오늘날 현대사회는 개인의 인적사항이나 생활상의 각종 정보가 정보 주체의 의사와는 무관하게 타인의 수중에서 무한대로 집적되고 이용 또는 공개될 수 있는 새로운 정보환경에 처하게 되었고, 개인정보의 수집·처리에 있어서의 국가적 역량의 강화로 국가의 개인에 대한 감시능력이 현격히 증대되어 국가가 개인의 일상사를 낱낱이 파악할 수 있게 되었기 때문이다. 이와 같이 정보통신 기술의 발달에 내재된 위험성으로부터 개인정보를 보호함으로써 궁극적으로는 개인의 결정의 자유를 보호하고, 나아가 자유민주체제의 근간이 총체적으로 훼손될 가능성을 차단할 수 있는 제도적 장치가 필요하다.318)

우리나라 헌법상 개인정보자기결정권이 보장되어야만 한다는 것에 관하여는 문헌상 의견일치를 보고 있지만, 개인정보자기결정권의 헌법상 근거 등에 관하여는 상당한 입장 차이를 보이고 있다.

---

316) 경건, 「개인정보보호와 자기정보통제권」, 경인문화사, 2005, 99면 이하 참조; 金日煥, 「情報自己決定權의 憲法上 根據와 保護에 관한 硏究」, 公法硏究 제29집 제3호, 2001, 87면 이하; 丁泰鎬, 「個人情報自決權의 憲法的 根據 및 構造에 대한 考察」, 憲法論叢, 제14집, 2005 참조.

317) 成樂寅, 『憲法學』, 法文社, 2007, 493면; 憲裁 2005. 5. 21. 2003헌마282, 憲判集 17－2, 81(92) 참조.

318) 권건보, 「자기정보통제권에 관한 연구」, 서울대 박사학위논문, 2004. 2; 권건보, 「개인정보와 자기정보통제권」, 서울대 법학연구소, 법학연구총서 3, 경인문화사, 2006.

첫 번째 학설에 따르면 개인정보자기결정권은 인간의 존엄과 가치를 규정한 헌법 제10조에서 그 근거를 찾는 견해이다.[319] 곧 헌법 제17조의 사생활의 자유는 방어권을 의미하므로 개인정보자기결정권은 이 조항으로부터 도출될 수 없다는 것이다.[320] 왜냐하면 헌법 제17조의 사생활의 자유를 넓게 해석한다면 다른 기본권의 보호범위가 축소되는 결과를 낳기 때문이라는 것이다. 이에 대하여 두 번째 학설은 헌법 제17조의 사생활의 자유를 넓게 해석하면서 개인정보자기결정권 또한 헌법 제17조로부터 도출된다고 주장한다.[321] 세 번째 학설은 헌법 제10조와 제17조를 종합하여 이해하는 견해이다. 헌법재판소와 대법원도 종래 헌법 제10조와 제17조로부터 그 근거를 구한 바 있다.[322]

헌법재판소는 개인정보자기결정권에 관한 최근의 판례에서 개인정보자기결정권을 독자적 권리로 인정하였다. "개인정보자기결정권의 보호대상이 되는 개인정보는 개인의 신체, 신념, 사회적 지위, 신분 등과 같이 개인의 인격주체성을 특징짓는 사항으로서 그 개인의 동일성을 식별할 수 있게 하는 일체의 정보라고 할 수 있고, 반드시 개인의 내밀한 영역이나 사사(私事)의 영역에 속하는 정보

---

319) 成樂寅, 前揭書, 494면.

320) 金哲洙, 前揭書, 620면 참조.

321) 權寧星, 前揭書, 449면 이하; 成樂寅, 『憲法學』, 法文社, 2007, 494면 이하 참조.

322) 憲裁 1995. 12. 28. 91헌마114, 형사소송규칙 제40조에 대한 헌법소원(기각): "공판정에서 진술을 하는 피고인·증인 등도 인간으로서의 존엄과 가치를 가지며(헌법 제10조), 사생활의 비밀과 자유를 침해받지 아니할 권리를 가지고 있으므로(헌법 제17조), 본인이 비밀로 하고자 하는 사적인 사항이 일반에 공개되지 아니하고 자신의 인격적 징표가 타인에 의하여 일방적으로 이용당하지 아니할 권리가 있다. 따라서 모든 진술인은 원칙적으로 자기의 말을 누가 녹음할 것인지와 녹음된 기기의 음성이 재생될 것인지 여부 및 누가 재생할 것인지 여부에 관하여 스스로 결정할 권리가 있다."

에 국한되지 않고 공적 생활에서 형성되었거나 이미 공개된 개인정보까지 포함한다. 또한 그러한 개인정보를 대상으로 한 조사·수집·보관·처리·이용 등의 행위는 모두 원칙적으로 개인정보자기결정권에 대한 제한에 해당한다. 새로운 독자적 기본권으로서의 개인정보자기결정권을 헌법적으로 승인할 필요성이 대두된 것은 다음과 같은 사회적 상황의 변동을 그 배경으로 한다고 할 수 있다. ⋯⋯개인정보자기결정권의 헌법상 근거로는 헌법 제17조의 사생활의 비밀과 자유, 헌법 제10조 제1문의 인간의 존엄과 가치 및 행복추구권에 근거를 둔 일반적 인격권 또는 위 조문들과 동시에 우리 헌법의 자유민주적 기본질서 규정 또는 국민주권원리와 민주주의원리 등을 고려할 수 있으나, 개인정보자기결정권으로 보호하려는 내용을 위 각 기본권들 및 헌법원리들 중 일부에 완전히 포섭시키는 것은 불가능하다고 할 것이므로, 그 헌법적 근거를 굳이 어느 한두 개에 국한시키는 것은 바람직하지 않은 것으로 보이고, 오히려 개인정보자기결정권은 이들을 이념적 기초로 하는 독자적 기본권으로서 헌법에 명시되지 아니한 기본권이라고 보아야 할 것이다."[323)]고 판시하고 있다.

개인에 관한 정보를 보호하고 개인의 사생활과 인격권을 보호하기 위해서는 첫째 개인에 관한 정보의 자의적 수집이 배제되어야 하고, 둘째 자신에 관한 정보가 잘못 되었는지를 확인할 수 있도록 자유로운 열람을 요구할 수 있어야 한다. 셋째 자신의 정보가 오류가 있는 경우에는 그 정정, 사용 중지, 삭제 등을 요구할 수 있어야 하며, 마지막으로 이러한 요구가 보장될 수 있는 제도가

---

323) 2005. 5. 26. 2004헌마190.

마련되어야 한다.[324]

라. 사생활의 침해 형태

사생활의 비밀과 자유는 국가의 공권력, 특히 수사기관에 의한 침해나 사회적 세력 또는 개인이 사생활의 비밀과 자유의 내용 중 무엇이든지 공개, 간섭, 방해하는 경우에 침해된다. 구체적으로 사생활의 비밀을 본인의 의사에 반하여 어떤 형태로든지 공표하는 경우 개인의 사생활은 침해된다. 특히 인터넷을 통한 정보통신에 의한 사생활 공개, 수사기관에 의한 범죄 수사에 의한 사생활 공개, 행정자료의 수집과 보관과정에서의 사생활에 관한 자료의 유출 등이 그 중요한 침해형태이다.

사생활을 자율적으로 형성하고 전개할 권리가 누구에 의해서이든 또한 어떠한 형태로든지 간섭받고 방해되는 경우 사생활의 자유는 침해되고, 개인정보가 자의적으로 수집되고 사용되는 경우에도 마찬가지로 침해된다.[325]

8. 디지털 범죄에서 사생활 침해 가능성의 증대

최근 들어 디지털 범죄에서 수사기관의 수사에 의한 개인의 통

---

324) 개인정보보호를 위해 우리나라에서도 공공기관의 개인정보보호에 관한 법률이 제정되어 시행되고 있다. 이는 1994. 1. 7. 제정되고, 1995. 1. 8부터 시행되었다. 桂禧悅, 前揭書, 398면.

325) 대법원은 "국군보안사령부가 군과 관련된 첩보 수집, 특정한 군사법원 관할 범죄의 수사 등 법령에 규정된 직무범위를 벗어나 민간인들을 대상으로 평소의 동향을 감시·파악할 목적으로 지속적으로 개인의 집회·결사에 관한 활동이나 사생활에 관한 정보를 미행, 망원 활용, 탐문채집 등의 방법으로 비밀리에 수집·관리하였다면 이는 헌법에 의하여 보장된 사생활의 비밀과 자유를 침해한 것으로서 불법행위를 구성한다."고 판시하였다. 大判 1998. 7. 24. 96다42789.

신이나 이메일을 감청 또는 유출하는 일이 늘어나고 있다. 이는 범죄와 무관하게 헌법상 보호하고 있는 개인의 사생활이 침해되고 있다고 말할 수 있다.

이에 대한 대표적인 최근 사례가 2007년 9월 신정아의 가짜 학위를 이용한 교수직 획득과 광주비엔날레 총감독 등 형법상 업무방해죄와 관련된 사건이다. 그러나 한 언론사에 의해 이 여성의 누드 사진이 본인의 동의 없이 유출되어 본인에게는 심각한 사생활이 침해가 되었고,[326] 결국 당사자는 관련 언론사를 상대로 손해배상 및 정정보도 청구소송을 제기하였다.

이는 최근에 이슈가 된 언론사에 의한 개인의 사생활 침해의 대표적인 사례라 할 수 있다. 우리나라에서 아직까지 수사기관에 의하여 범죄와 관련이 없는 개인의 사생활이 유출, 공개되어 문제가 제기된 사례는 없지만, 매년 기하급수적으로 증가하는 디지털 범죄에서 사생활 침해의 개연성이 범죄와 같이 증가할 가능성은 충분히 있다고 보인다.

따라서 수사기관은 이에 대한 사생활 보호의 필요성을 인식하고 수사에 임해야 할 것이며, 무엇보다도 중요한 것은 디지털 범죄에서 사생활 침해 문제에 대하여 이를 보호할 수 있는 입법적인 방안이 제정되어야 한다고 생각한다.

---

326) 서울여성회, 「여성, 뉴스 클리핑」, 2007. 9. 13.

제2절 디지털 증거의 수집과정에서 신체의 자유 보호

I. 헌법상 신체의 자유 보호를 위한 절차적 보장

1. 신체의 자유 발달과 의의

신체의 자유는 근대헌법이 보장하는 가장 기본적인 자유로서 모든 사회적·경제적·정신적 자유의 근간이 되는 것이며, 신체의 자유[327]는 개인의 자유와 권리를 향유하기 위한 원시적 권리로서 인간의 존엄과 민주주의의 존립을 위한 최소한의 조건이기도 하다. 신체의 자유에 관한 보장은 영국에서 1215년 Magna Carta에서 비롯하여 1628년의 권리청원을 거쳐 1679년 Habeas Corpus Act,[328] 1689년의 권리장전에 의하여 완성되었다. 미국의 Virginia 권리장전과 연방헌법, 그리고 프랑스의 인권선언에서도 이를 선언하고 있다. 제2차 세계대전 후의 헌법은 거의 예외 없이 기본권으로서 신

---

327) 헌법 제12조에서 "모든 국민은 신체의 자유를 가진다."고 하고 있는데, 여기에서 신체의 자유가 무엇인가가 문제가 되는데, 헌법 제10조·제36조 3항과 관련하여 볼 때 독일과 같이 신체의 자유는 신체활동의 자유만을 뜻한다고 할 것이다. 이에 대하여 丘秉朔 교수는 신체의 자유에는 생명의 자유, 신체안전의 자유, 신체자율의 자유가 포함된다고 본다(丘秉朔, 『新憲法原論』, 博英社, 1989, 467면). 權寧星 교수는 생명권과 신체를 훼손당하지 않을 권리가 헌법 제10조와 제12조 1항 그리고 제37조 1항에 의하여 보장되는 것으로 보고, 이를 신체의 자유와 함께 人身의 자유에 포함시키고 있다. 權寧星, 『憲法學原論』, 法文社, 2007. 2, 412면.

328) habeas corpus 제도는 영국의 보통법에서 발전되어 1679년의 Habeas Corpus Act에 의하여 확립되었다. 이 제도는 그 후 미국헌법에 규정되었고, 일본에서도 人身保護法으로서 도입되었다. 우리나라에서는 1948년 미국정법령 제176호에 의하여 구속적부심사제도로 도입되어 제3공화국에 규정되어 오다가 제4공화국 헌법에서 삭제되었던 것을 제5공화국 헌법에서 부활시켰고, 제6공화국 헌법에서는 법률유보조항을 삭제하여 그 범위를 확대하여 보장하고 있다. 金哲洙, 前揭書, 471면.

체의 자유를 규정하고 있다.[329]

헌법재판소는 신체의 자유에 대하여 "정신적인 자유와 더불어 헌법 이념의 핵심인 인간의 존엄과 가치를 구현하기 위한 가장 기본적인 자유로서 모든 기본권 보장의 전제 조건이다."라고 판결하고 있다.[330] 이를 정리하면 신체의 자유라 함은 법률과 적법절차에 의하지 아니하고는 신체의 안전성과 자율성을 제한 또는 침해당하지 아니하는 자유를 말한다고 할 수 있다.

2. 신체의 자유의 내용

현행 헌법은 신체의 자유를 제12조에서 상세히 규정하고 있는데, 제1항에서는 죄형법정주의와 체포·구속 등의 법률주의와 적법절차, 제2항에서는 고문금지와 묵비권의 보장, 제3항은 영장제도와 적법절차, 제4항은 변호인의 조력을 받을 권리, 제5항은 체포 또는 구속의 이유 등을 고지받을 권리, 제6항은 구속적부심사제, 제7항은 자백의 증거능력의 제한을 각각 규정하고 있다.

이 헌법 제12조 3항의 규정에 근거하여 컴퓨터 또는 디지털 저장장치에 있는 정보나 자료를 압수·수색함에 있어서는 적법한 절차[331]에 따라 영장을 제시해야 한다. 컴퓨터 또는 디지털 저장장치

---

329) 金哲洙, 上揭書, 437면.

330) 憲裁 1992. 4. 14. 선고, 90헌마82, 憲裁判例集 第4券, 194면 이하(206면).

331) 適法節次라는 용어가 처음으로 사용된 것은 Edward 3세하에서 제정된 1354년의 법률 제29장으로 그 조항의 내용은 "누구든지 그 지위나 환경을 묻지 않고 적법절차에 의한 심문을 받음이 없이는 토지나 가정으로부터 추출 또는 수용당하지 아니하며, 투옥·상속권의 박탈 또는 사형을 당하지 아니한다."고 선언하였다. 따라서 영국에서 14세기까지는 어느 정도 군주에 의한 자의적 지배를 배제하고 일정한 신체적 자유를 누릴 수 있게 되었다. 尹明善, 前揭書, 10면.

에 보관되어 있는 자료, 정보 및 프로그램을 수사상·재판상 증거로 활용하기 위해서는 그 자료 및 프로그램이 저장되어 있는 디지털 기록을 직접 증거로 사용할 수도 있지만, 일반적으로는 조서재판이 중심이 되고 있는 우리나라의 형사재판 실무관행에 비추어 이를 프린트를 통해 인쇄하여 가시적인 형태의 문서로 변형시켜 제출해야 할 것이다. 이처럼 컴퓨터나 디지털기기들에 저장된 자료 기타 디지털 증거들을 압수·수색함에 있어서도 헌법 제12조 3항의 영장주의와 형사소송법 제215조의 강제처분 법정주의의 원칙이 적용되어야 한다는 점에 대하여는 이론이 있을 수 없다.[332]

우리 헌법 제12조 ③은 "압수·수색을 할 때에는 적법한 절차에 따라 영장을 제시해야 한다."고 규정하고 있는데 컴퓨터 관련 증거 및 기타 디지털 증거에 관한 압수·수색에 관해서는 당연히 헌법 제12조의 규정에 의거하여 영장주의 요청에 따라 범죄를 명시한 정당한 이유와 수색장소, 압수 대상물 등이 영장에 명시되어야 하는데 컴퓨터 관련 디지털 증거에 관한 압수방법과 대상의 특정이 가능한가 하는 점에서 몇 가지 특수한 문제점이 제기된다.

첫째는 컴퓨터와 관련된 디지털 증거 자체는 무체정보에 해당한다고 할 수 있는데 이러한 무체정보인 데이터에 대한 압수가 가능한가 하는 문제이고, 둘째는 이러한 디지털 증거들을 압수·수색하기 위해서 헌법과 형사소송법상 적법절차에 의한 영장주의의 원칙이 어떻게 적용될 수 있는가 하는 문제이다.

셋째는 데이터에 대한 압수·수색의 범위와 관련된 요증사실과의 관련성 요건, 압수·수색의 물리적인 범위, 넷째는 컴퓨터에 입

---

332) 吳奇斗, 前揭論文, 70면.

력된 자료 및 기타 디지털 증거를 출력하기 위해 압수·수색영장
과는 별도로 영장이 필요한지 여부 및 압수·수색영장에 의해 컴
퓨터 관련증거의 보관자에게 그 자료의 출력을 강제할 수 있느냐
하는 문제 등이 제기될 수 있다.[333]

이러한 문제들을 해결함에 있어 전통적인 형사소송법 규정을 무
리하게 유추 해석하여 적용하려는 태도는 지나치게 안이한 법 해
석이며 위험한 생각이라고 말할 수 있다. 왜냐하면 형사소송법은
형법과 더불어 피의자와 피고인의 시민적 자유를 보장하는 마그나
카르타이어야 하기 때문이다. 또한 수사기관의 강제력 사용에 관한
형사소송법 규정을 검토 없이 마음대로 유추 해석하는 것은 개인
의 자유를 침해할 뿐만 아니라 형사소송법에 의한 시민의 자유 제
한과 새로운 강제처분의 허용 여부는 국회가 결정해야 한다는 권
력분립의 원칙에도 반하는 태도이다.[334]

3. 적법절차

가. 적법절차의 개념

현대 각국의 헌법은 국민의 각종 자유권을 보장하고 있는데, 이것
은 근대 자연법사상의 자연권에 그 기초를 두고 있다. 자유권은
1215년 영국의 대헌장(Magna Carta), 권리청원(Petition of Right, 1628),
권리장전(Bill of Right, 1689)에 규정되고 있었으나, 이들 자유권은 천

---

333) 安富 潔, 「刑事手續とコンピュータ 犯罪」, 慶應義塾大學 法學研究會叢書(52)(平成
   4年, 1992. 2. 20), 62면.
334) 李哲, 「컴퓨터 犯罪의 法的 規制에 대한 研究」, 慶熙大學校 大學院 博士學位論文,
   1991. 6, 213면 參照.

부인권사상에 기초를 둔 것이 아니고 절대적 왕권에 대항하여 취득한 자유일 뿐이었다. 이에 비하여 미국 독립선언이나 프랑스 인권선언에서의 자유권은 생래적인 것이며, 불가침·불가양의 영구적인 권리로서 헌법 제정 권력자까지도 구속한다고 생각하고 있었다.[335)]

적법절차의 기원은 영국의 1215년의 대헌장에서 비롯되었다.[336)] 그러나 대헌장이 제정될 당시 제39장에서 '국가의 법'(law of the land)에 의하지 아니하고는 체포·구금당하지 아니하며, 재산·법익을 박탈당하지 아니하며, 추방당하지 아니한다고 선언하였다.[337)] 여기에서는 적법절차 대신 국가의 법이란 용어를 사용하였고, 적법절차에 관한 명문 규정은 없었다. 그러나 분명히 대헌장 제39조의 주된 목적은 어떠한 자유인도 형 집행 이전의 재판, 동료에 의한 재판, 그리고 영국법에 따른 재판에 의하지 아니하고는 생명, 자유, 재산을 박탈당하지 아니한다는 것을 확인하는 데 있었다.[338)] 17세기에 들어서면서 적법절차 조항은 에드워드 코크(Edward Coke)의 저서 '영법원론(Institutes of the Law of England)'에서 적법절차, 합법적인 영장, 영장의 합법적 발부, 합법적 구금, 구금이유 명시 등의 내용을 구체적으로 명시하였다.[339)] 이 코크의 기초 아래 적법절

---

335) 金哲洙, 『憲法學 新論(第17全訂新版)』, 博英社, 2007. 4, 420면.

336) 金啓煥, 「大憲章의 適法節次, 公法의 諸問題」, 海巖文鴻柱博士 華甲紀念論文集, 해암사, 1978, 225면.

337) No freeman shall be seized, or imprisoned, or dispossessed, or exiled, or in any way destroyed; nor will we condemn him, nor will we commit him to prison, excepting by the legal judgment of peers, or by the law of the land.

338) Edward Keynes, Liberty, Property, and Privacy, The Pennsylvania State University Press University Park, 1996, p.11; 權寧卨, 「美國憲法上 適法節次의 法理와 그 展開」, 美國憲法研究 제1호, 1999, 163면.

339) Edward Coke, Second part of the Institutes of the Law of England, 4th ed., London, 1671, pp.46－50; 鄭鎭洪, 「人身의 自由保障에 있어서의 適法節次에 관한 研究－

차는 1628년 영국의 권리청원에서 "자유인은 국법에 의하거나 적법절차에 의해서만 체포 또는 구금되고 아무런 이유 없는 왕의 특명에 의해서는 체포·구금당하지 아니한다."[340]고 선언되었다. 그후 1679년 인신보호법(Habeas Corpus Act)에서는 권리청원에 규정된 인신보호영장의 실효성을 확보하기 위한 방법으로 이를 절차화하였고, 이어 1689년 권리장전에 이르러 근대 헌법 이전에 신체의 자유보장은 완성을 보았다. 영국에서의 적법절차는 신체의 자유보장을 위한 원칙이며, 실체적 내용까지 포함하는 것이 아닌 순수한 절차적 개념으로서 확립되었다.[341]

미국 최초의 헌법인 1776년의 버지니아 헌법에서는 적법절차의 두 요소로서 '자연권'과 '형사권'을 채택하였다. 즉, 생명·자유·재산의 향유를 인간의 생래적 권리로 선언하는 한편, 형사피의자의 권리로서 형사절차상의 고지, 대질심문, 증인, 신속한 재판, 자기부죄의 금지, 공정한 배심 등을 열거하였다. 그 이후 채택된 주 헌법들은 약간의 차이점은 있지만, 거의 예외 없이 적법절차에 관한 조항을 규정하게 되었다.[342]

이처럼 '적법절차(due process of law)' 조항은 국가권력의 자의적인 행사로부터 개인의 기본권을 보장하기 위한 제도적 장치로 출연한 것이며, 미국 수정헌법 제5조와 제14조에서 규정하여 인권신장을 위한 가장 중요한 헌법적 도구로 사용되었다. 그러나 적법절

美國의 判例分析을 통한 그 適用實態와 法理理解를 中心으로-」, 漢陽大學校博士學位論文, 1993, 61면 참조.

340) 文鴻柱, 『美國憲法과 基本的 人權』, 裕豊出版社, 2002, 757면.

341) 安京煥, 「民主法治主義의 實質化를 위한 適法節次」, 法制研究 第3號, 1992, 92면.

342) 尹明善, 前揭書, 12면.

154

차의 개념에 관하여 법원은 사실상 그 정의를 포기하고 판례를 통해서 그 내용을 형성·확대하였다.[343][344]

적법절차의 내용은 판례를 통해 발전되어 왔으며, 1819년 Bank of Columbia 사건[345]에서 적법절차의 원칙이란 국가권력의 자의적 행사로부터 개인을 보호하며, 나아가 확립된 사적 권리와 배분적 정의의 원칙을 준수할 것을 요구하였다. 또한 1884년 Corfield 사건[346]에서 Washington 대법관은 "적법절차에는 생명·자유·재산의 향유와 행복과 안전의 추구를 그 내용으로 하는 실체적 측면과 인신보호영장과 형사재판에 접근·향유할 수 있는 절차적 측면이 포괄된다."고 판시하였다.

결론적으로 적법절차라 함은 국가권력의 자의적인 행사를 금지하고 개인의 생명·자유·재산을 보장하기 위한 '자유와 정의의 일반원칙'으로서 이들 가치를 제한하는 경우에는 '적당한 법의 절차'를 거쳐 행함으로써 궁극적으로 인간의 존엄성을 실현하기 위한 법의 지배 내지 입헌주의의 기본원칙을 말한다.[347] 우리 헌법은

---

343) Henry Abraham, The Pascinating World of Due process of Law; in Freedom and the Court(Oxford Univ. Press), 1977, pp.107 – 108; 尹明善, 『美國 基本權 研究』, 慶熙大學校 出版局, 2004. 12, 7면.

344) 이에 대한 가장 대표적인 판례는 1884년 Hurtado v. People of the state california 사건으로 여기서 Harlan 대법관은 '적법절차'란 자유와 정의의 원칙들을 유지하기 위한 법적절차로서 국가권력의 행사에 있어서 공정성(fairness)의 원리를 성취시키기 위한 '공정한 처우의 원칙(a standard of fair dealing)'이라고 정의하였다. 이 정의는 이후 판결들에 있어 하나의 모델로 제시되었고, 특히 1937년의 Palko v. Connicticut 사건에서 다수의견으로 수용되었다. 이 사건에서 Cardozo 대법관은 '적법절차'란 '우리들의 전통과 양심 속에 근본적인 것으로 자리 잡고 있는 자유와 정의의 원칙'이며, 나아가 '우리들의 모든 시민적·정치적 제도의 기반이 되는 자유와 정의의 기본원칙'이라고 정의하였다. 尹明善, 上揭書, 9면.

345) Bank of Columbia v. Okely, 17 U. S. 235(1819).

346) Corfield v. Coryell, 6 Fed. Cas. at 552 – 53.

347) 尹明善, 前揭書, 9 – 10면 參照.

제12조 제1항과 제3항에서 적법절차의 제도를 명문으로 규정하고 있다.

나. 적법절차의 내용

이러한 적법절차의 법리를 우리나라는 1987년 개정 헌법 제12조 ①, ③항에서 적법절차를 신설하여 이를 수용하게 되었는데,[348] 이에 대한 직접적인 계기는 보안처분의 재발문제에서 비롯되었다.[349] 결과적으로는 처벌·강제노역과 체포·구속·압수·수색 모두에 적법절차의 헌법적 보장이 명문화되었다.[350]

적법절차의 원리는 입법·사법·행정 등 모든 국가작용은 절차상의 적법성을 갖추어야 할 뿐 아니라 공권력의 행사의 근거가 되는 법률의 실체까지도 합리성과 정당성을 갖추고 있어야 한다는 헌법상의 일반원칙이다. 적법절차의 적용범위로서 행정절차와 사법절차에 적용된다는 견해와 입법·행정·사법절차 모두에 적용된다는 견해가 있으나, 헌법재판소는 1992년 형사소송법 제331조의 단서 규정에 대한 위헌심판사건에서 "헌법 제12조 제3항 본문은 동조 제1항과 함께 적법절차의 일반조항에 해당하는 것으로서, 형사절차상의 영역에 한정되지 않고, 입법·행정 등 국가의 모든 공권력의 작용에는 절차상의 적법성뿐만 아니라 법률의 구체적 내용의 합리성이 있어야 한다는 적법절차의 원칙을 헌법의 기본원리로 명

---

348) 金炯盛, 『大韓民國 憲法學』, 일진사, 2005, 110면.

349) 金哲洙, 『美國憲法이 韓國憲法에 미친 影響序說, 美國憲法과 韓國憲法』, 韓國公法學會, 大學出版社, 1989, 66면.

350) 吳桃洙, 「美國憲法上 刑事節次에서의 基本權保護에 관한 硏究 - Undercover와 Confidential Informant 제도의 적법절차 위반 여부를 중심으로 - 」, 成均館大學校 碩士學位論文, 2004, 80-81면 참조.

시하고 있는 것"[351)]이라고 하여 적법절차의 원칙은 헌법조항에 규정된 형사절차상의 제한된 범위 내에서만 적용되는 것이 아니라 모든 입법·행정·사법작용에 걸쳐 광범위하게 적용되고 있다.[352)]

헌법상 적법절차에 관하여 우리 헌법 제12조 1항은 그 후문에서 "누구든지 법률에 의하지 아니하고는 체포·구속·압수·수색 또는 심문을 받지 아니하며, 법률과 적법한 절차에 의하지 아니하고는 처벌과 보안처분 또는 강제노역을 받지 아니한다."라고 규정하여 형사사건에 관한 한 적법절차에 의할 것을 분명하게 하였다.[353)] 이는 근대형법의 기본원리인 죄형법정주의를 선언하고 있다.[354)] 동법 제3항에서는 "체포·구속·압수 또는 수색을 할 때에는 적법한 절차에 따라 검사의 신청에 의하여 법관이 발부한 영장을 제시하여야 한다."고 규정하고 있다. 이는 영미법상 '적법절차'의 원칙을 도입하였다고 볼 수 있다.

이처럼 우리 헌법은 적법절차조항을 명문으로 채택하였지만, 여

---

351) 憲裁 1992. 12. 24. 92헌가8; 憲裁 1993. 7. 29. 90헌마35; 憲裁 1994. 12. 29. 94헌마201; 憲裁 1994. 7. 29. 93헌가3 참조.

352) 權寧星, 前揭書, 421면.

353) 兪熙一, 「憲法學의 諸問題 - 憲法上 適法節次 規定」, 實甫金榮秀教授華甲紀念論文集, 學文社, 2000, 212면.

354) 憲裁는 죄형법정주의에 대하여 다음과 같이 판시하고 있다. "헌법 제13조 1항 전단은 모든 국민은 행위 시의 법률에 의하여 범죄를 구성하지 아니하는 행위로 소추되지 아니한다고 규정하고, 제12조 1항 후문은 누구든지 법률과 적법한 절차에 의하지 아니하고는 처벌·보안처분 또는 강제노역을 받지 아니한다고 규정하고 있다. 이 원칙은 법률이 처벌하고자 하는 행위가 무엇이며 그에 대한 형벌이 어떠한 것인지를 누구나 예견할 수 있고, 그에 따라 자신의 행위를 결정할 수 있게끔 구성요건을 명확하게 규정할 것을 요구한다. 그런데 처벌법규의 구성요건이 어느 정도 명확하여야 하는가는 일률적으로 정할 수 없고, 각 구성요건의 특수성과 그러한 법적 규제의 원인이 된 여건이나 처벌의 정도 등을 고려하여 종합적으로 판단하여야 한다." 憲裁 1997. 3. 27 선고, 96헌가17, 헌법판례집 제9권 1집, 219면 이하; 憲裁 2001. 1. 18 선고, 99헌바112, 憲裁判例集 제13권 1집, 85면; 憲裁 2002. 2. 28. 선고, 99헌가8, 憲裁判例集 제14권 1집, 87면.

기에는 해석상 많은 문제점을 내포하고 있다. 원래 적법절차의 법리는 미국 헌정사에 있어서 법원의 판례를 통해 점진적으로 형성·확대되어 왔기 때문에 이를 포괄적으로 정의하는 것 자체가 곤란하다. 또한 우리 헌법은 그 표현방식, 인권구조와 법문화·전통이 영미법계 국가와는 다르기 때문에 그 해석방법과 의미, 내용은 동일할 수 없는 것이다. 따라서 우리 헌법 해석론으로서 적법절차의 개념과 법적인 성격, 그 내용과 적용 대상·범위 등이 검토되어야 할 것이다.[355]

다. 디지털 범죄에서 적법절차

국가권력에 의한 인권침해의 사례는 형사사건에서 가장 빈번하게 발생하므로 적법절차의 원리는 형사소추와 형사재판절차에서 특별히 존중되어야 한다. 헌법도 제12조 제1항 제2문 후단에서 형사절차상의 적정한 절차보장을 하기 위한 일반적·총칙적 규정을 두는 데 그치지 아니하고, 제12조 제2항 이하에서 형사절차의 내용적 적정을 요구하는 개별적 적법절차 조항들까지 규정하고 있다. 예컨대, 현행 헌법에 규정된 개별적 적법절차조항으로는 첫째 형사소추절차 중 범죄 수사절차와 관련하여 ㉮ 체포·구속에 있어서의 영장주의(§12③), ㉯ 구속 이유 등 고지제도(§12⑤), ㉰ 영장발부에 관한 적법절차(§12③), ㉱ 주거에 대한 압수, 수색에 있어서의 영장주의(§16), ㉲ 고문의 금지(§12②) 등이 있고, 둘째, 형사재판절차와 관련하여 ㉮ 신속한 공개재판을 받을 권리(§27③), ㉯ 변호인의 조력을 받을 권리(§12④), ㉰ 불리한 진술거부권(§12②),

---

355) 尹明善, 『美國 基本權 研究』, 慶熙大學校 出版局, 2004. 12, 21면.

㉤ 임의성이 없는 자백의 증거능력제한(§12⑦), ㉤ 소급처벌의 금지(§13①), ㉤ 이중처벌의 금지(§13①) 등이 있다.

정보통신의 발달로 최근에는 디지털 범죄가 증가하고 있고, 전통적인 범죄도 디지털 범죄와 혼용되어 나타나고 있다. 형사소추절차 중 디지털 범죄 수사절차와 관련하여 특히 디지털 증거를 압수·수색하는 경우에도 헌법 제12조 제1항과 제3항의 규정에 의거하여 적법절차가 적용이 되는 것은 당연하다 하겠다.

최근 위법하게 수집된 컴퓨터와 관련된 디지털 증거에 대하여 유죄의 증거가 되지 않는다는 대법원의 판결이 있었다.[356] 대법원은 범죄 증거물의 압수물을 수집하는 과정에서 절차조항이 엄격하게 준수되어야 한다는 점을 분명히 제시하였다.

그러나 디지털 범죄에서 디지털 증거의 특성상 기존의 형사절차법상으로 해결하기에는 많은 문제점을 내포하고 있다. 첫째로 적법절차를 준수하기 위한 관련 법률이 미비하다는 것이고, 둘째는 기존의 형사절차법은 디지털 범죄를 전혀 고려하지 않았다는 것이다. 따라서 현행 형사절차법의 개정과 관련 법률의 입법문제도 심각하게 고려해 봐야 할 것이며, 이 입법문제에 관하여는 제4장에서 제시하고자 한다.

4. 영장제도

가. 영장제도의 의의

영장주의란 법원 또는 법관이 발부한 적법한 영장에 의하지 않으

---

356) 경향신문, 「위법수집 증거 불인정 판결의 의미」, 2007. 11. 20.

면, 형사절차상의 강제처분을 할 수 없다는 원칙을 말한다. 법관의 공정한 판단에 의하여 수사기관에 의한 강제처분권한의 남용을 억제하고 시민의 자유와 재산의 보장을 실현하기 위한 제도이다.[357] 이처럼 적법절차 보장을 위한 영장제도는 영미법에서 발생·발달한 것이며, 강제처분에 있어서 인권보장을 도모하려는 것이 주된 목적이다.

우리나라에는 해방 후 군정 법령 제176호에 의하여 인권의 보장적 측면에서 영장제도가 도입된 뒤 헌법에까지 규정되었다. 수사기관에 의한 부당한 인권침해와 신체의 자유에 대한 침해를 막도록 하는 데 그 의의가 있다. (구)형사소송법 제255조에서는 검사의 예심판사에 대한 강제처분청구권만을 인정하였을 뿐 현행범인의 경우를 제외하고는 수사기관에 독자적 강제처분권을 인정하지 아니하였다. 동법 제123조, 제129조에서는 검사가 독자적으로 구인장·구류장을 발부할 수 있는 예외를 광범위하게 인정하였으며, 특히 일제 말기에는 행정검속이란 명목으로 부당한 인신구속이 자행되었다.

영장의 법적 성격에 대해서는 법관이 수사기관에 일정한 강제처분을 행할 권한의 행사를 허가하는 허가장이라고 하는 학설과 영장을 법관이 스스로의 권한으로서 행하는 강제처분에 대하여 수사기관에 발하는 명령장이라는 학설로 나뉘는데, 이에 대하여 헌법재판소는 법원이 직권으로 발부하는 영장은 명령장으로서의 성질을 갖지만, 수사기관의 청구에 의하여 발부하는 영장은 허가장으로서의 성질을 갖는다고 보고 있다.[358]

---

357) 李在祥, 『刑事訴訟法 第6版(補訂版)』博英社, 2007, 201면.
358) 憲裁 1997. 3. 27. 선고, 96헌바28·31·32(병합), 형사소송법 제70조 1항 違憲訴願

신체의 자유를 최대한 보장하려는 헌법정신, 특히 무죄추정의 원칙[359])으로 인하여 수사와 재판은 불구속을 원칙으로 한다. 그러므로 구속은 예외적으로 구속 이외의 방법에 의하여서는 범죄에 대한 효과적인 투쟁이 불가능하여 형사소송의 목적을 달성할 수 없다고 인정되는 경우에 한하여 최후의 수단으로 사용하여야 하기 때문에 신체를 구속함에 있어서는 영장제도에 의한 보장이 요청된다.[360])

　헌법재판소는 영장주의 제도에 대하여 다음과 같이 판시하고 있다. "영장주의라 함은 형사절차와 관련하여 체포·구속·압수 등의 강제처분을 함에 있어서는 사법권 독립에 의하여 그 신분이 보장되는 법관이 발부한 영장에 의하지 않으면 아니 된다는 원칙이고, 따라서 영장주의의 본질은 신체의 자유를 침해하는 강제처분을 함에 있어서는 중립적인 법관이 구체적 판단을 거쳐 발부한 영장에 의하여만 한다는 데에 있다고 할 수 있다."[361])

나. 형사소송법상 영장제도

　헌법상 영장주의 원칙 규정을 따르는 우리 형사소송법은 수사상의 압수·수색에는 제215조의 사전영장에 의한 압수, 제216조 제3

　등, 『憲裁判例集』 제9권 1집, 321면 參照.

359) 憲裁는 무죄추정의 원칙을 다음과 같이 설명하고 있다. "무죄추정의 원칙은 형사절차와 관련하여 아직 공소가 제기되지 아니한 피의자는 물론 비록 공소가 제기된 피고인이라 할지라도 유죄의 판결이 확정될 때까지는 원칙적으로 죄가 없는 자로 다루어져야 하고, 그 불이익은 필요 최소한에 그쳐야 한다는 원칙을 말한다. 이 원칙은 언제나 불리한 처지에 놓여 인권이 유린되기 쉬운 피의자나 피고인의 지위를 옹호하여 형사절차에서 그들의 불이익을 필요한 최소한에 그치게 하자는 것으로서 인간의 존엄성을 궁극의 목표로 하고 있는 헌법이념에서 나온 것이다." 憲裁 1997. 5. 29. 선고, 96헌가17, 憲裁判例集 제9권 1집, 517면 이하.

360) 憲裁 2003. 11. 27. 선고, 2002헌마193, 憲裁公報 제87호, 56면 이하(60면).

361) 憲裁 1997. 3. 27. 선고, 96헌바28·31·32(병합), 憲裁判例集 제9권 제1집, 313면 이하.

항의 사후영장에 의한 압수·수색, 제216조 제1항, 제217조, 제218조의 영장 없이 행할 수 있는 압수·수색 등 세 가지 형태로 규정되어 있다.362)

그리고 형사소송법 제113조는 공판정 외에서 압수·수색을 함에는 영장을 발부하여 시행하도록 하고 있고, 동법 제114조는 압수·수색영장에는 피고인의 성명, 죄명, 압수할 물건, 수색할 장소, 신체, 물건, 발부연월일, 유효기간과 그 기간을 경과하면 집행에 착수하지 못하며 영장을 반환하여야 한다는 취지, 기타 대법원 규칙으로 정한 사항을 기재하도록 하고 있다. 이는 같은 법 제219조에 의해 검사 또는 사법경찰관의 압수·수색에 준용되고 있다. 이는 일반 영장금지 원칙을 천명한 것으로서 특정 피의사건에 있어서 수사기관이 압수 권한을 남용하여 권한 외의 물건을 압수함으로써 처분을 받은 자의 물건소지에 대한 안전을 해하지 않도록 하며, 다른 한편으로는 수사기관이 압수를 함에 있어서는 압수영장을 상대방에게 제시하도록 하고(동법 제118조), 피고인, 피의자 및 변호인을 참여할 수 있게 하여(동법 제121조), 수사기관에 부여된 압수 권한을 넘어 권한 외의 물건까지 불법으로 압수하는 경우 즉시 이의를 제기할 수 있게 하거나 또는 형사소송법 제417조에 의해 법원에 대해 위법한 압수처분을 취소해 줄 것을 청구할 수 있게 하여 그 재산권을 방위할 수 있게 하려는 규정이라고 하겠다.363) 이와 같은 형사소송법상의 영장주의 규정은 디지털 범죄에 있어서

---

362) 申東雲, 『刑事訴訟法 I』, 法文社, 1996, 220면.

363) 日本 刑事訴訟法의 해석에 관하여 동일한 견해를 취하고 있는 下級審 判決로 東京地方裁判所 昭和 33(1958년). 6. 12, 1審刑集 1卷 追錄, 2367면 參照, 安富 潔, 前揭書, 147면; 吳奇斗, 前揭論文, 92면 재인용.

도 엄격하게 적용되어야 한다. 이는 영장제도라는 적법절차를 통하여 국민 개개인의 기본권을 최대한 보호하고 수사기관의 권한 외 남용을 방지하기 위해서 반드시 필요하다.

1) 영장제시

형사소송법 제219조 및 제118조에 의하여 수사기관은 압수·수색을 함에 있어 법관이 발부한 영장을 반드시 제시하여야 한다. 이는 영장의 제시라는 일정한 형식을 거치도록 함으로써 수사기관이 행하는 강제처분의 적법성을 국민에게 납득시킴과 동시에 수사기관의 강제처분 남용을 심리적으로 견제하는 효과를 꾀하려는 규정이라 하겠다.[364]

현행 형사소송법에 의하면 검사 또는 사법 경찰관이 체포영장(제200조의 2)이나 긴급체포규정(제200조의 3)에 의해 피의자를 체포하는 경우(제200조의 5) 체포영장을 소지하지 않았고, 긴급을 요하면 피의자에 대하여 피의사실의 요지와 체포영장이 발부된 경우 그 사실을 고지하고 체포할 수 있다(제209조, 제85조 제3항). 그러나 체포 후에는 체포영장이 발부되었으면 체포영장, 피의자를 긴급체포하였으면 사후에 발부받은 구속영장을 신속히 피의자에게 제시해야 한다. 그러나 체포영장을 집행함에 있어 인정되는 긴급집행의 예외, 즉 수사기관이 체포영장이나 구속영장을 소지하지 아니한 경우에 긴급을 요하는 때에는 영장을 제시하지 않고도 체포 또는

---

364) 헌법 제12조 제3항에 의하여 법관이 발부한 영장의 제시가 있어야 함에도 불구하고 동행명령장을 법관이 아닌 지방의회 의장이 발부하고 이에 기하여 증인의 신체의 자유를 침해하여 증인을 일정 장소에 인치하도록 규정한 지방의회 조례는 헌법 제12조 3항 규정을 위반한 것이다. 大法院 1995. 6. 30 93추83(법원공보 1995 – 997 이하); 申東雲, 前揭書, 123면.

구속할 수 있는 예외가 압수·수색·검증 영장의 집행에 있어서는 인정되지 않고 있다. 따라서 압수·수색영장의 집행에 있어서는 반드시 영장을 제시하여야 한다(제219조, 제118조).[365] 그러므로 디지털 증거를 압수·수색함에 있어서도 법관으로부터 발부받은 영장을 피의자나 피처분자에게 반드시 제시하여야 한다.

2) 영장주의의 예외

현행 헌법 제12조 3항 단서는 영장제도의 예외로 현행범인인 경우와 장기 3년 이상의 형에 해당하는 죄를 범하고 도피 또는 증거인멸의 염려가 있을 때에는 사후영장을 청구할 수 있다. 이에 대한 대표적인 예로 1975년의 긴급조치를 사건으로 법관의 영장 없는 체포·구속·압수·수색을 할 수 있게 한 긴급조치 제2호 12항이 위헌이라는 주장에 대하여 대법원은 대통령에게 (구)헌법 제53조에 의하여 국민의 자유와 권리를 잠정적으로 정지조치를 할 권한이 부여되어 있다 하여 이를 배척하였다.[366]

헌법 제77조 3항에 근거하여 비상계엄선포지역에서는 이 영장제도의 시행에 특별한 조치를 할 수 있다고 규정하고 있다. 이 비상계엄하에 특별한 조치가 무엇인가에 대하여 많은 논란이 있는데, 제1공화국 헌법위원회는 비상계엄하에 있어서도 영장제도를 배제하는 것은 아니라는 결정을 한 바 있다.

검사 또는 사법경찰관은 형사소송법 제200조의 2의 체포, 제200조의 3의 긴급체포, 제201조의 구속, 제212조의 현행범인 체포의

---

365) 申東雲, 前揭書, 124면.
366) 大判 1975. 4. 8. 74도3323, 緊急措置違反.

각 규정에 의해 피의자를 체포 또는 구속하는 경우에 필요한 때에는 영장 없이 타인의 주거나 타인이 간수하는 가옥, 건조물, 항공기, 선거 내에서 피의자를 수사할 수 있고, 피의자나 피고인을 체포한 현장에서 압수·수색·검증을 할 수 있다. 범행 중 또는 범행 직후의 범죄 장소에서 긴급을 요하며 법관의 영장을 발부받을 수 없는 때에는 영장 없이 압수·수색·검증을 할 수 있다. 이 경우에는 사후에 지체 없이 영장을 발부받아야 한다(제216조).

검사 또는 사법 경찰관은 긴급체포의 규정에 의거하여 체포할 수 있는 자의 소유, 소지 또는 보관하는 물건에 관하여는 긴급체포 시 영장청구기간 규정(제200조의 4)에 정해진 기간 내에 한하여 영장 없이 압수·수색 또는 검증할 수 있다(제217조). 이러한 형사소송법 규정은 디지털 증거에도 적용할 수 있다고 하겠다. 그러나 데이터 자체의 압수 가능성에 관해서는 혐의를 받고 있는 범죄사실과 관련성을 기준으로 그 허용 여부를 판단하지 않으면 안 된다고 하겠다.[367]

다. 디지털 범죄에서의 영장제도 적용

헌법상 신체의 자유를 보장하는 방법은 다양하지만, 그것은 대체로 실체적 보장, 절차적 보장, 형사 피의자·피고인의 형사절차상의 권리보장 등으로 구체화된다. 아무튼 신체의 자유는 헌법이 지향하는 궁극적인 이념인 인간의 존엄과 가치를 구현하기 위한 기본적인 자유로서 기본권 보장의 핵심이 된다.[368]

---

367) 吳奇斗, 前揭論文, 94면.
368) 신체의 자유는 모든 기본권 보장의 전제가 되는 것으로서 신체활동을 자율적으로 할 수 있는 신체 거동의 자유와 함께 신체의 안전성이 외부로부터의 물리적인 힘이

우리 헌법 제12조 제3항은 "체포·구속·압수 또는 수색을 할 때에는 적법한 절차에 따라 검사의 신청에 의하여 법관이 발부한 영장을 제시하여야 한다. 다만, 현행범인인 경우와 장기 3년 이상 의 형에 해당하는 죄를 범하고 도피 또는 증거인멸의 염려가 있을 때에는 사후에 영장을 청구할 수 있다."고 규정하고 있다. 이는 우 리 헌법도 영장주의를 천명하고 있는 것이다. 또한 헌법 제16조는 주거의 자유에 관하여 "모든 국민은 주거의 자유를 침해받지 아니 한다. 주거에 대한 압수나 수색을 할 때에는 검사의 신청에 의하 여 법관이 발부한 영장을 제시하여야 한다."고 규정하여 주거의 불 가침과 영장에 의한 보호를 규정하고 있다. 주거의 불가침이라 함 은 개인의 사생활을 공권력으로부터 보호하며 개인의 프라이버시 를 보호하기 위한 것이다.[369]

위와 같은 우리 헌법 규정은 ① 죄를 범하였다고 의심할 만한 상당한 이유가 존재하여야 하며 이때 압수·수색의 구체적인 필요 성이 있음을 의미한다. ② 그 범죄를 입증할 수 있는 개연성이 높 은 증거나 압수 대상물의 특정, ③ 당해 압수 대상물이 존재할 개 연성이 높은 장소 등과 같은 실체적인 요건과 중립·공평한 입장 에 있는 제3자인 법관에 의한 사전 심사라는 절차적인 요건을 충

나 정신적인 위협으로부터 침해당하지 아니할 자유를 포함한다. 이와 같이 신체의 자유는 헌법상 모든 기본권 보장의 종국적 목적이나 기본이념이라 할 수 있는 인간 의 존엄과 가치에 밀접하게 관련되어 있으므로 그 침해 여부는 헌법 제37조 제2항 에 따라서 엄격하게 심사되어야 한다. 따라서 수용시설 내의 안전과 질서를 유지하 기 위하여 일부 제한이 불가피하다 하더라도 그 본질적인 내용을 침해하거나, 목적 의 정당성, 방법의 적정성, 피해의 최소성 및 법익의 균형성 등을 의미하는 과잉금 지의 원칙에 위배되어서는 아니 되는 것이다. 憲裁 2003. 12. 18 2001헌마163; 憲 裁 2002. 7. 18. 2000헌마327, 憲裁判例集 제14권 제2집, 63면.

369) 金哲洙, 『憲法學新論』, 博英社, 2004, 409면.

족하여야 압수·수색 등이 가능하며, ④ 동일한 영장에 의하여 수많은 수색할 물건이나 장소를 기재하는 일반 영장(general warrant)은 금지된다.[370]

이러한 헌법 규정에 근거하여 디지털 증거에 대한 압수·수색에 관한 규정도 당연히 영장제도를 따라야 하며 법률에 규정되지 않은 수단에 의해서 디지털 증거가 수집·분석된다면 이는 위법수집증거에 해당되어 증거능력이 부정된다.

그러나 디지털 증거를 압수·수색하는 데 현행 우리의 법률체계가 어느 정도 적용될 수 있는가 하는 것에는 상당한 의문이 있을 수밖에 없다. 왜냐하면 디지털 증거는 매체독립적인 정보성, 네트워크성, 초국경성, 대규모성 등의 디지털만이 갖는 고유한 특성을 가지고 있기 때문이다.[371]

디지털 증거와 관련하여 이러한 현행 법률의 문제는 전반적으로 현재의 정보통신, 과학기술 환경을 법률규정이 따라가지 못해서 생기는 현상이다. 우리나라의 법률제도, 특히 형사법규의 경우 생활환경의 변화를 반영하는 면에서는 상당히 소극적이다. 여러 가지 문제가 재판과정에서 제기되고 사회적인 이슈로 등장하게 되면 당연히 이에 대한 논의가 활발해지겠지만 최근 우리의 형사재판제도에서 디지털 증거 분야와 관련된 문제가 제기된 적은 거의 없는 실정이다. 오히려 형사절차법은 디지털 증거 분야에서 빈약한 지식으로 무장되어 있으며,[372] 또한 굉장히 소극적으로 대처하고 있다.

---

370) 吳奇斗, 前揭論文, 91면 參照.

371) 梁根源, 前揭論文, 129 - 130면.

372) 曺俊鉉, 『犯罪學』, 法元社, 2005, 165면.

우리 헌법 규정의 영장제도는 디지털 증거의 압수·수색에 있어서도 당연히 지켜지고 적극적으로 도입함으로써 헌법상 보장된 국민의 기본권이 최대한 보장되도록 해야 할 것이다. 따라서 헌법규정에 근거하여 관련 하위법령들의 정비가 조속히 이루어져야 할 것이다.

II. 영장에 의한 디지털 증거의 압수·수색의 가능성 판단

1. 문제제기

영장주의란 법관이 발부한 적법한 영장에 의하지 않고서는 수사상 필요한 강제처분을 할 수 없다는 원칙을 말한다. 이에 따라서 우리 헌법 제12조 3항도 체포, 구속, 압수 또는 수색을 할 때에는 적법한 절차에 따라 검사의 신청에 의하여 법관이 발부한 영장을 제시하여야 한다고 규정하고 있다. 이것은 수사상 필요한 경우 일정한 자유를 제한할 수 있다는 권한에 대한 법치국가적 제한을 의미한다. 다시 말하면 권한을 행사하는 수사기관의 입장에서 보면 영장 없이 강제처분을 해서는 안 된다는 '금지'에 해당하고, 수사대상인 피의자의 입장에서 보면 영장에 의한 강제처분을 요구할 수 있는 권리를 규정하고 있는 것이다. 따라서 영장주의는 수사기관을 위한 것이 아니라 국민의 기본권을 보장하기 위한 제도이다.[373]

헌법 제17조에 "모든 국민은 사생활의 비밀과 자유를 침해받지

---

373) 裵鍾大·李相暾,『刑事訴訟法』, 弘文社, 2006. 8, 215면.

아니한다."는 헌법상의 요청을 달성하기 위하여 디지털 증거에 대하여도 영장주의가 적용되어야 한다는 것은 헌법상의 원칙이다. 따라서 일반적·탐색적 압수·수색을 금지하여야 한다는 것을 의미한다.[374]

디지털 증거를 압수·수색함에는 헌법상 적법절차 준수와 영장제도에 근거하여야 함에도 현행 형사소송법 규정은 디지털 증거의 압수·수색이 가능한지에 대하여 구체적인 규정을 명시하고 있지 않다. 현행 우리 형사소송법 제219조, 제106조는 압수의 대상으로서 '증거물' 또는 몰수할 것으로 사료되는 '물건'으로 규정하고 있다. 여기서 '증거물' 또는 '물건'이라 함은 유체물을 의미한다고 할 것이다. 따라서 데이터나 프로그램을 기록한 자기테이프나 하드디스크 등이 그 자체로 증거물이 되는 경우에는 이를 압수·수색의 대상으로 하여 그 점유를 취득할 수 있다는 견해에 대해서는 이를 긍정해야 할 것이다.[375] 이는 유체물이기 때문에 현행 형사소송법 규정으로 충분히 가능하다.

그러나 이러한 디지털 증거를 압수·수색할 때는 그 유체물을 압수·수색하는 것이 주된 목적이 아니고 그 안에 내장되어 있는 정보를 압수·수색하는 것이 주요한 목적이다. 따라서 압수·수색 대상으로 무체정보인 디지털 정보를 유체물을 압수·수색의 대상으로 하고 있는 우리 형사소송법의 규정을 적용할 수 있는지가 문제가 된다.[376] 이에 대하여 디지털 증거에 대하여 압수·수색의

---

374) 이훈동 「컴퓨터 관련 범죄와 형사절차」, 桂山成時鐸教授 華甲紀念論文集, 1993, 958면; 吳壽斗, 前揭論文, 82면.

375) 的場純男, 「コンピュータ 犯罪と捜査」, 松尾浩也·井上正仁 編, 刑事訴訟法の 爭點(新版), ジュリスト 增刊, 有斐閣, 1991, 94면.

가능성의 여부를 좀 더 구체적으로 살펴보자 한다.

2. 학설대립

가. 압수·수색이 가능하다는 견해

현재 우리는 디지털 증거의 압수·수색에 관하여 문제점은 인식하고 있지만, 실제 이에 대해 구체적으로 문제를 제기한 적은 없다. 이에 대해 미국은 압수·수색을 유체물에 한정하지 않는다는 판결이 있는데, 미연방 형사소송규칙 제41조 제(h)항은 압수·수색의 대상이 되는 물건(property)을 문서(documents), 장부(books), 서류(papers) 기타 유체물을 포함한다고 정의하고 있다. 위 규정대로 하면 디지털 증거는 압수·수색의 대상이 아니라고 보아야 할 것이지만, 미연방대법원은 United States v. New York Telephone Co. 판결[377]에서 위 규정은 한정적 열거규정이 아니어서 압수대상이 될 수 있는 사항(items)을 전부 열거하고 있는 규정도 아니므로 위 규정이 압수 대상물을 유체물에 한정하고 있는 것은 아니라고 판시하였다.[378] 이 밖에 압수·수색영장에 기록과 문서(records and

---

376) 참고로 독일 형사소송법 규정을 보면, 동법 제94조는 압수의 목적물(Gegenstand der Beschlagnahme)이라는 표제하에 "공판심리에 의미가 있는 증거방법이 되는 목적물은 이를 유치하거나, 다른 방법에 의해서 이를 이용 가능하도록 취득해야 한다."(같은 조문 제1항), "어떤 사람이 압수목적물을 보관하고 있고, 그가 이를 임의로 제출하지 않는다면 이를 압수해야 한다."(제2항), "전 2항은 몰수에 해당하는 운전면허증에도 적용된다."(제3항)고 규정하고 있다. 따라서 '목적물'의 해석에 관해 독일형사소송법상으로도 우리와 같이 무체정보를 포함하는 개념인지 여부에 관한 문제가 있다고 생각된다. 이에 대해 독일 형사소송법 제95조에 의해 압수대상물의 제출의무를 지는 은행이나 상인 등은 보관하고 있는 전자기억매체를 읽을 수 있는 형태로 출력하거나 복제하여 제출해야 한다고 해석하고 있다. Kommentar zur Strafprozeßordnung(Knut Amelung), Band 2 / Teilb and 1, Luchterhand, 1992, S. 20; 吳壽斗, 前揭論文, 72면 재인용.

377) United States v. New York Telephone Co., 434 U. S. 159, 98 S. Ct. 364, 54 L. Ed. 2d 376(1997).

documents)만을 압수·수색 목적물로 기재하고 있다고 하더라도 컴퓨터 디스크까지 압수할 수 있다고 한 판례도 있다.[379]

　이에 대하여 일본의 安富 潔 교수는 데이터의 압수가능성에 대하여 다음과 같이 주장하고 있다. 일본 헌법 제35조에서 규정하고 있는 '주거, 서류 및 소지품에 관하여', '침입·수색 및 압수를 당하지 않을 권리'는 영미법상 Common Law의 전통을 계수하여 미 연방 수정헌법 제4조에 표현된 개인의 프라이버시권을 보호하기 위한 권리라고 해석된다. 따라서 주거 등에 대한 물리적인 지배권이나 이용권 등만이 아니고 가시성, 가독성 없는 무체정보라고 할지라도 프라이버시 보호의 범위에 포함된다고 보아야 할 것이므로 압수대상이 된다고 볼 수 있다. 그런데 무체정보인 디지털 기록도 전자저장매체에 기록되어 있거나 일정한 용지에 프린트를 이용하여 인쇄하면 물리적으로 관리 가능한 형태인 유체물로 되기 때문에 이것을 일체로 파악하면 무체정보에 대한 압수는 결국 유체물의 압수와 동일하게 볼 수 있다는 것이다.[380]

---

378) 이와 관련된 사례로 United States v. Horowitz, 806 F.2d 1222(4th Cir. 1986)가 있다. 위 판결은 피고인을 고용하고 있는 고용주의 경쟁 상대방에게 피고인이 가격정보를 누설한 사건으로 FBI가 압수·수색영장을 집행하면서 '그 가격정보가 위 경쟁 상대방의 컴퓨터 기억장치에 저장되어 있다고 생각할 때 컴퓨터 자기디스크, 자기테이프, 펀치카드, 프린트 아웃 등을 포함한 물건을 압수하기 위해 당해 건물 내부를 수색하는 것'을 인정한 영장을 유효하다고 한 판결이다. 이 사건에서 피고인은 위 수색은 건물의 수색이 아니라 피고인 사무실의 연장인 컴퓨터에 대한 수색이었고, 컴퓨터 디스크나 테이프에 기록된 동영상이나 음성이라고 하는 무체물에 대해 행해진 수색이었으므로 당해 수색을 위한 별도의 영장을 발부받지 않고 행해진 위 수색은 영장 없이 행해진 수색이며, 이와 같이 압수한 자기테이프의 재생으로 피고인의 프라이버시가 침해되었다고 주장하였다. 그러나 법원은 피고인의 주장을 받아들이지 않았다. 安富 潔, 前揭書, 36면.

379) United States v. Munson, 650 F. Supp. 525(D. Colo). 1986. Cynthia K. Nicholson, Robert Cunningham, "Computer Crime", American Criminal Law Review, vol.28, 1991, p.400, fn 56.

독일은 디지털 범죄와 관련된 증거를 압수·수색함에 있어 이를 강제수사로 인정하여 영장주의를 적용하고 있다. 그러나 강제수사는 언제나 피의자의 기본권을 침해할 수 있기 때문에 비례성 원칙에 의하여 그 허용범위가 결정되어야 한다. 즉 컴퓨터를 비롯하여 디지털 정보기술의 발전에 따른 정보제공 및 표현의 자유 보장이라는 측면과 디지털 범죄로 인하여 발생하는 부정적인 측면을 고려하여 디지털 범죄가 국민의 기본권을 침해하는 심각성이 인정되는 경우에 한하여 디지털 기록의 압수·수색을 인정할 수 있다고 한다. 따라서 수사기관이 디지털 기록에 대해 강제수사를 하기 위해서는 인터넷에 따른 공공의 이익이 존재하는가의 여부를 우선적으로 검토해야 한다.[381]

나. 압수·수색이 불가능하다는 견해

현재 대부분의 디지털 증거는 유체물이 아닌 무체물로 전통적인 형사소송법상의 강제적 증거 수집 절차규정에 의거하여 압수·수색이 가능한지에 대하여는 의문을 제기하지 않을 수가 없다.

일본에서는 무체정보 그 자체는 압수대상이 되지 않지만, 그 정보가 서류나 장부 등과 같은 유체물에 화체되어 있는 경우는 그 서류 등을 압수할 수 있으므로 디지털 정보가 컴퓨터의 하드디스크에 기록되어 있는 경우도 그와 동일한 방법으로 무체정보를 압수할 수 있다는 견해도 있다.[382] 그러나 일본에서는 근본적으로 무

---

380) 安富 潔, 前揭書, 150面.

381) Meier / Böhm, Strafprozessuale Probleme der Computerkriminalität, Wistra 1992, p.168; 원혜욱, 「전자증거의 압수·수색」, 한국비교형사법학회 2003년 하계국제학술대회자료, 한국비교형사법학회, 2003. 8, 117 - 118면.

382) 柳俊夫, 「搜索, 差押え」, 三井誠 = 中山善房 = 河上和雄, 刑事手續上, 1988, 306면;

체정보의 압수 가능성을 부정하고 있는 입장이다. 이에 대하여 1998년도 일본에서 디지털 증거에 관한 압수를 부정한 하급심 판례를 살펴보고자 한다.

1) 일본 판례의 입장[383]

일본에서 컴퓨터와 관련된 디지털 증거의 압수에 관하여 동경지 방법원의 하급심 판례로 수사기관은 외설 홈페이지를 개설한 피의 자의 데이터를 압수하기 위해 압수영장을 발부받았다. 그러나 발부 된 영장에 기하여 ISP가 관리하는 피의자 이외의 고객 데이터가 압수되었다. 법원은 피의자 이외의 고객 데이터의 압수가 피의사실 과 관련성이 없다 하여 압수의 필요성이 인정될 수 없다고 판결한 사례이다. 자세한 내용은 아래와 같다.

2) 범죄사실의 개요

본 사건의 피의자는 ISP가 관리하는 서버 컴퓨터 내에 사진을 포함한 음란물을 홈페이지에 저장시켜 인터넷을 이용하는 불특정 다수인에게 위 홈페이지상의 외설 화면을 재생, 열람 가능한 상태 를 만들었다. 수사기관은 외설 도화를 공연·전시하였다는 피의사 실을 이유로 압수·수색영장이 발부되었다. 피의자는 홈페이지 및 이메일에서 morokin이라고 하는 계정을 사용하고 있었다. 수사기 관은 압수영장을 근거로 하여 서버(server) 컴퓨터[384], 하드디스크,

---

安富 潔, 前揭書, 154면, 註15; 吳奇斗, 前揭論文, 76面 재인용.

383) 東京地方法院 判決, 1998. 2. 27 선고, 판례시보 1637－152.

384) 서버(server)라 함은 근거리통신망(LAN)에서 집약적인 처리기능을 서비스하는 서브시스 템을 말한다. 일반적으로 서버 프로그램이 실행되고 있는 컴퓨터 하드웨어를 서버라고 부르며 다른 프로그램에게 서비스를 제공하는 컴퓨터 프로그램을 말하기도 한다.

라우터(router)[385] 등 통신기기 그리고 데이터가 저장된 디스크, 데이터를 출력한 서면, 로그 파일(log file)[386] 등 전자적 기록 매체, 개인용 컴퓨터, 전자게시판 광고자료, 고객 명부, 전자메일란, 신청 서류, 개인전화부, 주소록, ID, 예금통장 등을 압수하였다.

3) 판 결

본 사건의 인터넷 회사(ISP)는 피의자가 아니기 때문에 당연히 범죄와 관련이 없는 고객의 사생활을 보호해야만 한다. 따라서 ISP에 대한 압수·수색의 적법성을 판단함에 있어서는 압수·수색의 필요성과 고객 이용자의 사생활 보호를 충분히 고려할 필요가 있다. 또한 압수영장에 의거하여 압수해야 할 물건들은 앞에서와 같이 포괄적이어서 구체적 압수처분에 있어서는 압수의 필요성을 엄격히 해석할 필요가 있다.

본 건에서 인터넷 회사의 고객 명부는 인터넷 서비스의 계약을 체결한 회원 중 성인장르를 선택한 고객 428명의 자료이고, 이 고객 명부도 압수되었다. 그러나 이 중에 morikin 계정을 사용하여 본 사건 외설 홈페이지를 개설한 피의자에 대하여는 범죄사실과의 관련성, 압수의 필요성은 분명하다. 그러나 피의자 이외의 회원에 관한 데이터에 관하여는 본 범죄사실과 관련성을 인정하기 어렵고, 압수의 필요성은 인정되지 않는다고 판결하였다.

본 건의 디지털 증거에 관한 압수·수색에 있어서 피의자의 범

---

385) 라우터(router)라 함은 네트워크 장비로 근거리통신망을 연결하여 정보를 주고받을 때 송신정보(packet)에 담긴 수신처의 주소를 읽고, 가장 효율적인 경로를 선택하여 패킷을 다른 통신망으로 전송하는 장치이다.
386) 로그(log)란 시스템에 접속한 사용자들의 행위들을 저장해 놓은 기록들을 말한다. 즉 시스템에서 작동된 모든 현상들을 저장하고 보여 주는 것이 바로 로그이다.

죄사실과 관련 없는 플로피디스크 1매가 압수되었다. 법원은 범죄와 관련 없는 데이터의 압수를 인정하지 않는다고 판결하였다. 결론적으로 디지털 증거에 관한 압수·수색의 범위는 헌법의 요청에서 보아도 필요 최소한도에 그치는 것을 요구하고 있기 때문에 위 도쿄지방법원의 판단은 타당하다.

3. 소 결

디지털 증거의 압수·수색의 가능성 여부는 디지털 증거의 특성상 부정적인 면이 있다고 해석된다. 현행 형사소송법은 압수의 대상을 유체물에 한정하고 있기 때문이다. 따라서 유체물이라고 할지라도 컴퓨터 하드디스크 자체보다도 그 안에 저장된 디지털 자료 자체를 현행 우리의 형사소송법상으로 압수·수색 규정에 적용하는 것은 문제가 있다 할 것이다. 그러나 이에 대한 구체적인 문제점을 아직 제기하고 있지는 않고 있는 실정이다. 다만 디지털 증거가 정보를 저장하고 있는 유체물인 경우 그 압수·수색의 필요성이나 적법성을 일률적으로 부정할 수는 없으므로 현행법 해석상 디지털 데이터의 압수가 결국 유체물의 압수로 볼 수 있는 경우에 한하여 그 유체물의 압수를 긍정해야 할 것이다.

디지털 범죄에서 컴퓨터와 관련된 디지털 증거를 저장하고 있는 유체물은 큰 의미가 없고, 그 안에 저장되어 있는 디지털 자료의 내용이 중요하다. 따라서 유체물만을 대상으로 하고 있는 우리 형사소송법 규정을 디지털 저장매체에 대한 압수·수색에 적용하기 위해서는 디지털 저장매체의 특수성을 고려하여 보다 신중한 입법적인 검토가 필요할 것이다.

현재 우리 사회는 모든 범죄가 디지털화되어 가고 있다고 보아
도 무리가 없을 정도로 디지털 범죄가 급속도로 증가하고 있다.
현행 형사소송법은 이러한 디지털 증거의 압수·수색 문제에 관하
여 세부적이고 구체적인 규정이 마련되어 있지 않다. 따라서 디지
털 증거의 압수·수색의 가능성에 관하여 다양한 형태의 문제점들
이 앞으로 제기될 것이다. 이러한 다양한 문제점들을 해결하기 위
해서는 우선적으로 형사소송법 규정을 구체적으로 디지털 증거의
특성에 맞게 개정해야 함이 하나의 해결방안이라고 생각한다.

제3절 기본권 보호를 위한 영장제도의 내용과 예외

Ⅰ. 미국의 헌법상 영장주의

1. 요 건

미연방 수정헌법 제4조는 수사기관에 의한 부당한 압수·수색과
일반 영장을 금지하고 있다. 이 조항에 의하여 압수·수색을 하기
위해서는 첫째, 죄를 범하였다고 의심할 만한 상당한 이유가 존재
하고, 둘째, 그 범죄를 입증할 수 있는 개연성이 높은 증거나 압수
대상물의 특정, 셋째, 압수대상물이 존재할 개연성이 높은 장소에
한하여 수색의 제한 등과 같은 실체적인 요건과 중립, 공평한 입

장에 있는 제3자인 법관에 의한 사전심사라는 절차적 요건을 충족하여야만 디지털 증거의 압수·수색이 가능하다고 규정하고 있다. 이 헌법의 영장발부 요건은 디지털 증거의 압수·수색에 관하여도 반드시 지켜짐으로써 국민의 기본권이 침해되지 않고 보장될 수 있도록 해야 한다.

이하 미국에서는 디지털 증거에 관하여 헌법상 영장 발부의 요건을 어떻게 보는지 살펴보겠다.

가. 상당한 이유(probable cause)

미국은 수사기관이 범죄 증거에 관하여 압수·수색을 할 경우에는 미연방 수정헌법 제4조에서 규정하는 선서나 서약에 의해 지지되는 '상당한 이유'를 압수·수색영장의 합리성을 보장하는 요건이라고 본다.[387] 이를 논의하는 실익은 위법수집 증거의 배제법칙 적용 여부를 결정하기 위함이다. '상당한 이유'의 증명은 유죄 입증에 필요한 '합리적 의심을 넘는 정도의 증명(proof beyond a reasonable doubt)'까지는 필요하지 않지만, 전체 사정을 종합하여 그 압수대상물이 증거로 될 수 있다는 개연성이 증명되는 정도면 족하다. 수사기관은 영장담당 법관에게 압수·수색이 필요한 이유를 '증거'로서 증명하지 않으면 안 되고, 법관은 범죄가 행하여졌다는 것, 범죄와

---

387) 미국 형사절차법에서 '상당한 이유'의 요건은 단순한 혐의 이상의 것으로 '합리적 인간(reasonable person)' 의 기준으로 체포·압수·수색이 정당화되기에 충분한 증거가 있을 때 충족된다[Bringer v. United States, 338 U. S. 160(1949)]. 통상 영장을 통한 체포·압수·수색의 경우는 경찰관이 영장 없는 체포·압수·수색의 경우는 치안판사(magistrate)가 '상당한 이유'의 판단자가 된다. '상당한 이유'는 경찰관의 직무질문을 위한 '정지'를 위해서는 필요하다[Terry v. Ohio, 392 U. S. 1(1968)]. 그러나 '정지'도 '막연한 혐의'로는 부족하고 '객관적 사실에 기초한 합리적 의심'이 필요하다[Brown v. Texas, 443 U. S. 47, 48(1979); U. S. v. Sokolow, 490 U. S. 1, passim(1989)]. 조국, 전게서, 22면, 각주 6 참조.

관련 있는 물건, 범죄의 증거 등이 당해 장소에 존재한다는 것에 관하여 전체적인 사정을 종합적으로 고려하여 판단해야 한다.388)

영장발부의 근거가 되는 선서진술서에 허위의 사실이 포함되어 있고 그러한 사실을 영장청구자가 알고 있었거나 알 수 있었을 경우가 있다. 이때에는 영장의 적법성에 대해 수사관을 신뢰하는 것이 객관적으로 합리적이라고 할 수 없기 때문에 그 선서진술서에 기초하여 잘못 발부된 영장에 기해 취득한 증거는 유죄 인정의 증거로부터 배제되어야 한다.389) 다만, United States v. Leon 판결390) 및 Massachusetts v. Sheppard 판결은391) 법관이 적법하게 영장을 발부하였다고 신뢰하고 수색을 행하였으면 그 후 영장 발부에 하자가 있어 당해 영장이 무효가 되는 사정이 있었다고 하더라도 그 영장의 적법성을 신뢰하고 이루어진 압수·수색 활동에 기해 수집한 증거에 대해서는 '선의의 예외법칙(good faith exception)'에 의해 증거배제법칙이 적용되지 않는다고 하였다. 이에 대한 구체적인

---

388) Illinois v. Gates 이 사건은 경찰이 익명의 정보제공자 편지에 의하여 피고인들의 범죄 행위에 대한 정보를 입수했고, 경찰에 의하여 그 편지 내용의 진실성이 입증되어 수색영장이 발부되었다. 수색의 결과 마약거래의 증거가 발견되어 유죄를 선고했다. 미연방대법원은 상당한 이유가 제시되지 않았다는 피고들의 주장을 배척하면서 정보제공자를 이용하는 상황의 완전성(totality of the circumstances)을 채택했다. 상황의 완전성이란 정보제공자의 정보와 같은 전문이 체포 또는 수색영장을 발부하기 위한 상당한 이유를 입증하는 것인데 충분히 믿을 수 있는 것인지 여부를 결정하는 기준을 말한다. 이 판결에서 렌퀴스트 대법관은 영장담당법관은 전문정보를 제공하는 자의 신용성(veracity)과 지식의 기초(basis of knowledge)를 포함하여 선서진술서에 진술되어 있는 전체 사정에 비추어 금제품이나 범죄의 증거가 특정장소에서 발견될 것이라는 '상당한 개연성'이 있는지 여부를 경험적으로 결정하게 된다고 판시하였다. Illinois v. Gates, 462 U. S. 213, S. Ct. 2317, 76 L. Ed. 2d 257(1983); 安富 潔, 前揭書, 23면.

389) 吳奇斗, 前揭論文, 85면.

390) United States v. Leon, 468 U. S. 897, 104 S. Ct. 3405, 82 L. Ed. 2d 677(1984).

391) Massachusetts v. Sheppard, 468 U. S. 981, 104 S. Ct. 3424, 82 L. Ed. 2d 737(1984).

예로 위 판결들은 ① 영장청구자가 허위라는 점을 알고 있었거나 당연히 그 사실을 알 수 있었을 허위진술서에 기해 잘못된 영장이 발부된 때, ② 중립적이고 공평한 입장에 있는 법관이 날인하여 영장을 발부하였고, ③ 상당한 이유를 찾아볼 수 없는 선서진술서에 기해 영장이 발부된 때, ④ 영장 자체에 수색장소나 압수대상물을 특정하고 있지 않은 때 등을 들고 있다.[392]

나. 수색할 장소 및 압수할 물건의 구체적 명시

미연방 수정헌법 제4조에서 요구하고 있는 수색할 만한 장소 및 압수할 만한 물건의 명시는 이른바 일반 영장을 금지하기 위해 필요한 요건이다. 그러나 미연방 최고법원은 Massachusetts v. Sheppard 판결에서 '기술적인 오류'에 대해서는 위 헌법 규정에 의한 증거배제법칙이 적용되지 않는다[393]고 판시하였다.[394]

적법한 영장에 근거한 수사 활동 중 별개의 범죄에 관한 증거나 장물, 또는 범죄에 제공되었다고 생각되는 물건을 발견한 경우에는 '상당한 이유'가 있고, '특정성', '긴급성'의 요건을 갖추고 있으면, 영장 없이 그와 같은 물건을 압수할 수 있다는 것이 미연방 최고

---

392) Franks v. Delaware, 438 U. S. 154, 98 S. Ct 2317, 76 L. Ed. 2d 257(1983). 安富潔, 前揭書, 24면; 吳奇斗, 前揭論文, 85면 재인용.

393) 경찰이 합리적으로 생각할 수 있는 모든 절차를 밟아 두었고, 또한 영장의 유효성에 관하여 영장담당 판사의 확신(affirmation)도 있었다면 경찰의 행동은 객관적으로 보아 합리적이었다고 할 수 있기 때문에 이러한 경우 수정헌법 제4조에 근거한 증거배제법칙은 수사관에 대한 제지효과를 주지 못할 것이므로 이때는 '선의의 예외법칙(good faith exception)'이 적용되어야 한다고 판시하였다.

394) Maryland v. Garrison, 480 U. S. 79, 107 S. Ct. 1013, 94 L. Ed. 2d 72(1989). 사건에서 경찰은 한 아파트를 수색하는 영장을 가지고 있었으나, 그와 인접해 있는 다른 아파트를 수색할 필요가 발생했고, 그 다른 아파트를 수색하여 마약을 발견했다. 미연방대법원은 '수색의 기초가 된 영장은 비록 경찰이 두 주거 지역 사이에 명확한 경계가 존재하지 않는 인접한 아파트를 수색했을지라도 무효로 되지 아니한다.'고 판시했다.

법원의 판결이다.395) ‘상당한 이유’가 필요하다고 판시한 사례가 Arizona v. Hicks 판결이다.396) 1984년 4월 제임스 토마스 힉스 (James Thomas Hicks)의 방에서 발사된 총알이 계단 밑에 있는 사람에게 명중되어 부상을 입었다. 이 사건을 수사하기 위해 경찰관이 피고인 Hicks의 방에 들어가서 총과 마스크를 압수하였다. 그러나 그 방에는 값비싼 입체 음향 장비가 있었고 경찰관은 이것이 절도한 것이 아닌지 의심을 하였다. 그래서 음향 장비의 제조번호를 조사하기 위해 그 입체 음향 장비를 이동시켰다. 압수·수색대상이 된 총기 범죄와는 관련 없는 별건의 물건에 대해 압수·수색을 하기 위해서는 압수 대상물의 현재성, 명확성이 인정되는 경우 영장주의 예외 원칙인 plain view doctrine이 적용되지 않는다. 위 사건에서 제조번호를 조사하기 위해 고가의 입체 음향 장비를 이동하고 범죄를 범하였을 것이라는 의심이 든다는 것만으로는 부족하고, 특정범죄를 범하였다고 의심할 만한 ‘상당한 이유’가 필요하다고 판시하였다.397)

컴퓨터와 관련된 디지털 증거는 그 특성상 자체로는 가시성, 가독성이 없으므로 컴퓨터의 모니터를 이용하지 않으면 그 내용을 알 수 없다. 따라서 컴퓨터에 의해 작성된 디지털 기록의 내용을 밝히기 위해서는 영장에 수색할 장소가 명확해야 하며, 또한 압수할 디지털 증거물의 구체적인 명시가 기재되어야 할 것이다.

---

395) Coolodge v. New Hampshire, 403 U. S. 443, 91 S. Ct. 2022, 29 L. Ed. 2d 564(1971); South Dakota v. Opperman, 28 U. S. 364, 96 S. Ct. 3092, 49 L. Ed. 2d 1000(1976). 安富 潔, 前揭書, 31면.

396) Arizona v. Hicks, 480 U. S. 321, 107 S. Ct. 1149, 94 L. Ed. 2d 347(1987).

397) 安富 潔, 前揭書, 31면.

2. 영장의 적용

미연방 수정헌법 제4조는 "부당한 압수·수색·체포로부터 신체, 주거, 서류 및 재산의 안전을 보장받는 국민의 권리를 침해하여서는 아니 된다. 그리고 선서 또는 서약에 의하여 상당한 이유가 인정되고 수색할 장소 및 체포할 사람, 압수할 물건 등이 구체적으로 기재되지 아니한 영장은 발부하면 아니 된다."고 하여 압수·수색에 대한 영장주의의 원칙을 규정하고 있다.

본래 수정헌법 제4조는 FBI와 같은 수사기관이 미국 국민들에 대하여 압수·수색을 하는 경우 이에 대한 제한을 규정한 것이었다.[398] 이러한 미연방 수정헌법 제4조는 디지털 증거의 압수·수색 절차에도 당연히 적용이 된다.[399]

디지털 범죄와 관련하여 수사가 형사절차상 새로운 문제들을 야기하자, 미국 법원들은 수정헌법 제4조와 연방 법률들을 디지털 범죄와 관련된 사건에 어떻게 적용할 것인가를 해석하기 시작하였다. 결국 판례를 통해 수정헌법 제4조의 범위 안에서 디지털 기록이 포함될 수 있다고 해석하게 되었고[400] 연방형사소송규칙 제41

---

398) Jefferson L. Ingram, Criminal Procedure: Theory and Practice, 2005, p.2.

399) 미국 연방대법원은 1914년 Weeks v. United States, 232 U. S. 383(1914) 판결에서 형사사건의 증거가 수정헌법 제4조 규정에 위반하여 취득된 것일 경우 피고인의 유죄를 인정하기 위하여 사용될 수 없다고 판시함으로써 개인의 프라이버시를 침해한 압수·수색으로 수집된 증거의 배제를 선언하는 위법수집증거배제법칙이 도입되었다. 따라서 프라이버시를 침해하거나 영장주의 예외에 해당하는 사항을 위반하여 수집된 증거는 위법수집 증거로서 증거능력이 없다고 할 수 있다. 우리나라의 판례는 압수절차가 위법하더라도 증거 자체의 성질·형상에 훼손이 없을 경우 증거로 사용할 수 있다고 하여 증거능력을 인정하고 있었다. 대법원 1996. 5. 14 자 96초88 결정; 대법원 1987. 6. 23. 선고 87도705 판결; 1994. 2. 8. 선고 93도3318 판결 참조. 그러나 2007년 11월 20일 대법원은 기존의 원칙을 바꾸는 판결을 하였는데, 위법하게 수집된 증거는 유죄증거로 사용할 수 없다고 판결하였다. 대법원 2007도3061.

400) 탁희성, 「형사절차법상 digital evidence에 관한 연구(압수·수색을 중심으로)」, 한국

조의 압수대상으로 명시된 유체물을 예시에 불과한 것으로 해석함으로써 정보에 대한 압수를 긍정하기에 이르렀다.[401] 나아가 미국에서는 이러한 논란의 여지를 감안, 연방 형사소송규칙을 개정하여 현행 미연방 형사소송규칙 제41조 제(a)항 정의 편에서는 압수·수색 대상인 '물건(property)'의 개념 속에 '정보(information)'을 포함시킴으로써 논란의 소지를 없애고 입법적으로 해결하였다.[402]

미연방 수정헌법 제4조는 수사기관의 부당한 압수·수색으로부터 개인의 자유를 보장하기 위한 규정인데, 이 수정헌법 제4조에 근거하여 미연방 형사소송규칙 제41조 (b)항은 ① 범죄 행위의 증거가 되는 물건, ② 금제품, 범죄에 의해 획득한 물건, 기타 불법적으로 소지한 물건, ③ 범죄 행위의 수단으로 이용되거나 이용될 수 있는 물건, ④ 체포할 만한 상당한 이유가 있거나 불법적으로 구속되어 있는 등의 요건을 충족하는 물건 등에 대하여 압수·수색영장을 발부할 수 있도록 하고 있다.

미국에서는 수사기관이 영장을 청구할 때 결정해야 할 가장 중요한 사항은 영장 안에 압수·수색의 대상을 특정함에 있어서 압수할 수 있는 대상이 컴퓨터 하드웨어 그 자체인가 아니면 하드웨어에 저장된 디지털 자료인가의 여부라고 할 수 있다. 따라서 하드웨어 자체가 압수·수색의 대상이라면 영장에 하드웨어 자체를 기술해야

형사정책연구원, 2002. 12.

401) United States v. New York Telephone Co. U. S. 159, 169, 98 S. Ct. 364, 54 LEd. 2d 376(1997).

402) [Federal Rules of Criminal Procedure Rule 41]. Search and Seizure (a) Scope and Definitions. (1) Scope. This rule does not modify any statute regulating search or seizure, or the issuance and execution of a search warrant in special circumstances. (2) Definitions. The following definitions apply under this rule: (A) "Property" includes documents, books, papers, any other tangible objects, and information.

하는 데 반해서 압수·수색의 근거가 되는 상당한 이유가 단지 데이터에만 관련되어 있다면 영장에는 물리적인 저장장치보다는 해당 데이터 또는 파일 내용을 기술해야 한다. 압수·수색의 대상으로서 '기록(record)'과 '정보(information)'라는 용어는 모든 전기적, 전자적 또는 마그네틱 형태를 포함해서 어떠한 형태로 어떠한 수단에 의하든 그것이 만들어지거나 저장된 증거와 관련된 모든 항목을 포함한다. 따라서 영장 작성 시 가능한 이 범위를 제한해야 하지만 구체적인 사안에 따라 합리적으로 판단되어야 한다.[403]

Ⅱ. 미국에서의 영장주의 예외

미국에서는 영장주의 예외[404]로 수사기관은 영장 없이도 압수·수색이 가능한 경우로 긴급성이 인정되는 경우(exigency circumstance exception),[405] 압수·수색에 대한 동의가 있는 경우,[406] 적법한 체포에 부수된 수색(search incident to a lawful exception),[407] 피처분자가

---

403) 탁희성, 전게 논문, 76면; 원혜옥, 전게 논문, 124면.

404) 미국 헌법에서 영장 없이 체포·수색·압수할 수 있는 경우는 다음과 같다. ① '체포'에 관해서 현행범은 영장 없이 체포할 수 있고, 중죄에 관해서는 피의자가 범죄를 범하였다고 믿을 만한 상당한 이유가 있는 경우에는 체포할 수 있다. ② 모든 범죄에 있어서 영장 발부 전에 도피할 우려가 있는 경우에는 영장 없이 체포할 수 있다. ③ 피의자가 합법적으로 체포된 경우 범죄의 수단 또는 범죄의 결과물을 압수·수색하는 경우에는 영장이 필요 없다. 그것은 범인이 소유하고 직접 점유하고 있는 장소와 물건에 한하며 그 압수·수색의 시간도 체포와 함께 이루어지는 경우에 한한다.

405) Warden v. Hayden, 387 U. S. 294, 298-99, 87 S. Ct. 1642 18 L. Ed. 2d 782(1967).

406) Schneckloth v. Bustamonte, 412 U. S. 218, 93 S. Ct. 2041, 36 L. Ed. 2d 854(1973).

407) United States v. Robinson, 414 U. S. 218, 234-36, 94 S. Ct. 467, 38 L. Ed. 2d 427(1973).

임의로 디지털 증거를 제출한 경우, 명확성이 인정되는 Plain – view 원칙,408) 자동차 수색(automobile exception),409) 압수 대상물의 현재성, 일시정지 후 즉시검문(stop and frisk exception),410) '긴급성의 예외'가 인정되는 경우 등은 영장을 발부받을 만한 시간적 여유가 없고, 증거인멸의 우려가 높기 때문에 영장 없이도 압수·수색할 수 있도록 허용하고 있다.411)

---

408) Plain View에 해당하여 영장 없이 압수할 수 있는 경우는 다음과 같다. ① 경찰관이 합법적으로 압수할 수 있는 장소에서 압수의 대상을 발견한 경우, ② 범죄에 연루된 물건임이 명백한 경우, ③ 경찰관이 수정헌법 제4조에 위반되지 않고 물건에 대한 지배와 관리 권한을 획득할 수 있는 경우이다.

409) United States v. Ross, 456 U. S. 798, 809, 102 S. Ct. 2157, 72 L. Ed. 2d 572(1982). 미국법상 체포에 수반하여 행해지는 차량에 대한 압수·수색의 경우는 차량 전체 내부, 트렁크 등을 영장 없이 수색이 허용된다. 이 사건은 경찰관이 마약이 숨겨져 있을지도 모르는 상당한 이유를 가지고 피의자의 자동차 내부와 트렁크를 영장 없이 수색을 하였다. 경찰관은 피의자(Ross)가 판매하기 위하여 보관하고 있던 마약을 발견했다. 이에 대하여 미연방대법원은 "경찰이 자동차를 수색할 상당한 이유가 있는 경우에 목적물이 숨겨져 있을 자동차 내부에 대하여 합법적으로 수색할 수 있다."고 판시했다. 오범석, 「미국의 압수·수색제도에 관한 연구」, 법무부, 2006, 33면; 이러한 영장 없는 '자동차 수색의 예외(automobile search warrant exception)'는 우리 법상으로는 경찰관직무집행법상의 불심검문이나 형사소송법 제216조 1, 3항이나 제217조의 요건에 해당될 경우 인정될 것이다. 조국, 『위법수집증거배제법칙』, 博英社, 2005, 354면.

410) 불심검문의 원류인 미국 Terry v. Ohio, 392 U. S. 1, 88 S. Ct. 1868, 20 L. Ed. 2d 889(1968) 판결은 불심검문을 위해서 '상당한 이유'가 필요하지는 않지만, '막연한 혐의(vague suspicion)'로는 부족하고 '객관적 사실에 기초한 합리적 의심(reasonable suspicion based on objective facts)'이 필요하다[Brown v. Texas, 443 U. S. 47, 48(1979); U. S. v. Sokolow, 4901 U. S. 1, passim(1989)]. 조국, 上揭書 332면.

411) ① 美國判例: 긴급한 경우에 영장 없이 타인의 주거, 피의자의 신체 등을 수색하는 것까지도 정당시되는 '긴급수색'에 대하여, 미연방대법원은 Coolidge v. New Hampshire, 403 U. S. 443(1971); Vale v. Louisiana, 399 U. S. 305(1970); Chimel v. California, 395 U. S. 752(1969) 사건에서 "영장을 발부받기 위하여 지체함으로써 경찰관을 위태롭게 하거나 증거인멸을 초래할 경우에는 영장 없는 수색이 허용된다."고 판시하였다.
② 日本判例: 마약단속관이 피의자를 긴급체포하기 위하여 그 자택에 갔던바, 피의자가 외출 중이므로 가택 수색을 개시하여 마약을 압수하고, 수색이 끝날 즈음에 귀가한 피의자를 긴급체포한 경우, 위의 압수·수색은 체포에 선행된 것이기는 하나, 시간적으로 체포와 밀착하고 장소적으로 체포의 현장과 동일하기 때문에 위헌·위법이라고 할 수 없다.[最大判] 1961(昭和 36). 6. 7. 刑集 15권 6호 915면; 權寧星, 『憲法學原論』, 法文社, 2007. 2, 459면.

이하의 사례에서는 기존의 전통적인 범죄 판례들이 디지털 증거에는 어떠한 방식으로 도출이 되어 적용이 되는지 살펴보고자 한다.

1. 긴급한 상황(exigency circumstance)

미국의 수사기관은 경찰관 또는 시민들의 신체적인 손상(physical harm)을 방지할 필요가 있거나, 증거와 관련된 것을 인멸할 우려가 있는 경우, 용의자가 도주의 우려가 있는 경우, 적법한 법집행을 방해할 현저한 우려가 있는 경우 등 긴급한 상황에 의거하여 영장주의 예외로서 영장 없이 수색할 수 있다.[412]

긴급한 상황의 여부를 판단하기 위해 수사기관이 고려해야 할 사항은 다음과 같다. ① 긴급한 상황의 정도(the degree of urgency involved),[413] ② 영장을 발부받기 위해 걸리는 시간(the amount of time necessary to obtain a warrant), ③ 증거의 인멸(removed or destroyed)이 임박한 경우,[414] ④ 사건 현장의 위험 발생 가능성(the possibility of danger at the site), ⑤ 밀수품 또는 증거들을 소지한 자가 경찰관이 추적하는 정보를 인지한 경우, ⑥ 밀수품 또는 증

---

412) United States v. McConney, 728 F.2d 1195, 1199(9th Cir. 1984).

413) 미국의 O. J. Simpson 사건에서 경찰은 피고인의 집에 새벽 5시경 도착하여 집 앞에 세워져 있는 자동차에 핏자국이 있음을 발견하였다. 경찰은 초인종을 눌렀으나 응답이 없자 약 1.5m가량의 담장을 넘어 집안을 수색하여 피 묻은 장갑 등의 증거물을 찾았다. 재판과정에서 피고의 변호인들은 위 증거들은 영장 없이 수집된 것으로서 증거능력을 부인해야 한다고 주장하였으나, 법원은 급박한 상황을 내세워 이를 받아들이지 않았다.

414) Cupp v. Murphy, 412 U. S. 291(1973). 피고인은 처의 사망에 대하여 진술하기 위해 경찰서에 자진 출석하였는데, 경찰관은 피고인의 손가락에서 혈액으로 보이는 흔적을 발견하였다. 경찰관은 피고인에게 그 흔적을 채취할 것을 요구하였고, 피고인이 이를 거절하자 강제로 이를 채취하여 피해자의 피부조직을 발견하였다. 법원은 위 수색이 증거인멸의 급박한 우려에 의한 것으로 영장을 요하지 않는다고 판시하였다.

거들을 폐기 또는 파괴할 수 있는 준비가 된 경우이다.[415]

특히 긴급한 상황은 컴퓨터와 관련된 디지털 범죄 사건에 있어서도 자주 발생하는데 그 이유는 디지털 자료들은 간단한 컴퓨터 키보드의 작동이나 명령으로 순식간에 증거를 삭제할 수 있고,[416] 또한 습기, 온도, 진동, 물리적인 훼손, 강력한 자성물체를 통과하여 디지털 증거를 훼손시킬 수 있기 때문이다.[417] 따라서 이러한 경우에는 다른 전통적인 증거방법보다는 긴급한 상황의 원칙이 적용되어 영장 없는 압수·수색이 정당화될 여지가 많다.

예를 들어 압수대상의 컴퓨터 모니터 스크린상에 저장되지 않은 정보가 있는 경우 멸실될 위험이 있다고 믿을 만한 상당한 이유가 있다면, 긴급한 상황의 원칙이 적용되어 영장 없이 그 정보를 저장하고 압수하는 것이 가능하다는 것이다. 특히 범죄의 증거 또는 범행의 도구가 되는 디지털 데이터가 피의자의 컴퓨터에 저장되어 있지 않고 온라인으로 다른 지역에 연결된 보조기억장치로부터 온 것이라면 수사기관이 현장에 있는 대상 컴퓨터를 압수하더라도 그 정보가 저장되어 있는 컴퓨터를 통해서 또는 네트워크를 통하여 연결되어 있는 제3의 컴퓨터를 이용하여 얼마든지 데이터의 인멸 또는 변조가 가능하다. 만약 이러한 사실을 수사기관이 미리 알고 있다면 각 컴퓨터를 대상으로 각각의 수색영장을 발부받아야 하는

---

415) United States v. Reed, 935 F.2d 641, 642(4th Cir. 1991).

416) United States v. Doe, 61 F.3d 107, 110-11(1st Cir. 1995). 긴급한 상황의 예외에 해당하는 경우라도 수사기관으로 하여금 증거인멸을 방지하기 위한 행위 이상을 허용하는 것은 아니며 긴급 상황이 종료하면 영장 없이 수색하는 행위도 종료되어야 한다고 한다.

417) Computer Crime and Intellectual Property Section Criminal Division United States Department of Justice, *op. cit,* p.19.

것이 원칙이다. 그러나 이러한 것을 미리 예측하지 못하는 경우에는 긴급한 상황의 원칙을 적용하여 영장 없이 압수·수색이 가능한지를 판단하여야 한다.

이를 판단하기 위해서는 다음과 같은 요소를 고려하여야 한다. (1) 긴급성의 정도와 영장을 얻는 데 소요되는 시간, (2) 증거물이 파괴될 우려가 있다고 믿을 만한 상당한 이유가 있는지 여부, (3) 압수물의 소유자가 수사가 진행되고 있는 사실을 알고 있는지 여부, (4) 증거물 자체의 성질상 파괴 및 멸실이 용이한 것인가 등이다.[418]

이와 관련된 사례로 David 사건에서 수사관은 피의자가 컴퓨터 메모북(computer memo book)에서 파일을 지우고 있는 것을 목격하고 컴퓨터를 즉시 압수하였다. 이에 대하여 지방법원은 수사관이 메모북을 압수하는 데는 영장이 필요 없다고 판결하였다. 왜냐하면 피고의 행위는 긴급한 상황에 해당하기 때문이다. 이러한 경우에 영장 없는 압수·수색을 인정하지 않게 되면 디지털 증거의 속성상 사후에 확보할 수 있는 방법이 없기 때문이다.[419]

이와 유사한 또 다른 사례로 Romero – Garcia 사건에서 지방법원은 수사관이 긴급하게 피의자가 소지한 호출기의 디지털 정보에 액세스한 것은 정당하다고 했는데, 그 이유는 증거의 인멸을 막을 필요성이 있다고 믿을 만한 합리적인 이유가 있었다고 판결하였다. 왜냐하면 호출기에 저장된 디지털 정보는 쉽게 파괴·삭제·멸실될 수 있으며, 새로운 메시지가 들어옴으로써 기존에 저장되어 있던 디지털 자료 또는 정보들이 삭제될 수 있으며 또한 배터리가

---

418) U. S. v. Rubin, 474 F. 2d 262(3d Cir. 1973).

419) United States v. David, 756 F. Supp. 1385(D. Nev. 1991).

방전되면서 정보들이 삭제되거나, 피의자가 인위적으로 삭제할 수도 있기 때문에 수사관이 영장 없이 호출기의 정보 및 디지털 자료들을 수색한 것은 정당하다고 판결하였다.[420]

또 다른 사례로 Gorshkov 사건으로 러시아 사람의 컴퓨터 내부 안에 디지털 범죄와 관련된 증거가 존재하며 지금 당장 이 디지털 증거를 수색하지 않으면 증거를 인멸할 수 있는 상당한 이유가 존재하므로, 이 컴퓨터의 디지털 자료에 대하여 영장 없이 수색함은 긴급한 상황에 비추어 정당하다고 판결하였다.[421] Ortiz 사건에서는 수사관이 피의자를 체포하고, 이에 수반하여 피의자의 주머니에서 호출기를 찾아 번호들을 검색한 행위는 정당하다고 판결하였는데, 그 이유는 호출기에 있는 디지털 정보들은 파괴·삭제·멸실되기 쉽기 때문이라고 판결하였다.[422]

Reyes 사건에서는 호출기의 수색에 관한 긴급 상황은 정당화되지 못하였는데, 그 이유는 수사기관이 불법적으로 호출기를 켜서 긴급한 상황을 만들었기 때문이다.[423]

디지털 증거와 관련하여 긴급한 상황의 필요성은 디지털 증거의 삭제 또는 멸실되는 것을 막는 것까지이며 그 이상에 대하여는 영장 없는 압수·수색은 허가하지 않았고, 긴급한 상황이 종료되었을 때는 영장 없는 수색도 더불어 종료가 된다. 따라서 디지털 증거가 삭제되는 것을 막는 단계를 밟아야 할 것이며, 수사기관은 더 이상 영장 없이 수색을 할 수 있는 권한이 없다.[424]

---

420) United States v. Romero-Garcia, 991 F. Supp. 1223, 1225(D. Or. 1997).

421) United States v. Gorshkov, 2001 WL 1024026, at *4(W. D. Wash. May 23, 2001).

422) United States v. Ortiz, 84 F.3d 977, 984(7th Cir. 1996).

423) United States v. Reyes, 922 F. Supp. 818, 835-36(S. D. N. Y. 1996).

David 사건에서 수사기관이 컴퓨터에 저장된 디지털 정보의 멸실과 훼손을 막기 위해 컴퓨터 하드웨어의 압수는 가능하지만, 영장없이 계속적인 디지털 정보의 수색은 불가능하다고 판결하였다.[425]

2. 동의가 있는 경우

수사기관이 피의자에 대한 범죄혐의를 갖고 있으나, 법률상 강제처분을 할 근거가 없는 경우에 피의자의 동의는 증거 수집에 결정적인 역할을 할 수 있다. 그리고 피의자의 동의는 자신의 헌법상의 권리에 대한 침해를 용인하겠다는 것이므로 헌법적 문제도 발생하지 않는다.

동의의 문제에 있어 유효한 동의가 되기 위해서는 첫째, 동의는 자발적으로 이루어져야 한다. 수사기관이 영장을 발부받지 않고 또는 상당한 이유도 없이 주택이나 물건을 대상으로 수색을 할 때 권한 있는 사람이 자발적으로 동의를 했다면 영장 없이 수색할 수 있다.[426] 이러한 동의는 명시적일 수도 있고 묵시적일 수도 있다.[427] 동의가 자발적인지 아닌지에 대한 문제점은 사실 법원이 종합적으로 주위 환경을 고려하여 결정해야만 한다. 미연방대법원은 자발적인 동의에 대해 적법성을 증명하기 위해서 고려하여야 할 요소로서는 동의를 한 사람의 나이, 교육, 사고력, 육체적·정신적

---

424) United States v. Doe, 61 F.3d 107, 110－11(1st Cir. 1995).

425) United States v. David, 756 F. Supp. 1382(D. Nev. 1991).

426) Schneckloth v. Bustamonte, 412 U. S. 218, 219(1973).

427) United States v. Milian－Rodriguez, 759 F.2d 1558, 1563－64(11th Cir. 1985). 이 사례는 묵시적인 동의에 의한 영장 없는 수색을 인정한 사건으로 경찰관에게 수색 장소에 대한 열쇠가 있는 곳을 가르쳐 주는 것은 묵시적인 동의라고 판시하였다.

상태428)와 그 사람이 체포되어 있었는지, 또한 동의에 대하여 거부할 수 있는 권리를 알려 주었는지 등을 중요한 요소로 보고 있다.429) 그리고 수사기관이 동의를 받기 위해 기망이나 협박이 있는 경우에 동의의 임의성을 인정할 수 없다. 또한 수사기관은 동의가 자발적이었다는 것을 입증하는 데 책임을 져야 한다.430)

이에 대한 대표적인 사례로 경찰관은 영장이 없으면서도 영장이 있다고 속이고 동의를 받은 경우,431) 혈액채취의 목적으로 강간현장에서의 혈흔과의 일치 여부를 확인하기 위한 것임에도 이를 음주운전 검사용이라고 속이고 동의를 받은 경우,432) 그리고 차량 수색에 동의하지 않으면 차량을 압수하겠다고 고지하고 동의를 받은 경우433) 등이다.

둘째, 동의의 주체는 본인이거나 수색할 장소에 대한 공통의 권한을 갖고 있는 제3자이어야 하며, 통상 부부나 동거인은 거주의 수색에 대해 서로 동의할 수 있을 것이다. 반면 건물주는 임차인의 방에 대한 수색에 동의할 수 없고, 호텔직원은 호텔의 객실 수색에 동의할 수 없다.

---

428) 만약 피의자가 동의를 할 수 있는 정신능력이 부족한 상태였다면, 그 동의에 기초한 강제처분은 허용될 수 없다.

429) Schneckloth v. Bustamonte, 412 U. S. 226(1973). 이 사건에서 경찰관은 전조등이 파손된 자동차를 발견하고 탑승자 중 한 명의 동의를 받은 후 자동차를 수색하여 트렁크에서 절취된 수표를 발견하였다. 법원은 동의를 한 자가 동의를 거부할 수 있느냐를 알았는지의 여부는 동의가 적법한 것인지를 결정하는 데 고려하여야 할 요소 중의 하나이기는 하지만 반드시 필요한 것은 아니라고 판시하여 동의의 적법성을 인정하였다

430) United States v. Matlock, 415 U. S. 164, 177(1974); United States v. Price, 599 F.2d 494, 503(2d Cir. 1979).

431) Bumper v. North California, 391 U. S. 543(1968).

432) Graves v. Beto, 424 F.2d 524 5th Cir(1970).

433) State v. Williams, 772 P.2d 112(1973).

셋째, 동의는 명시적으로 표명되어야 하며 또한 동의가 있었다 하더라도 그 동의의 범위를 넘는 압수·수색은 불법이며, 피의자가 수사기관에 수색에 관한 동의를 하였다 하더라도 이후 그 동의를 철회할 수 있다.

마지막으로 수사기관은 피의자에게 동의를 거부할 권리가 있음을 고지해 주어야 한다. 이러한 요건을 충족하지 못한 강제처분은 위법이며, 이를 통하여 수집한 증거는 반드시 배제되어야 할 것이다.[434)]

수사기관의 영장 없는 수색이 프라이버시를 침해함에 있어 만약 영장요구의 예외적인 사항에 해당할 때에는 미연방 수정헌법 제4조의 규정에 위반되지 않는다. 컴퓨터를 포함한 디지털 범죄에서는 이 문제를 어떻게 대응할 것인지에 대하여 문제점이 발생하게 된다.

디지털 범죄에 있어 수사기관이 피의자의 자발적인 동의를 받는 경우에는 범죄의 장소, 물건에 대하여 수색을 할 수 있다. 그러나 현재는 컴퓨터의 시스템이 대용량화되고, 다수의 사용자가 공동으로 컴퓨터를 이용하는 현상이 일반화되고 있다. 이러한 환경에서 문제가 되는 것은 동의의 범위가 어디까지인가 하는 점과 수사기관의 수색에 동의할 수 있는 적법한 당사자가 누구인가 하는 점이다.

먼저 동의에 기한 수사기관의 수색의 범위는 일반적으로 표현된 대상에 국한되고 동의한 내용에 의하여 제한된다. 컴퓨터 관련 사건에서 장소나 품목을 수색하는 것에 동의를 한 경우, 수색과정에서 접하게 된 디지털 저장매체까지 수색할 것을 묵시적으로 동의하였다고 볼 수 있느냐의 문제가 자주 발생한다.

이에 대해 법원은 수사기관이 동의를 구할 당시 명시적이건 묵

---

434) 조국, 전게서, 357 – 361면 참조.

시적이건 수색의 유형, 범위, 기간 등에 대하여 한계를 설정하였는지 여부를 그 판단기준으로 삼고 있다. 이에 관한 판례로 수사기관이 성범죄와 관련된 범죄 사건의 증거를 찾기 위해 건물과 재산에 대한 수색 동의서를 받아 컴퓨터를 수색한 뒤, 아동음란물을 발견하였다. 수사기관이 그 사람을 아동음란물 소지혐의로 기소한 경우에는 동의의 범위를 벗어난 것이며 증거로 채택할 수 없다고 판시하고 있다.435)

동의의 주체는 본인이거나 수색할 장소에 대한 공통의 권한을 갖고 있는 제3자이어야 한다. 여러 사람이 공유 컴퓨터를 함께 사용하는 상황에서 그중 한 명이 수사관에게 디지털 자료나 정보에 대한 수색에 동의한 경우, 그 사람이 해당 컴퓨터에 대한 사용권한이 있는 자라면 일반적으로 그 동의에 기하여 컴퓨터 수색을 할 수 있다.436) 이 경우 모든 사용자들은 본인 이외의 사용자가 공유 컴퓨터에서 모든 정보들을 볼 수 있고, 수사기관에게 사용자의 공동 영역에 대한 수색을 동의할지도 모른다는 생각을 갖고 있는 것으로 보기 때문이다.437) 그러나 다수가 공동으로 사용하는 컴퓨터라 할지라도 패스워드를 설정하거나, 다른 공동 사용자가 사용하지 못하도록 조치를 한 경우에는 동의의 효력이 미치지 못한다.438) 또한

---

435) United States v. Turner, 169 F.3d 84, 1st Cir(1999).

436) Computer Search & Seizure Working Group, U. S. Dep't of Jusiice, Federal Guidelines for searching and Seizing Computer 13(1994).

437) United States v. Matlock, 415 U. S. 164(1974). 이 판결에서 연방대법원은 부동산이나 동산에 대하여 공동의 권한을 가지고 있는 사람은 다른 공동 사용자가 반대하더라도 그 물건에 대한 수색에 동의할 수 있다고 판시하였다. 이 판례에 의해 컴퓨터의 공동사용자의 경우에도 일반적으로 컴퓨터 파일 수색에 대한 동의권한을 가지고 있다고 하고 있다.

438) Trulock v. Freeh, 275 F.3d 391, 403-04, 4th Cir(2001).

배우자 및 동거인, 부모의 경우에도 일반적으로 동의를 할 수 있는 권한이 있다고 보아야 한다. 그러나 자녀가 성년이고 컴퓨터에 별도의 제한조치를 한 경우에는 동의에 대한 권한이 없다고 한다.[439]

3. 디지털 증거에 관한(Plain View Doctrine)

Plain View Doctrine이라 함은 수사기관이 공공의 장소나 적법하게 출입이 허용된 장소 또는 영장을 집행하고 있는 현장에서 발견한 증거로서 범죄의 증거임이 명백한 경우에는 영장 없이도 이를 압수할 수 있다는 원칙을 말한다. 이 원칙이 적용되기 위해서 수사관은 증거를 관찰하고 접근하기 위한 적법한 지위에 있어야 하고, 그 증거는 범죄와의 관련성이 명백하여야 한다.[440]

Plain View의 원칙은 개인의 프라이버시를 침해하지 않으며 수사기관은 수정헌법 제4조에 의거하여 디지털 증거를 수색할 수 있는 권한을 부여받았다고 할 수 있다.

컴퓨터 관련 디지털 범죄 사건에서는 하드드라이브에 대한 적법한 수색영장을 집행하던 수사관이 수색 도중 영장과 관련 없는 범

---

439) Computer Crime and Intellectual Property Section Criminal Division United States Department of Justice, *op. cit,* p.22.

440) 이와 관련된 판결로 Horton v. California, 496 U. S. 1060(1990) 사건에서 무장 강도인 피의자를 조사하던 경찰관은 절도한 물건과 무기가 피의자의 집에 있어서 그의 집을 압수·수색할 상당한 이유가 있다고 판단하였다. 그러나 발부된 영장은 오직 장물만 수색하도록 기재되었다. 경찰관이 피의자의 가택을 수색하는 도중에 장물은 발견하지 못하고 노출된(plain view) 무기를 발견하여 몇 가지 범죄 관련 물건과 함께 압수를 하였다. 이 무기로 인하여 제1심 법원에서 피고인은 유죄판결을 받았다. 그러나 피고인은 동 무기는 영장 없이 압수한 증거물이기에 증거능력을 부인하였지만, California 州 大法院은 "압수·수색영장에 기재되지 않은 물건도 'plain view' 원칙에 따라 압수할 수 있다. 왜냐하면 쉽게 노출된 물건을 압수·수색하는 것은 사생활 침해가 되지 않기 때문이다."라고 하였다. 文鴻柱, 前揭書, 460면.

죄의 증거를 우연히 발견하였을 경우에 그 증거를 영장 없이 압수할 수 있다는 것으로 적용될 수 있다. 하지만 이 Plain View의 원칙은 컴퓨터 파일을 열어서 그 내용을 확인할 권한까지 부여한 것은 아니다. 즉, 비밀번호에 의하여 잠긴 컴퓨터 파일을 인위적으로 열어서 확인한 것은 Plain View의 원칙에 위배되고 이 경우에는 영장을 발부받아 수색을 해야 한다.[441]

이와 관련된 Villarreal 사건은 Plain View의 원칙이 적용되지 않는데, 그 이유는 다음과 같다. 55갤런(gallon)의 드럼통은 라벨에 표시된 내용이 고정되고, 드럼통이 불투명하여 외부에서 내부의 내용물이 보이지 않아 수색이 불가능하며 결국 Plain View의 원칙이 적용되지 않는다. 따라서 라벨에 표시된 것 이상으로 불투명한 드럼통 안의 내용물을 확인하고자 한다면, 수색영장을 발부받아야 한다고 판결하였다.[442]

법원의 판례는 대체로 과외로 발견된 많은 디지털 파일 중에서 첫 번째 파일을 열어 보는 것은 허용하지만, 그 외의 다른 파일을 열어 보는 것은 위법하다고 하기도 하고, 최근의 판례에서는 광범위한 Plain View Doctrine의 적용을 인정하고 있다.[443] 그러나 법원은 컴퓨터에 저장된 개개의 파일은 각각 분리되어 취급되어야 한

---

441) United States v. Maxwell, 45 M. J. 406, 422(C. A. A. F. 1996).

442) United States v. Villarreal, 963 F.2d 770, 776(5th Cir. 1992).

443) United States v. Runyan, 275 F.3d 449, 464–65(5th Cir. 2001) 이 판결에서는 Plain View 원칙에 의하여 컴퓨터 또는 저장장치에서 한 개의 파일을 열어 보는 경우는 보다 광범위한 기초를 제공할 수 있으며 컴퓨터 또는 저장장치의 일부에 대한 영장 없는 수색이 적법할 경우 피의자로서는 더 이상 그 컴퓨터 또는 저장장치에 남아 있는 내용물들에 대하여 프라이버시에 대한 합리적인 기대를 가질 수 없다. 따라서 수사기관에 의한 광범위한 수색은 수정헌법 제4조를 침해하는 것이 아니고, 이 이론은 플레인 뷰 원칙에도 적용할 수 있다고 하여 그 범위를 광범위하게 인정하고 있다.

다고 판결하고 있다.

　Carey 사건에서 법원은 수사관이 마약밀매에 대한 증거발견을 위해 적법한 수색영장을 발부받아, 피고인의 컴퓨터를 수색하던 중 우연히 'jpg' 파일을 열었을 때 마약밀매에 대한 증거가 아닌 아동 포르노를 발견한 후, 그 즉시 수사관은 마약밀매에 관한 증거 수색을 포기하고 5시간에 걸쳐서 수백 개의 'jpg' 파일을 검색하여 이를 압수하였다. 피고인은 수색영장의 범위를 넘은 압수에 대하여 아동포르노는 증거에서 제외되어야 한다고 주장하였고, 이에 대하여 수사기관은 아동포르노 파일을 수색한 것은 적법하다고 주장하였다. 그 이유는 아동포르노나 마약밀매는 모두 불법적인 것이기 때문에 Plain View Doctrine이 적용된다고 주장하였다. 이에 대하여 제10순회재판소는 이 사건에서 최초로 발견한 아동포르노에 관한 'jpg' 파일은 마약에 관한 수색영장에 의거하여 수색 중에 발견되었기 때문에 Plain View Doctrine에 해당하여 영장 없는 압수가 정당하다고 판시하였다. 이를 제외한 다른 모든 파일은 플레인 뷰 원칙에 해당되지도 않고, 수색영장의 범위를 초과하여 증거를 수색하였기 때문에 위법하다고 판시하였다.[444)]

　이와 유사한 사례로 Walser 사건에서 경찰관이 피의자들의 마약 매매에 관한 디지털 기록을 찾기 위해 수색영장을 발부받아 피의자의 컴퓨터를 수색하였다. 수사관이 피의자의 컴퓨터 파일 1개를 열자 아동포르노 파일이 나왔고, 수사관은 수색을 중지하고 판사에게 두 번째 수색영장을 발부받아서 수색한 행위는 미연방 수정헌법 제4조를 위반하지 않았다고 판결하였다.[445)]

444) United States v. Carey, 172 F.3d 1268, 1273(10th Cir. 1999).

최근 판례인 United States v. Runyan 사건과 United States v. Slanina에서는 플레인 뷰 원칙을 넓게 적용하고 있다.[446] 이 두 사건에서 컴퓨터 저장장치의 일부에 대한 영장 없는 수색이 적법할 경우, 그 이상의 컴퓨터 저장장치에 남아 있는 내용물들에 대한 수색은 프라이버시의 침해가 되지 않는다고 판결하고 있다. 따라서 수사기관에 의한 보다 광범위한 컴퓨터 수색은 수정헌법 제4조를 위반한 것이 아니며, 이는 플레인 뷰 원칙을 기본보다 넓게 적용하고 있는 것이라 판단된다.[447]

4. 컴퓨터 시스템 관리자의 동의

일반적으로 모든 컴퓨터 네트워크는 시스템 관리자나 운영자들에 의하여 작동 또는 운영되는데, 그들은 컴퓨터 네트워크가 적절히 작동되게 하는 것과 모니터의 보안 및 수리, 네트워크 오류 및 문제점을 발견하여 이러한 것들을 해결하는 것이 주된 업무이다. 이러한 시스템 관리자들은 루트 권한 즉, 관리자 권한으로 모든 시스템에 접근할 수 있으며, 허가된 마스터 키(master key)로 어떠한 계정도 열어 시스템에 있는 파일을 읽을 수 있다. 수사기관이 컴퓨터 네트워크에서 용의자의 디지털 증거를 찾고자 한다면 시스템 관리자에게 수색에 관한 동의를 요청해야 가능할 것이다.

여기서 실제로 문제가 되는 것은 시스템 관리자의 동의에 관한

---

445) United States v. Walser, 275 F.3d 981, 986 – 87(10th Cir. 2001).

446) United States v. Runyan, 275 F.3d 449, 464 – 65(5th Cir. 2001); United States v. Slanina, 283 F.3d 670, 680(5th Cir. 2002).

447) Computer Crime and Intellectual Property Section Criminal Division United States Department of Justice, *op. cit*, p.21.

권한이다. 시스템 관리자의 동의에 따라 네트워크 계정을 수색함에 있어 최초의 장애물은 헌법이 아닌 법률이다. 시스템 관리자들은 원격 서비스를 제공하는 업체에 대하여 데이터를 요구할 수 있는 기본적인 제도가 전기통신프라이버시법(Electronic Communications Privacy Act: ECPA)[448]에 규정되어 있다. 전기통신프라이버시법은 수사기관이 개인의 컴퓨터 계정을 수색하기 위하여 시스템 관리자에게 동의를 얻고자 할 때 적용된다. 그리고 시스템 관리자의 동의에 의한 수색은 전기통신프라이버시법(ECPA)에 근거를 둔다.[449]

보통 컴퓨터 시스템에 저장된 파일에 대하여 개인의 프라이버시가 인정되는 경우에 시스템 관리자가 그 파일에 대하여 접근할 수 있는 권한이 있다고 하더라도 수색에 동의할 수 있는 권한까지 부여한 것이라고 볼 수는 없다.

이와 관련된 사례로 1964년 Stoner 사건에서 미연방대법원은 수사기관이 호텔의 객실을 수색하는 행위에 대하여 호텔직원은 동의할 수 있는 권한이 없다고 판결하였다. 비록 손님이 호텔의 직원에게 호텔객실의 열쇠를 맡겨 직원이 직무의 수행을 위해 호텔의 객실에 들어가서 일을 할 수 있게 허가는 되었지만, 그 직원에게는 수사기관에게 호텔의 객실에 대한 수색에 동의할 수 있는 권한이 없다고 하였다. 또한 수사기관의 부당한 압수·수색이 있다면, 호텔직원은 손님을 보호하기 위하여 수사기관의 동의를 거부할 수 있는지 여부는 그의 재량에 맡겨진다고 판결하였다.[450]

---

448) (Electronic Communications Privacy Act: ECPA), 18 U. S. C. §§2701 – 2712.

449) Computer Crime and Intellectual Property Section Criminal Division United States Department of Justice, *op. cit,* p.16.

450) Stoner v. California, 376 U. S. 483(1964).

컴퓨터 시스템 운영자가 네트워크 계정을 액세스하는 것과 호텔 직원이 호텔의 객실을 열어 보는 것이 유사한 것이라면 컴퓨터 시스템 운영자가 수사기관의 계정 파일의 수색에 대한 동의는 할 수 없다고 본다.[451] 물론 호텔직원의 사례가 모든 상황에 적합하게 적용되지는 않는다. 가령, 회사의 직원과 그 회사 네트워크의 시스템 관리자와의 관계는 민간 인터넷 서비스 업체의 시스템 관리자와 고객과의 관계는 같지 않다. 전자의 경우에 회사는 직원의 모든 업무와 관련하여 회사의 네트워크 시스템 관리자에게 직원 계정들에 대한 모든 접근 권한이 있고, 회사 직원들은 회사 네트워크 시스템 관리자가 그러한 권한이 있다는 것을 안다. 이러한 경우에는 회사의 시스템 관리자는 직원들의 계정들에 대하여 수사기관에 의한 수색에 동의를 할 수 있는 권한이 있다.[452] 이와 관련된 사례들은 아래와 같다.

Barth 사건에서 컴퓨터 수리전문가의 목적은 컴퓨터에 액세스하여 수리하는 것이지 이를 수사기관의 수색에 동의할 수 있는 권한이 있는 것은 아니다.[453] 또 다른 사례로 1961년의 Chapman 사건으로 수사기관은 영장 없이 임대인의 동의만으로 부재중인 임차인의 가택 창문을 통해 집안에 들어가 수색하여 주정증류기와 양조원액을 압수하고, 때마침 귀가한 임차인을 체포하였다. 임차인은 수사관의 수색이 영장 없는 불법한 가택침입으로 이루어진 것이라

---

451) Computer Crime and Intellectual Property Section Criminal Division United States Department of Justice, *op. cit,* p.16.

452) Keeping Secrets in Cyberspace, Establishing Fourth Amendment Protection for Internet Communication, 110 Harv. L. Rev. 1591, 1602 – 03(1997).

453) Barth, 26 F. Supp. 2d at 938.

주장하고 증거물의 증거능력을 부인하였으나, 제1심·제2심에서 모두 유죄판결을 받았다. 그러나 미연방대법원은 수정헌법 제4조에 보장된 부당한 수색을 당하지 않을 권리의 침해라고 판결하였다. 즉 수색영장이 없는 가택 수색은 불법이며, 본건에 있어서는 충분히 수색영장을 발부받아 합법적으로 수색할 수 있는데 임대인의 동의만으로 영장 없이 수색한 것은 불법이라고 판결하였다.

보통법상 임대인은 본인의 주택 훼손 정도를 조사하기 위하여 임차해 준 주택 안에 들어갈 수 있다는 원칙이 있어서 임대인은 이 권리를 수사관에게 위임하였다고 볼 수 있다. 그러나 위 사건처럼 창문을 통해 들어가는 것까지를 의미하는 것은 아니며, 또한 수색의 목적이 주택의 훼손을 조사하기 위한 것이 아니고, 술 냄새가 남으로 밀주 제조 사실을 탐지하기 위하여 들어간 것이니 이는 보통법상의 원칙이 적용되지 않는다. 또 州 법률은 임차인이 주택을 범죄의 목적으로 사용할 경우에는 주택임차인의 권리가 상실된다고 되어 있어서 임차인은 주택을 밀주 제조용으로 사용하였으니 임차인의 권리를 상실하였다. 따라서 임차인의 동의 없이 주택 안에 들어갈 수 있다고 하지만, 수사기관이 임차인의 주택 안에 들어갈 때에는 아직 그 주택이 밀주양조용으로 사용되고 있다는 것은 알지 못하였고, 가택에 들어가서야 주택이 밀주양조용으로 사용되고 있음이 발각되었던 것이므로 수사기관의 수색 당시 합법성에 관하여는 이것으로 치유되는 것은 아니라고 판결하였다.[454]

---

454) 이 사건에서 수사관이 수색영장을 발부받아서 정당하게 수색하여야 할 충분한 시간적 여유가 있었음에도 불구하고 임대인의 동의가 있으니 충분하다고 생각한 수사관의 행동은 과실이 있다. 또한 범죄사실을 충분히 입증할 만한 증거가 있음에도 불구하고 다만 그 첫출발이 불법인 관계로 그로 인하여 얻은 모든 증거가 증거능력이

또 다른 Clarke 사례로 마약을 운반하기 위해 고용된 피고인은 잠긴 공구박스 안에 있는 마약에 대하여 수사기관이 공구박스에 저장된 내용물에 대한 수색에 동의할 수 있다고 판결하였다.[455]

5. 디지털 범죄 수사에서 제3자의 동의

가. 일반 원칙

요즘은 대학교, 도서관, 공공기관 등에 있는 컴퓨터와 그 주변장비들을 다수가 사용하는 경우가 많이 있다. 그럴 경우 그들 중 한 사람이 컴퓨터에 대한 권한을 가지고 수사기관의 수색에 동의하여 컴퓨터 데이터를 수색하는 것이 허가되는 경우가 있다. 이 경우 모든 컴퓨터 이용자들은 다른 이용자가 그 공용 컴퓨터에 내장된 모든 이용자의 정보를 노출시킬 수 있고, 수사기관의 요청에 의하여 공동 영역(common area)에 대한 수색을 동의할지도 모른다는 것을 감수해야 할 것이다.

이에 대한 획기적인 사례로 United States v. Matlock 사건이 있는데, 미연방대법원은 다음과 같이 판결하였다. 부동산이나 동산에 대하여 공동의 권한을 가지고 있는 사람은 다른 공동 사용자가 반대하더라도 그 부동산이나 동산에 대한 수색에 동의할 수 있다고 판결하였다. 제3자의 동의를 정당화할 수 있는 공동의 권한의 요건으로는 공동 접근권한과 관리권한을 가진 사람들에 의하여 그 재산이 공동 사용되고 공동 사용자의 누구라도 그 혼자만의 권한

없게 되었다. 따라서 증거 이외에 또 다른 증거가 없다면 임차인은 범인인 줄 알면서도 무죄석방하지 않을 수 없는 사건이라고 할 수 있다. 文鴻柱, 前揭書, 449면.

455) United States v. Clarke, 2 F.3d 81, 85(4th Cir. 1993).

으로 그 재산에 대한 수색을 허락할 권한이 있다고 인정하는 것이 합리적이다. 또한 다른 사람들이 공동 사용자 중 1인이 공동 영역을 수색할 것을 허락할 수도 있다는 것을 인정하고 있음을 요한다.456) 이 판례에 의하면 컴퓨터를 공동으로 사용하는 경우에도 일반적으로 컴퓨터 파일 수색에 대하여 동의할 수 있는 권한을 가지고 있다고 하고 있다.457)

제3자에 대한 동의에 대하여 일반적인 원칙은 제3자에게 동의를 요구할 때, 수사기관이 수색을 시작하기 전에 수색할 물건에 대한 제3자가 관리할 수 있는 권한이 있는지 없는지, 접근권이 있는지 없는지에 대하여 반드시 물어봐야 할 것이다.

이에 대한 사례로 Block 사건이 있는데, 이는 다음과 같다. 나이가 23살이 된 아들의 방을 수사기관이 수색할 때 어머니가 동의할 수 있는가에 대한 문제로 아들의 방안 침대 밑에 있는 사물함(footlocker)이 잠금장치가 되어 있어 어머니는 수색에 동의하지 않았다. 왜냐하면 제3자인 어머니는 그 사물함에 대하여 관리 권한이 없기 때문이다.458) 또 다른 사례로 아파트에 두 남녀가 동거를 하고 있는데, 수사기관의 아파트에 대한 수색의 동의 여부에 대하여 여자는 애인과 함께 동거하면서 모든 것을 공유하는 관계로서 비록 애인이 수색 동의에 거부를 하더라도 법원은 그 아파트에 대하여 수사기관의 수색에 동의할 권한이 있다고 판결하였다.459)

---

456) 예를 들어 갑과 을이 한 아파트에 거주하면서 응접실을 공동으로 사용하고 있다면 갑의 동의만으로도 응접실에서 을의 범행에 대한 증거를 수색하는 것은 적법하다는 것이다. 다만 갑과 을이 응접실을 공동으로 사용하면서 침실을 각각 사용하고 있었다면 갑의 동의로 을의 침실을 수색하는 것은 동의의 범위를 넘어선 것이다.

457) States v. Matlock, 415 U. S. 164(1974).

458) United States v. Block, 590 F.2d 535, 541(4th Cir. 1978).

디지털 범죄에 있어서 컴퓨터를 공용으로 사용하는 경우에도 일반적으로 수사기관의 수색에 대하여 공동 사용자는 수색에 동의할 수 있을 것이다.

이에 대한 사례로 한 여자가 그녀의 남자친구와 함께 사용하는 컴퓨터에 대하여 수사기관의 수색에 동의할 수 있다고 하였는데, 이는 남자친구가 사용하는 컴퓨터 파일에 비밀번호를 이용한 잠금장치를 하지 않았기 때문에 가능하다고 판결하였다.460) 그러나 비밀번호를 이용하여 잠금장치를 하였고, 이를 다른 사람들과 함께 비밀번호를 공유하지 않았다면 수사기관의 수색에 대한 동의는 불가능하다고 판결하였다.

또한 법원은 컴퓨터 파일에 비밀번호를 설정하거나, 방 안 침대 밑의 잠긴 사물함에 대하여는 동의 권한 범위를 넘었다고 판결하고 있다. 반대로 용의자한테 컴퓨터의 비밀번호를 받은 상태라면 수사기관의 수색에 동의할 수 있는 권한이 있다고 판결하고 있다.461) 또한 창고를 관리하는 직원은 잠긴 창고에 대한 수색에 동의할 수 있는데, 왜냐하면 그 직원은 열쇠(key)를 가지고 있고 고용주가 열쇠를 맡긴 것은 창고 내부를 볼 수 있도록 허락했다고 보이기 때문이다.462)

실제적인 문제는 수사기관이 제3자의 동의를 얻어 수색을 할 때 정확히 제3자의 권한 범위가 어디까지인지 알기가 어렵다. 특히, 동의의 범위를 초과하여 수색을 했을 때이다. 예를 들어 수사기관

459) United States v. Sumlin, 567 F.2d 684, 687 – 88(6th Cir. 1977).
460) United States v. Smith, 27 F. Supp. 2d 1111, 1115 – 16(C. D. Ill. 1998).
461) Trulock v. Freeh, 275 F.3d 391, 403 – 04(4th Cir. 2001).
462) United States v. Murphy, 506 F.2d 529, 530(9th Cir. 1974).

이 컴퓨터를 수색하겠다고 동의를 구하였을 때 컴퓨터에 저장된 디지털 정보에 대한 검색의 권한을 어디까지가 동의에 범위인가가 문제이다. 또한 수사기관이 수색을 할 때 누가 동의에 적당한 사람인지 문제가 된다. 예를 들어 수사기관이 범죄자의 컴퓨터 파일을 수색할 때 친구, 부모, 룸메이트(roommates) 등이 동의할 수 있는 권한을 가지고 있는가이다. 그리고 제3자가 소유물에 대한 권한의 범위를 넘어서 수사기관에게 동의를 해 줄 수도 있다. 이에 대하여 미연방대법원이 판결하길 수정헌법 제4조는 수사기관이 권한이 없는 제3자의 동의에 의해 수집한 증거를 바로 기각하지 않는다고 하였다. 수사관이 권한 없는 제3자의 동의라도 일반적으로 권한을 가지고 있다는 합리적인 믿음이 있을 경우에는 그 사람의 동의로 영장 없이 들어가서 수색·체포할 수 있다고 판결하였다.[463] 이하에서는 대표적으로 제3자인 배우자, 동거인, 부모 등에 의한 동의를 살펴보고자 한다.

나. 배우자와 동거인의 동의

수사기관의 수색에 있어 배우자나 동거인의 동의에 의한 수색은 대부분 합법적이다. 법원은 남편의 부재 시 부인이 집안 재산에 대한 접근 권한이 없더라도 수사기관의 수색에 동의할 수 있다고 판결하였다. 이와 관련된 Duran 사례에서 수사기관은 남편이 주로 사용하는 헛간(barn)에 대한 수색을 통하여 마리화나를 발견하였는데, 이에 대해 부인이 수색에 동의할 수 있다고 판결하였다. 남편은 평상시에 부인이 헛간에 들어오는 걸 거부한 적이 없기 때문에

---

463) Illinois v. Rodriguez, 497 U. S. 177(1990).

수색에 동의할 권한이 있다는 것이다.464) 또 다른 Long 사례가 있는데, 부인이 남편을 잠시 떠난 사이에 남편은 공동으로 소유하고 있는 집의 현관 열쇠를 바꾸어 버렸다. 하지만 수사기관의 가택수색에 대하여는 부인은 동의할 수 있다고 판결하였다.465) 그러나 판례 중에는 배우자의 소유물이 별도의 서랍에 보관되어 있는 경우,466) 배우자 일방에 의해서만 사용되는 특별한 부분에 대하여 사용하지 않는 배우자가 동의를 한 경우, 배우자 일방이 다른 배우자에 대한 분노에서 동의를 한 경우 등에는 적법한 동의가 아니라고 한 사례가 있다.467)

디지털 범죄 수사에 있어 동의에 의한 컴퓨터 수색이 가능한지에 관한 사례로 스미스(Smith) 사건이 있는데 이에 대한 내용은 다음과 같다. 스미스(smith)라는 남자는 그의 부인(Ushman), 그리고 2명의 딸과 함께 살았다. 스미스에 의하여 아동학대(child molestation) 범죄가 일어났고, 부인은 수사기관이 남편의 컴퓨터를 수색하는 데 동의하였다. 수사기관의 수색 대상이 된 남편의 컴퓨터는 집안의 골방(alcove)에 있었다. 비록 부인은 남편 스미스의 컴퓨터를 거의 사용하진 않았지만, 지방법원은 부인에게 남편의 컴퓨터를 수사기관의 수색에 동의할 수 있는 권한이 있다고 판결하였다. 왜냐하면

---

464) United States v. Duran, 957 F.2d 499, 504 - 05(7th Cir. 1992). 법원은 결혼생활에 있어 가택은 배우자들 간에 공동으로 유지되고 관리되는 것으로 추정되는 것이고 이러한 추정은 수색대상인 가택에 대하여 동의를 하는 배우자가 실질적으로 접근이 허용되지 않는다는 증거가 있어야 부정될 수 있다고 판시하였다.

465) United States v. Long, 524 F.2d 660, 661(9th Cir. 1975).

466) United State v. Evans, 372 P. 2d 365(Haw. 1962).

467) United States v. mazurkiewicz, 431 F. 2d 839(3d Cir. 1970) 이 판결은 일방 배우자에 대한 수색을 정당화하는 배우자의 동의는 조화로운 결혼관계에서 유래하므로 이러한 관계에 근거하지 않은 배우자의 동의는 적법하지 않다고 판시했다.

부인은 평상시 골방에 들어가는 것이 남편에 의해 금지되지 않았고, 또한 남편이 사용하는 컴퓨터는 비밀번호가 설정되어 있지 않았기 때문에 부인은 수사기관의 수색에 동의할 수 있는 합리적인 권한이 있다고 법원은 판시하였다.[468)]

다. 부모에 의한 동의

미국은 부모들이 자녀들의 범죄 행위에 대하여 수사기관에 동의할 수 있는 범위를 통상 자녀들의 나이가 18세 미만인 경우에는 자녀들의 방에 대한 수색에 동의를 할 수 있다. 그러나 자녀들의 나이가 18세 및 그 이상일 경우에 부모들은 수사기관의 수색에 대한 동의가 가능한지 여부가 문제가 된다.

최근 청소년의 디지털 범죄는 컴퓨터 게임범죄를 비롯하여 다양하게 나타나고 있다. 이러한 청소년과 관련된 디지털 범죄에 있어서 범죄자들이 대부분 미성년자이고 그들은 보통 부모들과 같이 산다. 범죄자의 나이가 18세 미만인 경우에 그 아이들이 소유하고 있는 물건이나 방에 대하여 수사기관이 수색하는 경우에 부모들의 동의에 의한 경우는 언제나 합법적이다.[469)] 그러나 나이가 18세 이상의 자녀들이 부모들과 함께 거주하는 경우에는 더욱더 복잡해진다. 부모들은 자녀들의 범죄 행위에 대하여 나이에 상관없이 같은 집에 거주하는 가족이라면 수사기관의 수색에 동의하는 것은 명백히 가능하다. 가령, 아들이 본인의 컴퓨터와 파일을 지하실에 있는 방에 은닉하였을 경우에 부모들은 수사기관의 수색에 동의할

---

468) United States v. Smith, 27 F. Supp. 2d 1111(C. D. Ill. 1998).

469) 3 W. La Fave, Search and Seizure: A Treatise on the Fourth Amendment §8.4(b) at 283(2d ed. 1987).

수 있다.[470)

수사기관이 나이가 18세 이상 자녀들의 개인적인 공간이나 방을 수색하고 싶을 때는 항상 부모들이 수색에 대한 동의권 있다고 생각할 수 없다. 그래서 법원은 수사기관에 3가지 요건을 제시하였다. 첫째는 용의자의 나이, 둘째는 용의자가 집세를 지불하는지, 셋째는 용의자가 그의 방이나 개인적인 공간에 부모들의 접근을 거부하는지, 아니면 승낙하는지이다. 법원은 용의자가 나이가 많거나, 집세를 내거나, 부모의 접근을 거부할 경우에는 부모들이 동의를 할 수 없다고 판결하였다.[471)

이에 관한 Durham 사건에서 수사기관은 24살 된 아들의 방을 수색하는 데 동의할 수 있는 권한이 없다고 판결하였다. 그 이유는 어머니에게 고지도 없이 아들은 본인의 방에 잠금장치를 하였고, 또한 어머니에게 집세도 지불하였기 때문이다.[472) 이와는 반대로 18세 이상의 자녀가 집세를 지불하지 않거나, 부모들이 자녀들의 개인적인 공간을 자유롭게 출입하는 경우에는 부모는 수사기관의 수색에 대하여 동의할 수 있는 권한이 있다. 이에 관한 Rith 사건에서 18세의 자녀가 집세를 내지 않은 경우에는 수사기관의 수색에 대하여 부모는 동의를 할 수 있는 권한이 있다고 판결하였다.[473)

---

470) United States v. Lavin, 1992 WL 373486, at *6(S. D. N. Y. Nov. 30, 1992).

471) Computer Crime and Intellectual Property Section Criminal Division United States Department of Justice, op. cit, p.15.

472) United States v. Durham, 1998 WL 684241, at *4(D. Kan. Sept. 11, 1998).

473) United States v. Rith, 164 F.3d 1323, 1331(10th Cir. 1999); United States v. Block, 590 F.2d 535, 541(4th Cir. 1978).

6. 동의 범위의 한계

수색에 대한 동의의 범위는 일반적으로 표현된 물건에 한정되고, 동의한 내용에 의하여 제한된다.[474] 미연방 수정헌법 제4조에 근거하여 동의의 범위를 측정하는 기준은 객관적으로 합리적이어야 하는데, 이 의미는 수사기관과 동의를 허가한 사람과의 사이에서 동의 내용에 대하여 합리적인 사람이라면 이해할 수 있어야 한다는 말이다.[475] 물론 수사기관의 수색 전이나 후에 동의의 범위가 명확히 주어졌을 경우, 그 범위 안에서 수색을 해야만 한다.[476] 수사기관의 수색에 대한 동의를 허가했을 때, 그 범위는 각 사건들의 사실에 의존하고 있다.

컴퓨터와 관련된 디지털 범죄 사건에서 장소나 내용물에만 암시적으로 수색에 동의하는지 아니면 디지털 저장장치인 메모리까지 수색하는 데 동의할 수 있는지에 대하여 문제가 제기된다. 이러한 문제가 제기된 사건에서 법원은 수사기관이 동의를 구할 당시에 명시적이건 묵시적이건 수색의 형태, 범위, 기간 등에 대하여 한계를 설정하였는지 여부를 그 판단 기준으로 삼고 있다.[477]

수사기관의 수색에 있어 허가된 동의의 범위는 각각의 사례에 따라 다른데, 디지털 범죄의 사례에 있어서는 위치나 사물의 수색에 대한 동의가 디지털 저장장치의 기록에 대한 액세스도 동의의 범위에 암시적으로 포함되는지 의문이 제기될 수 있다. 전통적인

---

474) United States v. Pena, 143 F.3d 1363, 1368(10th Cir. 1998).

475) Florida v. Jimeno, 500 U. S. 248, 251(1991).

476) Vaughn v. Baldwin, 950 F.2d 331, 333(6th Cir. 1991).

477) Computer Crime and Intellectual Property Section Criminal Division United States Department of Justice, *op. cit*, p.11.

기존의 일반 범죄에서는 동의의 범위를 어디까지 적용되는지 아래의 사례를 검토해 보면, Reyes 사건에서 법원은 '차량 안을 보라(look inside a car).'고 말한 의미는 자동차 실내 뒷좌석에서 발견한 호출기의 내부에 저장된 번호들을 검색하는 것도 동의에 포함된다고 판결하였다.[478] 이와 비슷한 사례로 Blas 사건에서 법원은 '호출기를 보라(look at pager).'고 말한 의미는 호출기를 켜고, 호출기 안의 번호들을 검색해라고 한 것은 동의에 포함되지 않는다고 판결했는데, 왜냐하면 '호출기를 보라.'는 의미는 어떤 기계이며, 얼마나 작은 것인지, 어느 회사 브랜드인지를 보라는 의미이다.[479] 일반적으로 자동차를 수색하는 데 '동의한다'는 의미는 경찰관이 자동차 안에 있는 핸드폰의 메모리를 수색하는 것도 이 동의의 범위에 포함된다.[480]

수사기관은 컴퓨터와 관련된 디지털 증거를 수색함에 있어 하나의 증거 수색에 관하여 동의를 받았는데, 수색의 범위를 초과하여 그 이상에 대하여 수색행위를 하였을 때에 문제가 제기될 수 있다. 특히 수사기관은 컴퓨터 수색에 관한 기본원칙인 동의에 관한 신뢰성 문제에 주의해야 할 것이다.

이에 관한 Turner 사건은 수사기관이 범죄의 증거를 찾기 위해 피고에게 그의 가택과 재산을 수색하는 절차에 따라서 동의를 받고, 수색하던 중 피고의 컴퓨터 파일에서 숨겨 놓았던 아동포르노 사진을 찾은 사건이다. 수사기관은 성폭행을 시도했던 자의 물리적

---

478) United States v. Reyes, 922 F. Supp. 818, 834(S. D. N. Y. 1996).
479) United States v. Blas, 1990 WL 265179, at *20(E. D. Wis. Dec. 4, 1990).
480) United States v. Galante, 1995 WL 507249, at *3(S. D. N. Y. Aug. 25, 1995).

인 증거를 찾기 위해 피해자의 이웃주민으로부터 수색 동의서를 받아 그의 재산과 이웃 주변을 수색하였다. 그러나 수사관이 이웃 주민에게 수색동의서에 사인을 받기 전에 그의 아파트 안에서 큰 칼과 핏자국을 발견하였다. 수사관들은 그에게 성폭행 증거를 더 찾아야 한다고 설명을 하고 그 아파트에 남아 계속 수색을 하였다. 수사관들이 물리적인 증거를 찾기 위해 수색하던 중 수사관 중 한 명이 그 이웃주민의 개인용 컴퓨터에서 아동포르노 사진을 발견하였다. 그는 아동포르노 소지죄로 기소가 되었다. 이에 대하여 제1순회재판소는 컴퓨터의 수색은 동의의 범위를 초과한 것이라고 하여 증거를 기각하였다. 성폭행의 물리적인 증거를 찾기 위해 동의를 받았는데, 개인용 컴퓨터 파일을 수색한 것은 동의의 범위를 벗어난 것이라고 판결하였다.[481]

수사기관이 디지털 범죄와 관련하여 컴퓨터와 기타 부수물에 관한 수색에 대하여 동의를 받게 되는 경우에 예상하지 못한 결과가 발생할 수 있다. 따라서 수사기관은 동의서에 '디지털 저장장치와 컴퓨터 수색을 포함한다.'라는 동의의 범위를 구체적이고 명확히 영장에 기재해야 할 것이다.[482]

7. 체포에 의한 디지털 증거 수색

원칙적으로 수사기관이 수색을 실시하려면 판사가 발부한 영장이 있어야 하는 것이지만, 피의자를 적법한 절차에 의하여 체포함

---

481) United States v. Turner, 169 F.3d 84(1st Cir. 1999).
482) Computer Crime and Intellectual Property Section Criminal Division United States Department of Justice, *op. cit,* p.12.

에 따라 별도의 영장 없이도 피의자의 신체나 근접한 주변장소를 수색할 수 있다.[483]

이처럼 수사관이 적법한 체포에 의해 부수된 수색은[484] 불법 거래품이나 범죄의 다른 증거를 발견함에 있어서 합리적인 방법을 사용하여야 한다. 예를 들면 수사관이 공공의 장소에서 피체포자의 옷을 벗도록 강요할 수는 없다. 또한 항문이나 여성의 성기 등을 포함하는 광범위한 수색은 체포에 따르는 수색에 의하여 정당화될 수 없다.[485]

이와 관련된 Chimel 사건은 체포에 부수되는 압수·수색은 용의자의 지배하에 있는 공간, 예를 들어 지갑, 배낭, 옷, 개인 소지품 등은 압수·수색이 가능하지만, 체포된 공간 이외의 가택을 수색함은 부당하다고 한 사례로 사건의 내용은 다음과 같다. 1965년 9월 13일 3명의 경찰관이 California 州 용의자의 집에 도착하였다. 그의 처에게 경찰서에서 왔으며, 남편은 강도죄의 용의자로 합법적인 체포영장을 가지고 왔다고 고지하고 용의자가 귀가하기를 기다렸다. 잠시 후 용의자가 귀가하자 경찰관은 영장을 제시하고 그를 체포하였으며 집안 내부를 둘러볼 것을 요구하였다. 용의자는 거부하였지만, 경찰관은 체포영장이 있으면 수색영장이 없어도 가능하다고 말하고 50여 분 뒤에는 많은 절도한 물건을 발견하여 압수하

---

483) James, A. Fagin, Criminal Justice, 2005, p.147.

484) United States v. Robinson, 414 U. S. 218, 235(1973). 경찰관이 교통법규를 위반한 자에 대하여 무기 또는 위험물 소지를 조사하기 위하여 옷 위로 몸을 더듬어 신체수색을 하였는데, 그때 용의자의 가슴 주머니에서 구겨진 담배 갑을 발견하였다. 경찰관은 담뱃갑 안의 내용물을 확인하기 위하여 열어 보니 그 안에서 14개의 헤로인 (heroin) 캡슐이 발견되었다. 이에 대하여 미연방대법원은 경찰관이 담뱃갑을 확인한 것은 적법한 체포에 부수된 수사로 허용된다고 판결하였다.

485) Jefferson, *op cit*, p.91.

였다. 이 물건들은 유죄증거로 제출되어 유죄판결을 받았다. 법원은 체포영장이 합법이라면 체포영장으로 범인을 체포하는 경우 수색영장이 없어도 체포에 수반되는 수색이나 압수는 가능하다고 판결하였다.[486] 그러나 이 사건에서 미연방대법원 Stewart 대법관은 "본 사건에서 체포영장의 발부는 합법적이지만, 체포에 수반된 수색문제, 특히 수색범위에 관하여 헌법상의 문제를 제기하였다. 종래의 판결은 체포에 따른 부수적인 수색은 합법적이라고 하였고, 체포된 장소에서 범죄에 관계있는 물건을 찾고 압수하기 위한 수색은 수색영장 없이도 가능하였다.[487] 그러나 수색영장 없이 체포에 부수되는 수색이 가능하다 함은 체포를 항거하기 위하여 무기를 사용할지 모르기 때문에 체포된 자의 몸을 수색하고 또한 은닉하고 파괴할 우려가 있는 물건을 압수하는 데 영장 없는 압수·수색의 진의가 있을 것이다. 즉 그의 직접적인 지배하에 있는 공간에서의 압수·수색을 의미하는 것이다. 그러므로 위 사례에서 체포된 방이 아니고 다른 방 또는 떨어져 있는 차고까지 모든 주택을 수색할 수 있다는 것은 아니며, 이때에는 수색영장이 필요한 것이다."[488]

본 사건에서 수색을 보면 위와 같은 정신에 위배되며 이것은 부당한 수색이라 할 수 있다. 즉 수색은 범인의 신체의 수색을 넘었으며, 범인이 직접 지배하고 있는 공간을 넘어서 모든 주택을 걸쳐 수색하였다고 볼 수 있다. 따라서 이는 위헌적인 수색이라고

---

486) Chimel v. California, 395 U. S. 752, 762–63(1969).

487) United State v. Robi–nowitz, 339 U. S. 56(1950).

488) Preston v. United States, 376 U. S. 364(1964).

판결하였다. 그 뒤 Vale의 사례에서는 체포영장에 수반하여 현관 밖에서 범인을 체포하고 수색영장 없이 가택을 수색한 것은 불법 이라고 판결하였다.[489]

최근 들어 디지털 범죄 수사에 있어서 컴퓨터와 디지털기기들의 저장장치가 많이 사용되고 증가하면서 수사기관은 적법하게 용의 자를 체포하고 그들이 소지하고 있는 노트북, 핸드폰, PDA 등을 압수·수색하는 경우가 많이 발생한다. 여기서 체포된 용의자가 소지하고 있는 디지털 저장장치들을 영장 없이 수색할 수 있는지 에 대하여 문제가 될 수 있다. 각주의 Robinson 사례처럼 호출기 저장장치의 경우는 항상 체포와 수반하여 수색이 가능하다고 법원 은 보았다.[490] 현재 법원은 디지털 저장장치에 관하여 Robinson 사 건에서처럼 영장 없이 수색을 허가할 것인지 아닌지에 대하여는 견해를 밝히지 않았다. 과거 문서를 쓰던 때에는 체포에 따른 부 수적인 수색을 넓게 해석하였다. 예를 들어 적법하게 체포한 용의 자에 대하여는 그의 지갑 내용물을 모두 수색할 수 있도록 하였 다.[491] 또한 피고를 적법하게 체포하는 동안 그의 주소록, 서류가 방(briefcase) 등에 대하여는 영장 없이 수색할 수 있다고 하여 부수 적인 수색이 가능하다고 보았다.[492] 판례의 경향이 이러하다면 당

---

489) Vale v. Louisiana, 399 U. S. 30(1970).

490) 이와 같은 견해의 사건으로는 United States v. Reyes, 922 F. Supp. 818, 833(S. D. N. Y. 1996); United States v. Chan, 830 F. Supp. 531, 535(N. D. Cal. 1993); United States v. Lynch, 908 F. Supp. 284, 287(D. V. I. 1995); Yu v. United States, 1997 WL 423070, at *2(S. D. N. Y. Jul. 29, 1997); United States v. Thomas, 114 F.3d 403, 404 n.2(3d Cir. 1997); United States v. Ortiz, 84 F.3d 977, 984(7th Cir. 1996).

491) United States v. Castro, 596 F.2d 674, 676(5th Cir. 1979); United States v. Molinaro, 877 F.2d 1341, 1347(7th Cir. 1989).

연히 컴퓨터와 관련된 디지털 저장장치도 적법한 체포에 수반하여서는 영장 없이 수색할 수 있을 것이다. 이에 관하여 참고할 수 있는 사례로 수사관이 자동차 사고를 낸 피의자를 적법하게 발부된 영장에 의하여 체포하였다. 그리고 그에 수반하여 그의 자동차 안에서 Zip 디스크를 압수하였다. 그러나 수사기관은 디스크 안에 있는 아동포르노 사진을 수색영장이 발부되기 전에 수색하였기 때문에 법원은 이를 기각하였다.

따라서 용의자 체포에 수반된 어떠한 수색도 합법적이어야 하며,[493] 체포에 수반하여 용의자의 신체 소지품을 수색할 때 항상 합리적이어야 한다. 수사관이 다른 환경에서 더 깊숙이 수색을 한다면 이는 미연방 수정헌법 제4조를 위반했다고 볼 수 있다.

이러한 수색은 컴퓨터와 관련하여 디지털 저장장치에 항상 적용이 되는 것은 아니기 때문에 수사기관은 디지털 저장장치에 포함된 많은 디지털 정보 및 자료를 수색할 경우에는 반드시 수색영장을 발부받아서 수색해야 할 것이다.[494]

미국은 국가의 특성상 국경에서의 수색이 자주 발생하고 있다. 수사기관이 국경에서 발생하는 밀수품이나 금제품, 불법적인 수출 · 입하는 물건들을 통제하기 위해서는 영장주의 예외로 영장 없이 수색을 할 수 있다. 국경에서는 범죄의 증거를 수색하기 위하여 영장의 필요성이나 합리적이고 상당한 이유에 관계없이 수색영

---

492) 이와 유사한 판례로는 United States v. Rodriguez, 995 F.2d 776, 778(7th Cir. 1993); United States v. Johnson, 846 F.2d 279, 283 – 84(5th Cir. 1988); United States v. Lam Muk Chiu, 522 F.2d 330, 332(2d Cir. 1975)가 있다.

493) Swain v. Spinney, 117 F.3d 1, 6(1st Cir. 1997).

494) Computer Crime and Intellectual Property Section Criminal Division United States Department of Justice, *op. cit,* p.23.

장 없이도 수색할 수 있다고 미연방대법원은 판시하고 있다. 특히, 국경지대에서 미국 내로 반입되는 국제화물이나 국제우편은 그 내용물이 불법 반입물을 포함하고 있는지를 판단하기 위해 영장 없이 수색할 수 있다.495) 그러나 밀입국에 관하여는 적어도 합리적인 의심 정도는 요구하고 있다.496) 위와 같은 판례는 미국을 출입하는 모든 사람들에게 적용이 되고 있다.497)

디지털 범죄에 있어 컴퓨터와 관련하여 법원은 국경에서도 불법적인 내용을 담고 있는 컴퓨터 파일이나 디스크, 컴퓨터 하드드라이브, 노트북 등에 대한 영장주의의 예외로 영장 없이 수색하고 있다.498)

---

495) United States v. Ramsey, 431 U. S. 606(1977); United States v. Scheer, 600 F. 2d 5(3d Cir. 1979).

496) United States v. Montoya De Hernandez, 473 U. S. 531, 538(1985).

497) United States v. Oriakhi, 57 F.3d 1290, 1297(4th Cir. 1995).

498) United States v. Roberts, 86 F. Supp. 2d 678, 681. 682(S. D. Tex. 2000). 로버트는 텍사스 휴스턴에서 프랑스 파리로 가는 비행계획을 갖고 컴퓨터 파일에 아동포르노를 소지하고 공항에 도착하였다. 수사관은 불법적인 방법으로 자금, 기술, 자료를 해외로 유출되는 것을 막기 위해 검문한다고 고지하고 로버트를 검문하였다. 수사관은 로버트의 동의를 받아 그의 노트북과 Zip 디스켓을 수색하여 다량의 아동포르노 사진을 발견하였고, 이를 근거로 기소하였다. 이에 대해 피고는 항변을 하였지만 법원은 기각하였다. 그 이유는 수사관이 피고의 가방을 수색한 것은 공항에서 일상적으로 있는 수색이었고, 어떠한 혐의를 갖고 수색한 것이 아니었다고 판결하였다. 또한 수사관의 수색은 정당하게 동의를 구하였기 때문에 이는 미연방 수정헌법을 위반하지 않았다고 판시하였다. 이에 로버트는 항소하였지만, 법원은 기각하였다. 그 이유로 로버트가 소지한 아동포르노에 대한 혐의는 처음 공항에서 수색을 본인이 동의하였고, 로버트의 컴퓨터를 압수·수색한 것은 상당한 이유가 있다고 판결하였다. United States v. Roberts, 98 F. Supp. 2d at 688(S. D. Tex. 2000).

Ⅲ. 한국 헌법상 영장주의의 내용

1. 기본권 보장을 위한 영장의 필요성

영장주의는 법관이 발부한 적법한 영장에 의하지 않고서는 수사상 필요한 강제처분을 할 수 없다는 원칙을 말한다. 우리 현행 헌법 제12조 3항은 "체포·구속·압수 또는 수색을 할 때에는 적법한 절차에 따라 검사의 신청에 의하여 법관이 발부한 영장을 제시하여야 한다."고 규정하고 있다. 이는 영장주의의 대원칙을 천명하고 있는 것이다. 이것은 수사상 필요한 경우 일정한 국민의 자유를 제한할 수 있다는 법치국가적 제한을 의미한다. 즉, 수사기관의 입장에서 보면 영장 없이 강제처분을 해서는 안 된다는 것이고, 피의자의 입장에서는 영장에 의한 강제처분을 요구할 수 있는 권리를 규정하고 있는 것이다. 결국 영장주의는 수사기관을 위한 것이 아니라 국민의 기본권을 보호하기 위한 제도이다.[499]

이러한 기본권을 보호하기 위한 취지에 따라 수사기관이 디지털 범죄에서 관련 증거를 수집함에 있어서도 적법한 절차에 따라 영장주의 규정에 따라야 함은 당연하다. 그리고 영장은 검사나 경찰관이 디지털 범죄 수사의 필요성에 의거하여 지방법원판사에게 청구하여 발부받아야 한다. 또한 디지털 증거의 압수·수색뿐만 아니라 증거의 수집·보존·분석도 법률의 규정에 의하여야 하며 이를 위반 시에는 위법한 증거가 되어 증거능력을 인정받지 못한다. 그러나 현행법상 디지털 증거의 수집·보존·분석 등에 관한 법률

---

499) 裵鍾大·李相暾, 前揭書, 215면.

규정이 미비하여 이에 대한 문제가 있고, 디지털 증거에 대한 압수·수색 시에도 일반 전통적인 증거의 압수·수색에 의한 형사소송법 규정이 디지털 증거에도 완벽히 적용이 될 수 있는지에 대하여는 디지털 증거의 특성상 많은 문제점을 내포하고 있다.

디지털 증거를 강제처분에 의하여 압수·수색할 경우에도 우리 헌법상 영장주의의 원칙이 적용됨은500) 위에서도 설명하였다. 적법절차의 원리에서 나온 영장주의는 압수·수색 여부도 헌법 제103조에 의해 헌법과 법률에 의하여 양심에 따라 재판하고, 사법권 독립의 원칙에 의하여 신분이 보장된 법관의 판단에 의하여만 결정되어야 한다는 것까지 의미한다.501) 따라서 이러한 영장주의 원칙은 수사기관에 의해 디지털 증거를 압수·수색함에도 헌법상 국민의 기본권 보호의 필요성에 의거하여 반드시 지켜져야 한다.502) 디지털 증거를 임의 제출하는 경우에도 영장주의의 원칙은 적용되어야 한다.

---

500) 憲裁에 의하면 영장주의란 헌법상 신분이 보장되고(헌법 제106조), 직무활동의 독립성이 담보되는(헌법 제103조) 법관이 발부한 영장을 제시하지 아니하고는 수사에 필요한 강제처분을 하지 못한다는 원칙을 말한다. 憲裁, 1993. 12. 23. 고지 93헌가2, 憲裁判例集, 제5권 제2집, 596면.

501) 憲裁, 1992. 12. 24. 고지 92헌가8 결정; 1993. 12. 23. 고지 93헌가2 결정, 憲裁判例集, 제5권 제2집, 596면.

502) 憲裁는 영장주의의 의의에 대하여 다음과 같이 설명하고 있다. "영장주의란 형사절차와 관련하여 체포·구속·압수·수색 등의 강제처분을 함에 있어서는 사법권 독립에 의하여 그 신분이 보장되는 법관이 발부한 영장에 의하지 않으면 아니 된다는 원칙이고, 따라서 영장주의의 본질은 신체의 자유를 침해하는 강제처분을 함에 있어서는 중립적인 법관이 구체적 판단을 거쳐 발부한 영장에 의하여만 한다는 데에 있다고 할 수 있다." 憲裁 1997. 3. 27. 선고, 96헌바28·31·32(병합), 형사소송법 제70조 1항 위헌소송 등, 憲裁判例集 제9권 1집, 313면.

2. 영장발부의 요건

우리 헌법 제12조 3항은 영장주의의 대원칙을 천명하고 있음은 앞에서도 설명하였다. 수사기관의 압수·수색은 형사소송법에 있어서 가장 중요한 강제처분이므로 헌법상 보장된 국민의 기본권을 보호하기 위하여 영장주의는 반드시 지켜져야 한다.

수사기관에 의한 영장의 발부는 검사의 청구에 의하여 판사가 발부하며, 사법경찰관은 검사에게 신청하여 검사의 청구로 판사가 발부한다. 따라서 수사기관은 강제처분을 행할 경우에 반드시 법관이 발부한 영장을 제시하여야 한다. 그리고 이 경우에 제시되는 영장은 반드시 정본이어야 하고, 사본 제시는 허용되지 않는다.[503]

법원이 공판정에서 압수·수색을 행할 때에는 영장을 요하지 않는다. 이는 법원이 공판정에서 직접 하는 처분이므로 영장주의의 예외가 아니다.[504] 그러나 공판정 외에서 압수·수색을 행할 때에는 영장을 발부하여야 한다고 규정하고 있다.

이러한 영장발부 요건은 디지털 증거의 압수·수색에 관하여도 반드시 지켜짐으로써 헌법상 보장된 국민의 기본권이 침해되지 않고 보장될 수 있도록 해야 한다.

---

503) 대판 1996. 8. 8, 95나54753. 급속하게 연행하여야 할 필요가 없음에도 불구하고 피의사실 요지의 고지 및 구속영장 정본의 제시 없이 영장표지의 사본 제시만으로 강제 연행한 것은 불법연행이다. 또한 수사기관이 압수·수색영장 없이 공항의 보안구역 내에서 피의자의 수하물을 임의로 개봉·수색한 행위는 비록 그것이 관세청 직원의 입회하에 이루어졌다 하더라도 영장주의에 반하는 위법한 행위이다.

504) 李在祥, 前揭書, 273면.

3. 일반 영장 금지

헌법상의 영장주의 원칙에 근거하여 형사소송법 제113조는 공판정 외에서 압수·수색을 함에는 영장을 발부하여 시행하도록 하고 있다. 동법 제114조는 압수·수색영장에는 피고인의 성명, 죄명, 압수할 물건, 수색할 장소, 신체, 물건, 발부연월일, 유효기간과 그 기간을 경과하면 집행에 착수하지 못하며 영장을 반환하여야 한다는 취지 기타 대법원 규칙으로 정한 사항을 기재하도록 하고 있고, 동법 제219조에 의해 검사 또는 사법경찰관의 압수·수색에도 준용되고 있으며, 이것은 일반 영장금지원칙을 규정한 것이다.[505] 이는 수사기관에 부여된 압수·수색의 범위를 명확히 하여 이를 남용하여 권한 외의 물건을 압수·수색하지 못하도록 하며 처분을 받은 자의 물건소지에 대한 안전을 해하지 않도록 하기 위함이다. 다른 한편으로는 수사기관이 압수·수색을 함에 있어 영장을 제시하도록 하고, 피고인, 피의자 및 변호인을 참여할 수 있게 하여 수사기관에게 부여된 압수·수색권한을 넘어 권한 외의 물건까지 불법으로 압수·수색하는 경우, 즉시 이의를 제기나 취소할 수 있게 하여 재산권을 방위할 수 있게 하려는 규정이다.[506]

이러한 일반 영장금지의 원칙은 컴퓨터와 관련된 디지털 범죄에 있어 디지털 증거를 수집함에 있어서도 당연히 적용이 되어야 함은 물론이다. 특히 디지털 범죄의 경우에는 수사기관에 의한 포괄적인 압수·수색이 이루어지는 것이 현실이다. 결국 이는 수사기

---

505) 申東雲, 『刑事訴訟法 I』, 法文社, 1996, 220면.
506) 吳奇斗, 前揭論文, 92면.

관에 의하여 압수·수색범위를 초과하여 수사하는 결과를 낳고, 또한 국민 개인의 기본권인 사생활이 침해되는 것을 야기한다. 따라서 디지털 범죄의 경우는 수사 시에 구체적인 영장의 기재로 기본권이 침해되지 않도록 각별히 주의해야 할 것이다.

4. 영장의 특정

디지털 증거에 대한 압수·수색의 경우 피의자가 소지하는 컴퓨터에 저장될 수도 있고, 원격지에 있는 서버시스템에 저장될 수도 있어 특정이 쉽지는 않다. 파일이 암호화되어 있을 수도 있다. 따라서 이러한 불확실성 때문에 압수·수색영장 신청 시 상당한 이유를 제시하기 어렵고 필요한 파일이 무엇이고, 어디에서, 무엇을 검색해야 할지를 특정하기 어려운 점이 있으므로 담당수사관은 수색대상 시스템에 대한 가능한 한 많은 정보를 알아내야 하지만 이는 개인의 사생활을 침해할 우려가 있다. 이런 이유로 압수·수색영장을 신청할 경우에는 개인정보보호법, 정보통신망법, 형사법 등을 고려해야 한다. 이와 같은 점을 고려하여 압수·수색 방법을 결정해야 한다.[507]

디지털 증거에 있어서 영장에 의하여 압수·수색이 허용되는 범위는 원칙적으로 영장에 명시된 압수·수색의 대상에 대해 상당한 이유가 인정되는 장소나 물건에 한정된다. 특히 유죄를 입증할 만한 증거로 컴퓨터 관련 디지털 자료 및 정보, 저장·기억매체, 출력물 그리고 범죄와 관련된 디지털 관련 부품들이 될 것이다.[508] 영장에

---

507) CCIPS, Ibid, p.58.; 梁根源, 前揭論文, 69면.

의거하여 수색할 장소 및 물건의 특정 · 명시라는 요건은 그 대상이 어느 정도로 특정되어야 충족되는 것인지 문제가 될 수 있는데, 이 는 구체적인 사안에 따라서 합리적으로 판단되어야 한다.[509]

디지털 범죄에 있어 증거의 범위를 영장에 특정하는 경우에 있 어서 범위가 개괄적이고 포괄적인 기재방법이 허용되는 경우에는 압수 · 수색 시 디지털 증거의 특성상 개인의 사생활이 침해되는 문제가 발생할 수 있다. 또한 압수 · 수색의 대상이 특정되지 않은 영장에 의하여 수집된 디지털 증거라면 일반 영장을 금지하는 영 장주의의 원칙에 비추어 위법한 절차에 의해 수집된 증거로서 그 증거능력을 부정해야 할 것이다.[510]

디지털 범죄에 있어 수사기관의 청구에 의해 법관이 영장을 발 부할 때에는 디지털 기록으로부터 출력된 서면 또는 출력할 만한 서면으로서, 그것이 당해 '범죄와 관련되고 구체적으로 특정되어 있을 때 압수나 출력을 허가한다.'는 문구를 영장에 기재하도록 하 는 것이 타당할 것이다.

그러나 영장 자체에 압수 · 수색이나 출력대상인 컴퓨터와 관련 된 디지털 증거물을 특정하기에는 현실적으로 디지털 증거의 특성 상 어려움이 많을 것이다. 즉 영장기재의 특정성 정도에 관해 처 음부터 디지털 저장매체의 종류 및 명칭, 압수목적인 파일의 명칭 및 그 특징, 처리목적의 프로그램의 명칭 및 특징, 시스템의 명칭,

---

508) 吳壽斗, 前揭論文, 95면.

509) 일본 최고재판소는 압수물의 특정 정도에 관해 압수할 물건을 예시한 후 "기타 본 건에 관계가 있다고 생각되는 일절의 문서 및 물건이라고 기재하는 영장이 특정성 을 결하고 있는 것은 아니다."라고 판시하고 있다. 이훈동, 전게 논문, 943; 원혜욱, 전게 논문, 122면.

510) 吳壽斗, 前揭論文, 105면.

컴퓨터 하드웨어의 형식 등을 특정해야 한다는 견해도 있으나,[511] 수사의 초기단계에서는 구체적인 범죄내용이 판명되지 않는 경우가 많아 범행현장에 임하여 비로소 압수 필요성이 있는 물건의 구체적인 내용 및 범위가 판명될 것이므로, 영장청구의 단계에서 미리 위와 같이 압수하고자 하는 정보의 특정, 명시를 요구하는 것은 무리가 있다 하겠다. 따라서 영장의 기재는 지나치게 포괄적이지 않는 경우에는 어느 정도 개괄적으로 기재되어도 무방하다고 하겠다. 특히 디지털 범죄와 관련된 증거의 경우에는 명시성, 특정성의 요건을 어느 정도 완화하는 것이 상당하다고 하겠다.[512] 그러나 디지털 범죄에 관련된 압수·수색을 함에 있어서 현행법상 어떠한 명문 규정이 존재하지 않는 이상 수사기관의 필요성에 의해 특정을 인위적으로 하는 것은 헌법상 적법절차에 위반된다고 볼 것이며, 이러한 문제는 입법을 통하여 개선·해결해야 할 것이다.

Ⅳ. 영장주의의 예외

1. 법률상 영장주의의 예외 규정

현행 헌법 제12조 3항의 단서는 "현행 범인인 경우와 장기 3년 이상의 형에 해당하는 죄를 범하고 도피 또는 증거인멸의 염려가 있는 때에는 사후영장을 청구할 수 있다."고 규정하여 영장제도의 예외를 규정하고 있다. 또한 가택 수색 시에는 헌법 제16조에 의

---

511) 安富 潔, 前揭書, 146면.
512) 吳寄斗, 前揭論文, 107면.

거하여 영장의 제시가 필요하며, 압수·수색영장에는 압수할 물건과 수색할 장소가 구체적으로 명시되어야 한다.

우리 형사소송법에서의 영장은 사전영장임을 원칙으로 하지만, 긴급체포, 현행범인의 체포, 체포목적의 수색, 체포현장에서의 압수·수색·검증, 범죄현장에서의 압수·수색에서 보는 것처럼 긴급성에 대처하기 위하여 영장주의의 예외가 인정되고 있다. 이러한 영장주의의 예외에는 범죄장소에서의 압수·수색처럼 사후에 영장을 요하는 경우와 임의제출물의 압수, 체포목적의 수색, 체포현장에서 압수·수색처럼 사후에도 영장을 요하지 아니하는 경우가 있다.513)

특히 디지털 증거들은 일반 증거와 비교하여 증거를 위조·변조·삭제·수정·조작이 쉽기 때문에 증거 인멸의 가능성이 매우 높다. 그래서 디지털 증거 압수·수색에 있어서도 영장제도의 예외는 당연히 인정된다고 할 수 있을 것이다. 이에 근거하여 현행 형사소송법 규정 제200조의3 제1호에서 '피의자가 증거를 인멸할 염려가 있을 때', 동법 제212조 "현행 범인은 누구든지 영장 없이 체포할 수 있다."고 규정하여 영장 없이 피의자나 피고인을 체포한 현장에서 압수·수색할 수 있다.

이러한 형사소송법 규정에 근거하여 체포된 피의자가 소유, 보관하는 컴퓨터 관련 디지털 증거에 대하여 현재에는 적용을 하고 있지만, 디지털 증거의 특성상 완벽하게 적용하기에는 문제점이 많이 있다고 하겠다.

---

513) 정웅석, 『형사소송법(제2판)』, 大明出版社, 2005, 186 – 187면.

2. 디지털 범죄와 영장주의의 예외

디지털 증거의 특성을 전혀 고려하지 않고, 영장 없이 디지털 증거를 수집하는 요건과 방식, 범위 등에 대하여 구체적인 법률 규정이 없어 문제가 된다. 이는 결정적으로 헌법상 보장된 국민의 사생활 비밀과 자유를 침해하고, 적법한 절차를 위반하는 결과를 초래한다고 본다. 수사기관이 실체적 진실을 발견하기 위하여 수사상, 재판상의 편의만을 위해 위법한 절차에 의해 수집된 디지털 증거의 증거능력은 당연히 배제되어야만 할 것이다.

디지털 범죄와 관련된 증거에 관하여 현재 우리나라에서는 영장 제도와 관련하여 문제가 제기된 사례도 없고, 거의 논의가 되지 않았지만, 앞으로는 많은 문제점이 제기될 것으로 예상된다. 따라서 앞에서 제시한 미국의 경우에는 컴퓨터와 관련된 디지털 증거를 영장 없이 압수·수색을 어떠한 방식으로 하며, 이에 대하여 어떠한 견해를 갖고 이 문제를 해결하는지 영장주의 예외 사항을 구체적으로 살펴보았다. 차후 이러한 미국의 사례들을 더욱더 심도 있게 고찰하여 우리의 영장제도와 관련된 법률 개정에도 참고를 해야 할 것이다. 결국 이것은 국민의 기본권 보호를 위해서이며, 영장제도의 내용과 예외 규정에 관하여 구체적인 법률 적용을 통하여 디지털 범죄에서 국민의 기본권이 침해되지 않도록 하고자 함이다.

제4장

디지털 범죄 수사에서
기본권 보호를 위한 법제 정비

제1절 서설

국제전문 조사기관인 IDC(International Data Center)가 2007년 4월 발표한 보고서에 의하면, 다가올 2010년 한 해 동안 현재보다 6배나 많은 1재타바이트(Zettabyte)[514]의 디지털 정보가 생성, 복제 및 유통될 것이라고 한다.[515] 이는 책으로 환산해서 서울 면적을 덮으면 180층의 마천루를 쌓을 수 있는 천문학적인 분량이다. 더불어 이를 저장할 수 있는 디지털 정보의 저장 용량도 폭발적으로 증가할 것이다.

이처럼 정보화 사회가 고도로 발전되면서 디지털 정보는 정보 보존의 보조수단이 아니라, 정보의 생산·전달·열람·공유·저장 등의 작업에서 핵심 위치를 차지하고 있다. 특히 인터넷의 발달은 디지털 정보의 활용을 더욱 가속화하여 현대 생활에는 없어서는 안 될 핵심요소로 자리 잡고 있다.[516] 미국 버클리 대학의 한 연구에 의하면 세계에서 생성되는 정보의 약 90% 이상이 디지털 형태로 만들어지고 있다고 한다.[517] 이것은 디지털 정보가 해킹이나 바이러스와 같은 디지털 범죄뿐만 아니라 일반 오프라인 범죄를 수

---

514) 1재타바이트(Zettabyte)는 1024엑사바이트(Exabyte)와 같다. 1엑사바이트의 정보량을 쉽게 설명하면, 인류가 저술한 모든 책의 1,800만 배라 한다.

515) 보안뉴스, 「데이터의 효과적 관리·보호 방안 없나」, 2007. 11. 13.

516) 탁희성·이상진, 전게서, 27면.

517) Peter Lyman and Hal R. Varian, U. C. Berkely, 'How Muck Storage is Enough?', ACM Queue vol.1, no.4 June 2003.

사하는 경우에도 중요하게 사용되고 법적인 증거로 채택될 가능성이 점차적으로 증가하고 있다는 것을 시사해 주고 있다.

디지털을 통한 정보시대가 심화될수록 범죄 행위 입증의 증거로서 디지털 증거의 역할과 중요성은 더욱 무게를 더해 갈 것이다. 현재에도 수사기관에 의하여 많은 디지털 증거들이 수집되고, 이러한 증거들은 유죄의 증거로 사용되고 있다. 그리고 그 영역도 디지털 범죄의 영역을 넘어 일반범죄에까지 확대되고 있다.[518]

이에 대하여 우리의 형법, 형사소송법, 정보통신망이용촉진 및 정보보호 등에 관한 법률 등 관련 법률의 개정을 통하여 나름대로 디지털 범죄에 대응을 하고 있지만,[519] 기존 형사소송법은 디지털 증거의 특성을 전혀 고려하고 있지 않은 채 물리적인 증거, 즉 유체물인 증거를 기반으로 하는 체제를 유지하고 있다. 그러나 디지털 증거는 기존의 물리적인 증거와는 다른 특성을 가지고 있으므로 디지털 증거의 수집과 보존, 증거능력, 증거조사 등 증거법상의 여러 절차에서 기존 증거와는 다르게 취급되어야 한다. 따라서 현행 형사소송법은 각종 저장매체에 저장된 디지털 증거들을 포섭하기에는 상당한 문제점을 가지고 있으며, 또한 컴퓨터와 네트워크로 이루어진 인터넷 공간에서 유통되는 증거에 대해서는 취약한 모습을 드러낼 수밖에 없다. 물론 특별법의 형태로 통신비밀보호법 등이 규정되어 있기는 하지만, 현재의 범죄 기술을 그대로 담아내지 못하고 있다.[520]

---

518) 梁根源, 前揭論文, 3 - 4면 參照.

519) 이은모, 「전자적 정보에 관한 수사상의 문제점」, 형사법연구 제23호, 한국형사사법학회, 2005, 157면.

520) 梁根源, 前揭論文, 4면.

이러한 디지털 기술의 발달로 인하여 디지털 증거를 취급할 수 있는 법적인 준비가 되지 않은 경우에는 생각하지도 못한 헌법상 보장된 개인의 사생활 침해나 적법절차 위반과 이에 따른 영장주의 위반으로 예전보다 더욱 심각하게 국민의 기본권이 침해당할 수 있을 것이다.

앞 장에서는 디지털 범죄와 관련하여 헌법상 신체의 자유로서 적법절차, 영장제도의 위반이나 개인의 사생활이 침해되는 부분을 언급하였는데, 이러한 사생활의 침해, 적법절차 위반, 영장주의 위반 등 헌법상 보장된 국민의 기본권 침해를 최소화하기 위해서는 기존의 전통적인 범죄에 적용하던 법률의 개정과 더불어 디지털 증거의 특성을 맞게 새로운 특별법의 제정이 요청된다 할 것이다. 이러한 입법방향들이 헌법상 기본권의 보호와 조화를 이루어 국민의 기본권을 침해하지 않고 최대한 보장하는 하나의 해결 방안이라고 생각한다.

이하에서는 헌법상 기본권을 보호하기 위한 입법방향으로 기존 형사소송법에서 디지털 범죄를 해결할 수 있는 방안을 검토해 보고 디지털 증거를 수집하기 위한 방법의 일환으로 컴퓨터 포렌식의 활용을 통한 디지털 증거 수집 및 분석절차에 관한 법률을 입법적으로 제안·도입하고자 한다.

제2절 디지털 범죄에서 기본권 보호를 위한 입법원칙과 내용

Ⅰ. 헌법상 기본권 보호를 위한 입법 원칙

우리 헌법 제12조는 신체의 자유에서 제1항은 "누구든지 법률에 의하지 아니하고는 체포·구속·압수·수색을 받지 아니하며", 제3항에서 "체포·구속·압수·수색을 할 때에는 적법한 절차에 따라서 영장을 제시해야 한다."고 규정하고 있다. 이는 헌법상 수사기관의 범죄 수사와 이에 부수되는 증거 수집에 관하여 국민의 기본권이 침해받지 않고 이를 보호하고자 최고 규범인 헌법에 규정하였다. 이러한 헌법의 규정에 근거하여 범죄에 관련된 현행 법률들은 헌법 규정에 따라야 하며, 법률에 근거한 절차에 의하지 않고 수집된 증거들은 당연히 위법하게 수집된 증거로 배척되어야할 것이다. 그러나 이러한 헌법 규정에 근거한 형사소송법을 비롯한 하위 법률들은 기존 전통적인 일반 범죄를 기준으로 하여 규정되어 있다 보니 과연 디지털 범죄에는 어느 정도 적용을 할 수 있을지 의문이 제기된다.

현재는 정보통신의 발달로 인하여 디지털기기들이 우리 사회를 장악하고 있는 디지털 시대이며 이를 기반으로 하여 발생하는 새로운 디지털 범죄에 대응하기 위해서는 정보화 시대에 맞는 기존 법률의 개정 또는 새로운 법률의 제정이 필요하다. 특히 헌법상 국민의 기본권을 최대한 보호하기 위해서는 디지털 범죄의 특성에 맞게 형사소송법의 조문을 개정하여 기본권을 보호하고 더불어 새로운 디지털 범죄와 증거 수집에 대응하는 방법이 현재로서는 가장 무난하다 생각이 된다. 물론 디지털 범죄의 특성을 고려하여 특별법의 형식으로 새로운 입법을 제정하는 것도 배제하지는 않는다.

수사기관이 디지털 범죄 수사를 통한 증거를 수집함에 있어 관련 법률 절차를 개정 또는 새로운 법률을 제정하지 않는다면 현행 법률로서는 다양한 방식으로 국민의 기본권이 침해될 것이며, 또한 미비한 법률로 인해 범죄자도 처벌하기가 곤란할 것이다. 그러면 결과적으로 국가는 범죄로부터 개인 및 사회의 안녕과 질서를 보호하지 못하며, 헌법상 보장되어 있는 국민의 기본권도 보호하지 못하는 결과가 초래하게 된다.

따라서 이러한 법적인 수단이 미치지 않는 영역이 생기지 않도록 해야 할 것이며, 또한 국민 개개인의 기본권 침해가 최소한도로 그칠 수 있도록 절차적인 요건을 명백히 하는 법률적 통제장치를 두는 것이 기본권 보호를 위해 합리적이라고 본다.521)

II. 영장기재의 명확성과 불고지 영장제도의 도입

수사기관의 압수·수색을 비롯한 강제처분은 필연적으로 헌법에 의해 보호되고 있는 국민의 기본권을 침해하지 않을 수 없기 때문에 반드시 법률에 의하여 엄격하게 제한되고 있다. 이를 강제처분 법정주의라고 한다.522)

---

521) 梁根源, 前揭論文, 130면.
522) 裵鍾大·李相暾, 前揭書, 211면.

특히 디지털 증거가 존재하는 공간인 디지털 저장매체 또는 네트워크 공간은 개인의 사생활과 관련된 정보들이 대량으로 저장되는 공간이므로 이에 대한 침해는 헌법상 사생활의 침해 및 통신비밀의 자유를 침해할 수 있다. 따라서 원칙적으로 저장된 디지털 증거에 대한 수집방법은 헌법 제12조 3항의 규정에 의하여 법관이 발부한 영장에 의하여야 한다. 과학기술의 발달에 따라 새로운 유형으로 등장하는 수사기관의 과학수사기법은 개인의 사생활을 침해하고 인간의 존엄과 가치를 부정할 위험까지 가지고 있으므로 강제처분은 형벌권의 실현을 위한 불가피한 범위 내로 제한되어야 한다.[523)]

나아가 물리적 증거에 대한 압수・수색영장의 발부와 집행에 관한 요건, 절차는 그대로 디지털 증거에도 적용되어야 하며 영장의 기재는 명확해야 한다. 따라서 형사소송법 제113조의 "공판정 외에서는 압수 또는 수색을 함에는 영장을 발부하여 시행하여야 한다."는 규정과 동법 제114조 제1항의 "압수・수색영장에는 피고인의 성명, 죄명, 압수할 물건, 수색할 장소, 신체, 물건, 발부 연월일, 유효기간과 그 기간을 경과하면 집행에 착수하지 못하며 영장을 반환하여야 한다는 취지 기타 대법원규칙으로 정한 사항을 기재하고 재판장 또는 수명 법관이 서명 날인하여야 한다."는 조항은 원칙대로 디지털 증거에도 적용될 것이다. 그러나 법원이 발부한 압수・수색영장의 범위를 벗어나서 이루어진 디지털 증거의 압수・수색은 당연히 그 절차를 위반했으므로 증거능력이 없다 할 것이다.

---

523) 李在祥, 前揭書 214면; 裵鍾大・李相暾, 上揭書, 211면.

다만, 일반 영장을 금지한 제114조의 규정에 따라서 영장에는 압수할 물건, 수색할 장소, 유효기간 등이 특정되어야 한다. 특정되지 않은 경우에는 헌법상 보장된 개인의 사생활이 침해될 여지가 있다. 예를 들어 인터넷 포털업체가 운영하는 다수의 대형 시스템에 대한 수사기관의 압수·수색영장에 단순히 서버의 위치에 대한 물리적 장소만 기재되어 특정될 경우가 있다. 이는 포털업체에서 운영되는 전체 시스템에 대한 압수·수색이 가능하게 되어 대규모의 디지털 자료와 그 자료의 소유주 등 범죄와 전혀 관련이 없는 다수의 사람들에 대한 사생활의 침해가 발생할 우려가 커진다. 따라서 대형 시스템에 대한 압수·수색의 경우에는 그 대상을 특정하도록 요건을 강화하는 것이 필요할 것이다.[524] 그러나 현실적으로 수많은 컴퓨터 시스템이 네트워크로 복잡하게 얽혀 있어 시스템 관리자가 아니면 정확하게 어디에 어떤 시스템과 데이터가 있는지 알 수도 없는 상황에서 수사관에게 운영시스템에 대한 개별적 사항을 완벽하게 특정하도록 요구할 수는 없을 것이므로 압수·수색에 있어서는 어느 정도의 개괄성을 인정하되 압수할 대상에 대한 기재는 영장에 명확히 기재해야 할 것이다.[525]

미국은 미연방 수정헌법 제4조에 근거하여 디지털 증거의 압수·수색은 영장에 의한다고 규정하고 있다. 수사기관은 수색영장을 통하여 수색을 하기 전에 그에 대한 목적과 근거를 고지하도록 되어 있다.[526] 이러한 원칙은 헌법상의 규정으로 이를 고지하지 않

---

524) 강동욱, 「컴퓨터 관련 범죄의 수사에 있어서의 문제점에 대한 고찰」, 관대논문집 제25권, 관동대학교, 1997. 2, 483면.

525) 梁根源, 前揭論文, 144면.

526) Wilson v. Arkansas, 514 U. S. 927, 934(1995); 18 U. S. C. 3109.

은 경우에는 헌법의 위반이 된다. 수사기관의 수색 과정에서 불고지 영장제도(No – Knock Warrants)를 두고 있는데, 이는 수사관이 증거를 찾기 위해 수색하는 과정에서 용의자가 폭행을 통해 수사를 방해하거나 증거를 훼손·멸실하고자 하는 위험이 있기에 수사관의 영장제시와 권한을 알릴 의무를 면제하거나 사후에 제시하도록 하는 제도이다. 하지만 불고지 영장제도가 모든 범죄에 적용이 되는 것은 아니다.

미연방대법원은 Richards 사건에서 용의자에게 영장제시와 권한을 통보를 한 후에 수색을 한 경우, 주어진 상황에서 용의자가 폭력, 폭행 등의 위험을 행사하여 수색을 방해하거나 증거물을 훼손시킬 염려가 있는 경우에는 수사기관은 증거를 수색하기 전에 영장을 고지하지 않아도 된다고 판결하였다.[527] 더불어 용의자에게 통보 없이 수색하는 것이 정당하다면 수사관은 이에 따라서 수색을 진행해도 된다고 하였다.[528] 이것은 미연방 수정헌법 제4조와 18 U. S. C. 3109 조항에 위배되지 않는다고 하였다.[529]

특히 디지털 범죄에서 컴퓨터와 관련된 수사에서는 증거의 보존이 가장 중요한 문제이므로 이러한 No – Knock Warrants 원칙을 적절히 사용하는 것이 필요하다. 컴퓨터에 수록된 정보는 특정 키를 누름으로써 디지털 자료나 정보들을 삭제 또는 훼손, 조작 등이 가능하다. 즉, 디스크를 지워 버리거나 포맷을 다시 해 버리는 프로그램이라든가 일정시간 동안 키보드로부터 입력이 없는 경우

---

527) Richards v. Wisconsin, 520 U. S. 385, 394(1997).

528) Id. at 394 – 395.

529) United States v. Ramirez, 523 U. S. 65, 71 – 73(1988).

저장 데이터를 파괴해 버리는 프로그램 등 여러 가지가 있다. 따라서 영장집행을 위해 고지를 하는 경우 피의자가 이러한 프로그램을 이용하여 디지털 증거인 데이터를 파괴할 우려가 있다. 그러나 법원은 모든 경우에 No-Knock Warrants 원칙을 인정하는 것은 아니므로 (1) 수사대상인 범죄의 성격, (2) 증거인멸에 대한 사전정보가 있었는지 여부, (3) 피의자의 기술적 숙련도, (4) 피의자가 자신이 수사의 대상이 되고 있다는 사실을 알고 있는지의 여부 등을 고려하여 결정하여야 한다.

이러한 미국의 불고지 영장제도를 우리나라의 제도에도 도입하고자 하는 이유는 영장주의를 위반하여 디지털 증거를 압수·수색하는 문제를 해결하고자 함이다. 우리 헌법은 영장주의 예외로 "장기 3년 이상의 형에 해당하는 죄를 범하고 도피 또는 증거인멸의 염려가 있는 자의 경우에는 사후에 영장을 청구할 수 있다."고 규정하고 있다. 디지털 증거의 특성상 증거의 훼손·멸실·삭제·위·변조가 용이하므로 이를 예방하고자 이에 대한 불고지 영장제도를 도입하여 디지털 증거 수집 시 적정한 절차에 따라 수사하고자 함이다. 물론 이에 대한 엄격한 요건 절차를 마련해야 함을 전제로 해야 할 것이다.

Ⅲ. 디지털 범죄 관련성 범위의 규정을 통한 사생활 보호

현재 컴퓨터와 관련된 디지털 정보들은 디지털 저장매체에서 생성되는 정보 외에도 네트워크로 연결된 다양한 전산시스템들에 의해 많은 정보를 생산하고 또한 저장하고 있다. 이러한 디지털 정보가 많은 현실에서 수사기관에 의한 디지털 증거의 수집은 생각지도 않게 범죄와 전혀 관련 없는 물건, 데이터, 타인의 개인정보와 장소에 대한 수색으로 타인의 사생활을 침해하는 문제를 야기하게 된다.

특히, 현행 형사소송법은 수사기관에 의한 압수·수색이라는 강제처분을 하기 위해서는 증거물 또는 피고인과의 관련성을 기본요건으로 하고 있기 때문에 범죄 대상이 된 물건과 장소가 범죄와 관련되어 있다는 사실이 소명되어야 한다.[530] 따라서 피의자 또는 범죄와 관련 없는 물건, 데이터, 타인의 개인정보, 장소 등에 대한 압수·수색은 허용되지 않는다고 보는 것이 원칙이다.[531]

물리적 증거 및 장소와 관련해서는 범죄와의 관련성 여부는 어느 정도의 소명만으로도 판단이 가능하다. 소수의 개인들이 사용하는 컴퓨터를 비롯한 디지털 관련 장비를 압수·수색하는 경우에는 일반적인 범죄 관련성의 판단으로 충분하다.[532] 이런 경우에도 범죄 행위와 관련성 있는 자료만 내장되어 있는 매체만을 압수할 수 있으며 컴퓨터 전체를 압수함으로써 범죄와 관련성 없는 자료까지 압수하는 것은 허용될 수 없다는 주장[533]도 있으나, 비록 범죄와

---

530) 裵鍾大·李相暾, 前揭書, 295면.

531) 원혜욱, 「컴퓨터 관련 증거의 증거조사와 증거능력」, 수사연구 2000년 6월호, 수사연구사, 2000. 6, 122면.

532) 梁根源, 前揭論文, 148면.

533) Voss v. Bergsgaard, 774 F.2d 402(10th Cir. 1985) 사건에서 판례가 광범위하게 사기죄가 범하여졌다고 생각되는 상당한 이유가 인정되는 경우에도 당해 범죄와의 관련성 유무를 묻지 않고 수색장소에 있는 기록 전부를 압수한 것은 허용되지 않는다고 하고 있다. 吳寄斗, 前揭論文, 99면.

관련성이 약한 디지털 자료가 저장되어 있다 하더라도 논리적 구분이 용이하지 않은 점을 고려, 포괄적인 관련성을 인정하여 압수·수색을 허용해야 한다는 주장도 있다.[534] 이에 관하여 일본,[535] 미국[536]에서는 포괄적으로 인정한 사례들이 있다.

그러나 지금처럼 다수의 사람들이 이용하는 인터넷 포털 업체의 대형 서버시스템이나 네트워크 시스템 저장매체의 경우에는 수많은 디지털 정보들이 혼재되어 있는 경우가 많다. 이러한 경우는 수사 대상자뿐만 아니라 범죄와 전혀 관련 없는 다수인 제3자의 디지털 정보들도 포함되어서 ISP의 대형 서버시스템에 저장되어 있다. 그러한 대형 저장매체에 혼재되어 있는 것 중 어느 것이 증거물인지 매체에 저장되어 있는 정보를 구체적으로 확인하지 않고서는 알 수가 없다.

따라서 이에 대한 압수·수색은 범죄와 전혀 관련 없는 제3자의 개인적인 사생활을 침해할 수 있는 가능성이 충분히 있다. 하지만 개인의 사생활의 침해 가능성 때문에 디지털 증거의 압수·수색을 허용하지 않으면, 수사기관은 범죄의 증거를 획득할 수 없게 되는 결과를 초래한다. 따라서 범죄와 관련이 없는 제3자의 사생활을 보호하기 위해 압수·수색의 범위를 엄격하게 하는 것은 당연하다.

---

534) 이은모, 전게서, 163면.

535) 일본의 판례는 수색현장에 존재하는 디지털 매체 안에 범죄사실과 관련 있는 정보가 기록되어 있을 개연성이 인정되나 현장에서 피의사실과 관련성이 없는 데이터를 선별하는 것이 용이하지 않은 경우에는 관련성이 있다고 보아 포괄적으로 압수가 허용되는 경우도 있다. 大阪高判 平成 3年 11. 6. 判例 ハイテク 796号, 264面.

536) United States v. Sassani 1998 WL 89875 at *5(4th Cir. 1998). 사건에서 법원은 "컴퓨터의 하드디스크나 전자파일 등 전자적 매체기록을 사용한 범죄를 수사함에 있어서 압수·수색영장을 발부하는 법원으로서는 어느 파일이 관련성 있는 파일인지 알 수 없으며 따라서 영장에 어느 파일 등을 압수할 것인지를 특정하여 기재할 수 없다."며 피고인의 컴퓨터와 382장의 플로피디스크에 대한 압수를 허용하였다.

그러나 현실적으로 ISP의 대형 저장매체의 압수·수색 범위를 규정하는 것이 물리적·논리적으로 불가능한 경우가 많다. 이를 고려하여 대형 저장매체 및 네트워크 시스템에 대한 압수·수색은 기존의 물리적 증거, 물리적 공간에 대한 압수·수색과는 다른 형태로 디지털 범죄와의 관련성이 요구되어야 할 것이다.[537]

결국 수사기관에 의한 디지털 증거의 압수·수색에 있어서 범죄와의 관련성은 범죄와 관련 없는 디지털 데이터 내지 제3자의 사생활 보호라는 측면과 형사소추 유지의 이익이라는 측면을 적절히 고려해서 관련성 범위를 명확하게 판단해야 할 것이다.[538] 수사기관에 의한 합법적인 수집수단이 확보되어 절차적으로 문제가 없다 하더라도 그 수단으로 어느 정도의 범위까지 증거 수집이 가능한 것인가 하는 문제가 항상 제기될 수밖에 없으며 따라서 헌법상 기본권인 사생활의 자유가 침해될 우려가 항상 존재한다. 따라서 디지털 증거 수집에 있어 범죄와의 관련성 범위를 명확히 규정하는 것이 헌법상 사생활의 침해를 최소화하고 최대한 보호하는 바람직한 방향이라 생각된다.[539]

---

537) 안경옥, 「정보화 사회의 새로운 수사기법과 개인의 정보보호」, 비교형사법연구, Vol.5 No.1, 한국비교형사법학회, 2003, 328면.

538) 탁희성, 전게서, 111면.

539) United States v. Carey 172 F.3d 1268, 1273(10th Cir. 1999) 사건에서 법원은 수사기관이 수색영장에 기록된 범위 외의 파일을 열어 증거로 제시한 경우 개인의 사생활에 대한 권리를 침해하여 위법하다고 판시하였다.

Ⅳ. 헌법상 적법절차 보장을 위한 증거 수집 절차의 필요성

현재 우리나라는 디지털 증거를 확보하기 위하여 검찰에서는 2006년 11월에 대검예규로 '디지털증거 수집 및 분석규정'을 시행하고 있고, 경찰청에서는 2006년 12월에 '디지털 증거 처리 표준 가이드라인(Digital Forensics Guidelines)'을 경찰관을 대상으로 안내책자를 발간하였다.

수사기관은 이 대검예규와 디지털 증거 처리 표준 가이드라인을 근거로 하여 수사에 임하고 디지털 증거를 수집하고 있다. 특히 경찰청의 가이드라인은 컴퓨터 포렌식을 통하여 수집되는 디지털 증거에 관한 경찰 자체 내의 안내서에 불과하기 때문에 이 절차를 위반하여 헌법상 보장된 국민의 기본권을 침해하였다고 해서 수사관에 대한 어떠한 제재도 없다. 이는 헌법상 적법절차를 규정한 조항과 맞지 않으며 적법절차를 보장하기 위하여 이러한 가이드라인을 특별법의 형식을 통하여 법률로 제정할 필요성이 있다. 그것이 헌법상 적법절차 규정에 부합하고 따라서 국민의 기본권이 침해되는 것을 절차적으로 예방할 수 있을 것이다.

컴퓨터 포렌식을 통한 디지털 증거 수집에 관하여 문제점이 제기되다 보니 입법적 불비를 막고자 미국의 표준절차를 이끌어 와서 우리 수사기관에서도 적용을 하고 있다. 그러나 수사기관이 다양한 형태로 증가하는 디지털 범죄를 수사함에 있어 국민의 기본권 침해를 막고자 한다면 조속한 시일 안에 디지털 증거에 관한 수집, 분석, 보관 등의 절차에 관한 입법을 제정을 해야 할 것이다. 그것이 디지털 범죄에서 헌법상 국민의 기본권 침해를 최소화하는 하나의 방법이라 생각이 든다.

또한 현재 수사기관의 압수·수색에 의하여 수집된 디지털 증거를 수집·분석하는 컴퓨터 포렌식(Compter Foresics) 프로그램도 국가기관에서 인정한 것이 아니다. '일심회 간첩단 사건'의 판결에 의하면 단지 선진국에서 많이 사용한다는 이유로 어떠한 검증절차도 없이 포렌식 프로그램을 인정하고 사용하는 것은 문제가 있다 할 것이다. 현재 우리 수사기관인 경찰 및 검찰에서도 선진국의 수사기관에서 사용하고 있다는 이유로 컴퓨터 포렌식 프로그램을 사용하고 있고, 이러한 프로그램을 통해 수집·분석된 디지털 증거를 법정에 제출하고 있다. 이는 커다란 문제가 아닐 수 없다.

우리 헌법 제12조 3항은 "수색을 할 경우에는 적법한 절차에 따르도록 규정하고 있다." 이러한 헌법의 규정에도 불구하고 수사기관들이 디지털 범죄를 수사하는 모든 절차들은 대검예규와 가이드라인 정도이므로 현실적으로 적법절차 위반과 더불어 다양한 형태로 국민의 기본권을 침해하는 상황이 발생할 수밖에 없다.

디지털 범죄는 하루가 다르게 새로운 전문적인 기술과 함께 증가하고 있으며, 범죄자들은 이러한 신종 기술을 이용하여 범죄 행위를 하고 있다. 이러한 범죄 수법과 더불어 이를 해결할 수 있는 컴퓨터 포렌식 기술이 도입되어야 하며, 입법적으로 이를 뒷받침할 수 있는 법적인 근거가 마련되어야 하는데, 현재에는 디지털 증거 수집을 위한 표준화된 컴퓨터 포렌식 모델이나 기준 법규가 마련되어 있지 못하고 있다. 또한 컴퓨터 포렌식 기술이나 도구에 대하여 국가기관에 의한 신뢰성 있는 검증조차도 이루어지지 않은 것이 현실이다. 이는 결론적으로 범죄에 의한 모든 피해는 국민들이 감수해야 하며, 결국 국민 개인의 기본권이 침해되는 결과를 초래한다. 따라서 디지털 증거를 수집하기 위한 컴퓨터 포렌식의 도구와 기술 활용을 위한 입법적인 도입과 컴퓨터 포렌식 프로그램에 대한 국가 기관의 검증을 통해서 공인성을 부여해야 할 것이다.

그리고 컴퓨터 포렌식을 통한 디지털 증거 수집·분석 시에 절차에 관한 법률을 기존 형사소송법의 개정이나 특별법의 형식으로 제정을 하여 증거 수집 및 분석에 관한 절차, 유형별로 증거분석을 하는 절차, 디지털 증거의 이동에 관한 절차 등에 관하여 구체적으로 입법이 마련되어야 할 것이다. 이러한 입법은 앞으로 발생할 수 있는 디지털 범죄에서 범죄해결을 위한 명확한 절차와 관련 법률 불비로 발생할 수 있는 기본권의 침해 문제를 최소한으로 줄일 수 있을 것이다. 이에 대한 입법적인 구체적인 제정안은 다음 절에서 언급하기로 한다.

제3절 형사소송법의 개정 방향

현재 우리나라는 디지털 범죄와 그에 수반된 디지털 증거에 관한 본질적인 법률문제는 다루고 있지 않고 있다. 이에 관하여 현행 형사소송법을 개정하는 범위 내에서 살펴보고자 한다. 물론 후술하여 새로운 디지털 증거와 관련된 절차 법률을 제정하는 것도 하나의 방법이고, 이는 완전히 다른 새로운 형태의 법률을 제정하는 것이 아니고 기존 형사소송법에 그 근간을 두고 제정하는 것이다.

따라서 형사법에서 제시하고 있는 여러 절차들과 원리들은 디지털 증거에도 그대로 적용되는 부분도 있다. 다만 이러한 제반 규정들 가운데서 디지털 증거의 특성을 포섭하지 못하는 부분을 개정하는 것이 보다 합리적이라고 할 수 있다.

인터넷 네트워크로 이루어진 정보통신 공간은 현실적이면서 논리적인 또 하나의 통신 공간을 만들고 있으며 기존의 물리적 공간에 입각한 한정적 개념을 바꾸어 놓았다. 우리 헌법은 제12조에서 물리적 공간에서 기본권으로서의 신체의 자유와 권리를 보장하고 있음과 아울러 제18조에서는 통신비밀의 자유를 규정하고 있다. 통신 공간은 사람들이 살아가는 하나의 공간으로서 당연히 헌법 제12조와 제18조의 규율 대상이 된다. 이러한 정보통신 공간의 특성을 고려하여 이 공간에서 이루어지는 일에 대한 규율을 헌법 제12조와 그에 따르는 형사소송법적 절차만을 가지고 규율하기에는 적절하지 않을 것이다. 따라서 정보통신 공간의 특성을 감안하여 보다 특화된 규제방안을 마련하고 이에 대한 침해방안을 구체적으로 규율할 수 있는 특별법의 필요성은 현실적으로 인정되고 있다.[540] 그래서 다음 절에서 디지털 증거 수집 및 분석 절차법에 관한 입법안을 제시하였고 이하에서는 디지털 증거와 관련하여 형사소송법상 개정 방향에 대하여 제시하고자 한다.

---

540) 梁根源, 前揭論文, 194면.

Ⅰ. 형사소송법 조항에 디지털 증거의 내용 삽입

우선 형사소송법상에 디지털 증거에 관한 조항을 삽입하기에 앞서 디지털 증거의 개념을 명확하게 정의할 필요가 있으며 이 부분에 대하여 고려되어야 할 부분을 먼저 살펴보고자 한다.

첫째, 디지털 증거의 범위를 개인용 컴퓨터에 국한되어서는 안될 것이다. 예전에는 디지털 정보가 존재하는 위치는 주로 컴퓨터였지만, 최근에는 컴퓨터뿐만 아니라 휴대폰, PDA, 디지털카메라, 디지털 캠코더, 전자수첩 등 다양한 정보통신 디지털기기에서 디지털 정보가 생성·보관되고 있다. 이러한 기기들은 범죄에도 다양하게 이용되고 있으며 앞으로도 정보통신 기술이 지속적으로 발전하는 한 새롭고 다양한 종류의 디지털기기들이 출현될 것이며, 이는 디지털 범죄에도 다양한 형태로 이용되어 새로운 첨단 신종 범죄가 발생하게 될 것이다. 따라서 디지털 증거 수집은 컴퓨터를 비롯하여 이러한 다양한 종류의 정보통신 기기들을 통하여 수집될 것이며, 증거 수집의 범위를 컴퓨터에서 모든 디지털 저장매체로 확대되어야 할 것이다.

둘째, 디지털 증거의 상태는 특정할 수 있으나 증거의 형태는 다양하다. 디지털 정보는 다양한 종류의 정보통신기기 또는 소프트웨어에서 생성되고 여러 가지 방식으로 매체에 저장되므로 수많은 형태를 가지게 된다. 디지털 증거 또한 범죄 사건의 형태·수집위치·보관 상태에 따라서 그 형태가 다양하므로 디지털 증거의 형태를 한 가지로 국한하여서는 안 된다.[541]

셋째, 디지털 증거는 범죄사건 영역에서만 사용되는 것이 아니라 명예훼손·업무상 과실·손해배상·기업의 내부 감사 등과 같은 민사사건 분야와 정보보호 침해사고,[542] 예방 및 대응을 위한 정보보호 영역에서도 널리 취급되고 있다. 이러한 경향은 미국에서 더욱 활발하여 디지털 증거 수집 및 분석을 국가기관이 아닌 민간인이 서비스하는 기업 및 업체가 많이 있다. 더불어 디지털 증거의 감정, 감식 전문가도 증가하고 있다. 향후 이러한 증가 추세는 디지털기기들이 계속 출현하는 한 가속화될 것이며, 결국 많은 소송절차에서 디지털 증거가 중요하게 적용될 것이다. 따라서 디지털 증거는 각종 형사·민사 소송뿐 아니라 기업의 내부 조사, 감사 등에서도 사용될 것이므로 이를 범죄 영역에만 한정해서는 안 될 것이다.

넷째, 디지털 증거는 신뢰성을 제공해야 한다. 증거는 어떤 사실에 대한 진실성을 확인하는 수단이므로 신뢰성이 생명이라 할 수 있다. 그러나 디지털 정보는 오류·삭제·변경·조작이 발생하기 쉽기 때문에 내용의 진실성을 100% 신뢰할 수 없다. 특히 디지털 증거의 위조·변조는 컴퓨터 포렌식 절차의 모든 단계에서 일어날 가능성이 존재하므로 일반 물리적 증거와는 별도로 특별한 조치를 필요로 한다. 이러한 일련의 조치들이 디지털 정보에 적절히 취해

---

541) 디지털 증거는 네트워크 장비(라우터, 스위치 등의 장비, 전화국의 교환기와 비슷한 역할), 유·무선 통신매체(유선 통신매체는 전화선, 랜선, 동축 케이블, 광케이블 등이 있으며, 무선 통신매체는 공중으로 전파되므로 특별한 매체는 없다.)에 존재하며, 저장 상태의 디지털 증거는 저장매체(하드디스크, USB, 플래시 메모리, CD/DVD 등 디지털 정보를 저장할 수 있는 모든 매체)에 존재한다. 탁희성·이상진, 전게서, 33면.

542) 정보통신망이용촉진 및 정보보호 등에 관한 법률 제1조 7호에 침해사고를 다음과 같이 규정하고 있다. 침해사고라 함은 해킹, 컴퓨터 바이러스, 논리 폭탄, 메일 폭탄, 서비스 거부 또는 고출력 전자기파 등에 의하여 정보통신망 또는 이와 관련된 정보시스템을 공격하는 행위로 인하여 발생한 사태를 말한다.

지고 진실성을 논리적으로 입증할 수 있다면 당연히 신뢰성을 가진 증거로 사용될 수 있을 것이다.[543]

디지털과 관련된 범죄에 대하여 기존의 법률을 개정하거나 새로운 법률을 제정한다면 앞에서 설명한 디지털 증거의 정의와 더불어 위와 같이 디지털 증거에 관하여 고려되어야 할 문제점을 충분히 검토하여 디지털 증거에 대한 정의를 확실히 할 필요가 있다. 이처럼 디지털 증거의 개념 정의를 명확히 한 후 이를 기존 형사소송법이나 정보통신망법 등의 조항에 삽입해야 할 것이다.

다음으로 디지털 범죄와 관련하여 디지털 증거를 압수·수색할 수 있는 근거 규정을 형사소송법 제106조와 제109조에 압수·수색의 대상에 포함시킨다면 디지털 증거와 관련하여 압수·수색 문제를 해결할 수 있을 것이며, 이로 인한 헌법상 적법절차 문제를 일부분 해결할 수 있다고 본다.

우리의 대법원 판례[544]를 보면 컴퓨터 디스켓에 담긴 문건의 증거능력에 관해 전문증거로 인정하고 있어 컴퓨터 디스켓에 포함된 디지털 증거 혹은 전자적 기록을 일체로 하여 압수한 것에 대해 위법적 판단을 내리고 있지는 않으나 그것이 압수의 대상이 된다든지, 그 방법과 절차가 적법하다든지에 대한 아무런 판단이 없었다. 조금 더 나아가 현행 형사소송법상의 '물건', '장소'의 개념을 디지털 정보 혹은 네트워크상에까지 확대 해석하는 방법을 생각해 볼 수 있다. 예컨대 디지털 정보와 그 저장매체를 일체화된 유체물로 볼 수 있다든지 형법상 재물의 개념 속에 '관리 가능한 동력'

---

543) 탁희성·이성진, 전게서, 32-34면 이하 참조.
544) 대법원 2001. 3. 23. 선고 2000도486 판결; 대법원 1999. 9. 3. 선고 99도2317 판결.

이라는 개념이 포섭되는 것처럼 디지털 데이터도 관리할 수 있는 물건의 개념 속에 포함될 수 있다는 주장도 있다.[545]

또한 현실적으로 수사기관에 의하여 수많은 디지털 증거들이 압수·수색의 방법으로 수집되어 법원에 증거로서 제출되고 있다.[546] 이는 부정할 수 없는 사실이며 디지털 증거들도 압수·수색의 대상이 되는 것으로 인정해야 한다. 결론적으로 이를 명확히 하기 위해서는 기존 형사소송법의 압수·수색 대상 조항에 디지털 증거의 내용을 삽입하여 이에 대한 문제를 해결해야 할 것이다.

이와 관련하여 형사소송법 제10장 압수와 수색에서 제106조의 경우, 압수 규정의 개정을 제안한다면 다음과 같이 일부를 개정하고 디지털 증거에 관한 압수방법에 대한 규정을 두는 것이 타당할 것이다.

제1항은 "법원은 필요한 때에는 증거물 또는 몰수할 것으로 사료하는 물건 또는 디지털 기록(자료)을 압수할 수 있다. 단, 법률에 다른 규정이 있는 때에는 예외로 한다."고 하여 이 조항에 디지털 기록(자료)을 삽입하여 수사기관의 압수 방법으로 디지털 매체들도 법률 규정에 근거하여 압수할 수 있도록 해야 한다.[547]

---

545) 노승권, 「컴퓨터 데이터 압수·수색에 관한 문제」, 검찰 통권 제111호, 대검찰청, 2000, 208면.
546) 梁根源, 前揭論文, 201면.
547) 梁根源, 上揭論文, 200－201면 이하 참조.

Ⅱ. 디지털 증거 수집방법의 구체적 적시

수사기관에 의한 ISP의 대형 서버나 시스템들을 압수·수색함에 있어 타인인 제3자의 디지털 자료나 정보가 유출되는 것이 커다란 문제이다. 피의자도 모든 사람과 동등하게 보장돼야 할 인권이 있고, 또한 범죄 행위를 저질렀다 하더라도 사건과 직접적인 관계가 없는 사생활은 보호받아야 한다. 이에 대한 예로 최근에 사회적으로 문제가 되었던 '신정아 학력 위조 사건'은 형법상 업무방해죄의 혐의에 해당하지만, 학력 위조와는 전혀 관련이 없는 누드공개 사건이 언론을 통하여 배포되어, 심각하게 사생활이 침해된 대표적인 사례라 할 것이다.

현행 형사소송법상의 압수는 디지털 증거에 그대로 적용할 수 없다는 문제점이 있다. 따라서 이를 해결할 수 있는 방안으로 디지털 저장매체의 증거물을 다른 기록매체에 복사 등의 방법으로 데이터를 옮긴 후 그 기록매체를 압수하는 것이다.

디지털 방식으로 저장되는 데이터는 원본 저장매체에서 복사하여 다른 저장매체에 저장하더라도 인식되는 값만 동일하다면 원본과 사본의 양적·질적인 차이가 없다는 것이 특징이다. 따라서 기술상으로 디지털 증거의 동질성을 확보할 수 있다.

또한 기존의 일반적인 유체물 증거는 증거 자체의 물리적·논리적 분리가 곤란한 점이 있으나, 디지털 증거는 논리상·기술상으로 단일한 저장매체에 저장되어 있는 데이터라 할지라도 그 일부를 분리하여 저장하는 것이 가능하다. 따라서 디지털 범죄와 전혀 관계없는 제3자에게 피해를 주지 않고도 디지털 증거를 확보할 수 있다. 이와 더불어 수사기관의 증거 수집 시 타인의 사생활도 보호할 수 있다.

나아가 수사기관에 의한 디지털 증거의 압수 방법으로 압수의 대상이 되는 디지털 증거에 대해서는 압수 집행 시 삭제 또는 제거를 하도록 형사소송법상 규정하는 것도 필요하다. 왜냐하면 수사기관이 디지털 증거를 복사의 방법으로 확보한 경우 원본 데이터는 그대로 기존의 저장매체에 남아 있어 이 데이터를 불법적인 용도로 계속 활용될 가능성이 있기 때문이다. 따라서 디지털 범죄에 관한 압수·수색영장에 디지털 증거의 수집방법 등 관련 사항을 구체적으로 적시하여야 한다. 이러한 수집방법의 구체적 명시는 법관이 발부한 영장에 의해 이루어지도록 하는 것이 타당하다. 또한 디지털 증거 압수의 경우에도 피처분자의 협력을 받지 아니하면 정확한 디지털 증거 자료를 압수·수색하기 곤란한 경우도 생길 수 있다. 따라서 피처분자는 수사기관의 수사에 협력 의무를 할 수 있는 관련 규정도 형사소송법 개정 시에 필요할 것이다.[548]

위와 같이 수사기관에 의한 디지털 증거의 수집 시에 증거 수집 방법을 구체적이고 명확하게 규정하여, 법률 규정미비로 인하여 침해되는 사생활을 보호해야 할 것이다.

따라서 형사소송법 제106조【압수】제2항을 "법원은 압수할 물건 또는 디지털 기록(자료)을 지정하여 소유자, 소지자 또는 보관자에게 제출을 명할 수 있다."라고 개정하여 디지털 증거를 수집하는 범위를 구체적으로 명시하고 범위를 초과하여 사생활이 침해되지 않도록 해야 할 것이다.

---

548) 梁根源, 前揭論文, 202면.

또한 동법 제3항은 신설조항으로 "수사기관이 디지털 기록을 압수할 경우에는 당해 디지털 기록을 다른 저장매체에 기록하거나 기록을 출력 및 인쇄하여 그 기록매체 또는 출력물을 압수할 수 있다."

제4항은 신설조항으로 "법원은 디지털 기록물이 몰수의 대상인 경우에는 원본 디지털 기록을 제거하거나 부정하게 사용되지 않도록 처분을 명할 수 있다."고 조항을 신설하여 남아 있는 디지털 기록들이 차후 다시 범죄에 사용되는 것을 막고자 하였다.

또한 동법 제108조에서 "소유자, 소지자 또는 보관자가 임의로 제출한 물건 또는 유류한 물건 또는 디지털 기록은 영장 없이 압수할 수 있다."고 개정하고, 동법 제218조의 "검사, 사법경찰관은 피의자 기타인의 유류한 물건 또는 디지털 기록이나 소유자, 소지자 또는 보관자, 관리자가 임의로 제출한 물건 또는 디지털 기록을 영장 없이 압수·수색할 수 있다."고 개정하여 디지털 증거가 임의로 제출하였을 경우에는 영장 없이 압수·수색할 수 있도록 하였다.

Ⅲ. 디지털 증거의 특성상 수색 범위의 확장

현재의 초고속 정보통신기술의 인프라(infrastructure)[549])에서는 컴퓨터의 대형 시스템을 이용하여 많은 데이터를 입력·저장하고 처

---

549) 오늘날의 인프라스트럭처는 경제활동의 기반을 형성하는 시설·제도 등의 의미로 도로·수로·공항·항만·전신·전화 등의 교통·통신시설 등을 포함한다.

리한다. 이러한 대형 시스템을 통하여 저장된 데이터들은 인터넷 네트워크로 연결되어 처리된다. 이와 같은 경우 수사기관에 의하여 특정장소와 전산 시스템을 대상으로 압수·수색영장이 발부되었다 할지라도 압수·수색 대상 시스템과 네트워크로 연결된 원격 저장 시스템은 하나로서 다루어져야 할 필요성이 있다. 디지털 자료들이 저장되어 있다고 판단되는 전산 시스템들이 상호 인터넷 네트워크로 연결되어 있는 경우에는 현재의 형사소송법으로는 디지털 증거의 특성상 수색 범위를 확정하기가 어렵다. 따라서 디지털 증거에 관한 한 현행 형사소송법의 개정을 통하여 압수·수색의 범위를 넓게 확대할 필요가 있다.

이러한 수색 범위의 확대는 제3자나 제3국의 서버 시스템에 범죄의 증거들을 은닉하는 범죄자들의 범죄 수법에도 적극적으로 대응할 수 있다. 사실 인터넷 네트워크로 연결되어 움직이는 정보통신 사회에서 압수·수색의 대상을 장소와 경계에만 한정한다면 디지털 자료가 증거로 되는 경우에 법집행의 효율성을 보장할 수 없는 경우가 생겨날 것이다.[550]

그러나 인터넷 네트워크로 연결된 원격지 정보처리시스템에 대한 압수·수색의 범위를 확장시키면 한 나라의 영토의 범위를 벗어나게 되고 어떤 경우에는 주권침해의 문제를 발생시킬 수도 있다. 이러한 경우 압수·수색대상이 되는 컴퓨터 시스템은 최초의 특정 컴퓨터 시스템으로부터 합법적으로 접속할 수 있는 것이어야 하고 또한 그 시스템을 이용하여 접속할 수 있는 것이어야만 한다고 할 것이다.[551]

---

550) 탁희성, 전게 논문, 150면.

이처럼 디지털 증거의 수색 범위를 형사소송법상 확장한다면, 이로 인하여 발생하는 사생활 침해 문제는 많은 부분에서 해소되리라 본다. 물론 확장되는 수색 범위에 대하여는 반드시 영장에 특정되어야 한다.

따라서 형사소송법 제106조 [압수]의 신설조항으로 제5항은 "수사기관에 의하여 압수·수색해야 할 대상이 디지털 기록일 경우 그 디지털 기록을 처리하는 정보처리시스템과 전기통신회선으로 접속해 있고 그 디지털 기록을 보관하고 있다고 인정되는 정보처리 시스템으로부터 당해 디지털 기록을 압수·수색할 수 있다."라고 규정하였다.

또한 동법 제109조 [수색] ①항에서 "법원은 필요한 때에는 피고인의 신체, 물건, 디지털 기록 또는 주거 기타 장소를 수색할 수 있다." ②항은 "피고인 아닌 자의 신체, 물건, 디지털 기록에, 주거 기타 장소에 관하여는 압수할 물건 또는 디지털 기록이 있음을 인정할 수 있는 경우에 한하여 수색할 수 있다."고 규정하여 각 항에 디지털 기록을 첨부하였다. 이는 디지털 증거의 특성에 맞추어 그 압수·수색의 범위를 확장하고자 한 것이다.

Ⅳ. 디지털 증거의 보존제도 도입

수사기관은 압수·수색영장을 통하여 디지털 증거를 확보할 수

---

551) Council of Europe, Convention on Cybercrime Explanatory Report, 194 항목, (http://conventions.coe.int/Treaty/en/Reports/Html/185.htm)

도 있지만, 디지털의 특성상 증거가 삭제되고 변경되는 것은 순식간에 가능하다. 수사기관이 압수·수색영장을 신청하여 발부받는 기간 동안에도 고의, 과실, 환경설정, 기타 환경에 의하여 얼마든지 디지털 증거가 변경·삭제·훼손될 가능성이 있다.

이와 같은 디지털 증거가 삭제·변경·훼손될 만한 긴급한 상황과 이에 대한 상당한 이유가 있는 경우에는 압수·수색영장을 발부받아 디지털 증거를 확보하는 전 단계로서 해당 디지털 증거를 보존하도록 시스템 관리자에게 특별한 보존 요청을 할 필요가 있다. 이 또한 디지털 증거의 특성을 고려한 제도로 증거의 확보차원에서 형사소송법상 보존제도를 도입할 필요성이 있다 하겠다.

이에 관하여 미국은 전기통신프라이버시보호법, 일본의 경우 개정 형사소송법과 EU 사이버 범죄방지조약에서도 관련규정을 두고 있다. 실제로 유럽의회 사이버 범죄방지조약의 데이터 보존명령은 "데이터를 보관하고 있는 자가 범죄와 무관한 사람인 경우에 그 데이터를 현존 상태 그대로 보존하라는 명령에 의해서 증거가치 있는 데이터를 상실할 우려를 없앨 수 있다."고 하고 있다.[552]

수사기관에 의한 데이터의 보존명령 및 요청은 시스템 관리자에게는 부담을 주는 침해적 행위이므로 무한정 인정될 수는 없다. 따라서 데이터를 보존하는 기간은 명확히 특정되어야 하며 다른 나라의 경우와 같이 90일의 범위 내에서 가능하도록 하는 것이 타당하다. 다만 이는 기존에 존재하고 있는 데이터에 대한 보존을 명령하는 것이며 향후에 생성되는 데이터에 대한 것은 아니라는

---

552) Council of Europe, Convention on Cybercrime Explanatory Report, 155번 항목; 梁根源, 前揭論文, 205면, 재인용.

점은 명확히 하여야 한다. 또한 데이터의 보존명령, 보존요청은 수사기관의 압수 이전 단계에서 그 보존만을 명하거나 요청하는 것이다. 따라서 법원으로부터 영장을 발부받아 정상적인 증거의 수집절차를 진행하는 경우에는 수사기관의 수사 단계에서 행해져야 하는 것이 타당하다. 그러나 보존된 자료를 수집·압수·수색할 수는 없으며, 보존된 자료를 획득하기 위해서는 영장주의에 근거하여 압수·수색영장을 발부받아야 한다. 이에 대하여 우리 형사소송법 규정을 신설하면 제221조의 5항에 [디지털 기록 보존 요청] "수사기관은 디지털 기록을 긴급히 보존할 필요가 있는 경우에는 그 보관자 또는 관리자에게 특정된 전자기록에 대하여 일정 기간 동안 그 보존을 요청할 수 있다. 그 요청을 받은 자는 요청사실을 함부로 누설하지 못하며 상당한 이유 없이 요청을 거부하지 못한다."고 조항을 신설하여 디지털 기록을 보존하고자 하였다.553)

V. 디지털 증거의 진정성과 무결성의 도입

디지털 증거의 진정성에 대한 규정은 항상 종이로만 존재했던 문서에 적용하던 기존 법규 규정에서 도출할 수 있다. 즉, 모든 문서상의 증거는 문서 위에 존재하며 따라서 그 진정성은 그 문서의 저자에 의한 서명이나 증언에 의하여 입증된다. 그러나 디지털 증거의 경우에는 이러한 서명이나 증언을 기대하기가 어렵다.

디지털 증거는 그 특성상 디지털 저장매체에 저장된 증거라도

---

553) 梁根源, 前揭論文, 205 – 206면 이하 참조.

저장·수집·보존과정에서 얼마든지 오류가 발생할 수 있고, 또한 변형될 가능성이 항상 존재하기 때문에 이에 대한 진정성 여부를 문제 삼을 수 있다. 디지털 자료는 작성자 또는 입력자의 신원이 불명확하여 이를 근거로 법정에서 그 증거능력을 부정할 수 있다. 따라서 디지털 증거에 대한 진정성의 문제에 관하여 일정한 기준을 마련할 필요가 있다. 현재 우리나라를 비롯하여 대부분의 다른 국가에서도 디지털 증거의 진정성에 관한 구체적인 법 규정을 찾아보기 어렵다.

보통 디지털 정보나 자료들이 출력물을 통해서 가시성·가독성이 있게 작성되었다고 할지라도 디지털 증거의 진정성은 해당 시스템의 신뢰성과 산출된 결과의 정확성에 관한 입증을 요구한다. 따라서 디지털 증거를 법정에 제출하기 위해서는 시스템에 대한 신뢰성뿐만 아니라 그 작동의 기초가 되는 과학적인 원칙과 가설의 정확성, 산출된 결과의 정확성 등을 입증할 수 있는 적절한 검증기준이 마련되어야 하며,[554] 이에 따른 법 규정도 제정이 되어야 할 것이다. 이에 대한 부분은 다음 절인 디지털 증거 수집 및 분석절차 관련 입법론에서 제안하고자 한다.

이와 관련하여 캐나다의 경우에 제시되고 있는 처리 과정이나 시스템의 진정성을 입증하기 위한 요건을 살펴보면 다음과 같다. 첫째, 디지털 데이터 출처에 대한 정확성·안전성·허용가능성이 있어야 하고, 둘째, 데이터를 컴퓨터에 입력하는 데 사용된 방법의 신뢰성이 있어야 하며, 셋째, 컴퓨터가 데이터를 처리하는 방식의 신뢰성, 넷째, 컴퓨터로부터 생성된 데이터를 출력하기 위해 사용

---

554) 탁희성·이상진, 상계서, 231－232면 참조.

된 과정의 정확성, 적용 가능한 경우에 있어서의 시스템 보안 등
이 그것이다.[555]

결국 디지털 증거의 진정성 요건을 요약하면 다음과 같다. 첫째,
해당 디지털 데이터가 작성되는 동안에 컴퓨터 시스템이나 그에
유사한 장치가 적절히 운영되었고, 해당 시스템의 무결성을 의심할
어떠한 합리적인 근거도 존재하지 않아야 하며, 둘째, 디지털 데이
터를 법정에 제출하고자 하는 자와 이해관계가 없는 자에 의해서
데이터가 만들어져야 한다. 셋째, 해당 디지털 데이터가 법정에 제
출될 때까지 고의적인 조작 내지 변경 가능성에 노출되지 않았다
는 원칙적인 기준을 제시해야 한다.[556]

이러한 법적인 기준을 마련하기 위해서는 기술적인 면을 고려한
구체적인 판단기준은 실제 수사를 담당하는 수사관과 디지털 증거
를 조사·분석하는 컴퓨터 보안 전문가 그리고 법률적인 문제를
검토할 수 있는 법학자, 교수, 법조인들과 협의를 통해서 제정되는
것이 바람직할 것이라 생각된다.

VI. 위법하게 수집한 디지털 증거의 배제

1. 위법수집증거배제법칙의 의의

현행 헌법 제12조 제7항과 형사소송법 제309조는 피고인의 자
백이 고문·폭행·협박·신체구속의 부당한 장기화 또는 기망 기

---

555) Allan M. Gahtan, Electronic Evidence, 1999, p.161.
556) 탁희성·이상진, 전게서, 232면.

타의 방법으로 임의로 진술된 것이 아니라고 의심할 만한 이유가 있는 때에는 이를 유죄의 증거로 하지 못한다고 하여 이른바 '자백배제법칙'을 명문화하고 있다. 형사소송법 제317조는 피고인 또는 피고인이 아닌 자의 진술에 대하여 그 임의성이 의심되는 경우 증거로 사용할 수 없다고 규정하고 있다. 그리고 통신비밀보호법 제4조는 허가받지 아니하거나 감청대상 범죄가 아닌 불법감청으로 지득 또는 채록된 전기통신 내용의 증거능력을 배제함으로 하여 위법수집증거배제법칙을 실정법으로 명문화하고 있다.[557]

위법수집증거배제법칙이라 함은 위법한 절차에 의하여 수집된 증거의 증거능력을 부정 또는 배제하는 법칙을 말한다. 이는 수사기관이 법적인 절차를 위반하여 증거를 수집하는 경우에서 주로 발생하고 있다.[558] 이 법칙은 수사기관의 위법한 수사를 억제하기 위하여 도입되었다.

현재 학계에서는 위법한 수사를 통하여 획득한 자백과 증거물의 증거능력을 배제해야 한다는 것에 대하여 의견의 일치를 보고 있다.[559] 그 이유로 첫째, 위법수집 증거를 유죄 인정에 사용하는 것은 적정절차의 보장이라는 헌법상의 요구에 반하고, 둘째, 위법수집

---

557) 이에 대해 독일학계의 용어를 인용하면, 증거를 수집함에 있어서 일정한 수단과 방법은 금지된다는 '증거 수집금지(Beweiserhebungsverbot)'와 동시에 이를 위반하여 획득한 증거의 사용을 금지한다는 '증거사용금지(Beweisverwertungsverbot)'가 실정법화되어 있다. 임양규, 전게서, 450 – 466면; 조국, 『위법수집증거배제법칙』, 博英社, 2005, 12면.

558) 임동규, 형사소송법, 法文社, 2006, 447면.

559) 姜求眞, 『刑事訴訟法原論』, 學研社, 1982, 504 – 505면; 裵鍾大·李相暾, 『刑事訴訟法(第6版)』, 弘文社, 2006, 560, 575면; 白亨球, 『刑事訴訟法講義(第7版)』, 博英社, 2001, 582면; 申東均, 『刑事訴訟法(제2판)』, 法文社, 2004, 670 – 672면; 李在祥, 『刑事訴訟法(제6판)』, 博英社, 2002, 493면; 鄭榮錫·李炯國, 『刑事訴訟法(전정판)』, 法文社 1997, 328면.

증거를 배제하지 않고서는 적정절차의 요청에 반하는 수사기관의 불법한 수사를 제지할 수 없다는 것이다. 전자가 '피의자·피고인의 인권침해에 대한 구제라는 회고적 이유'라면 후자는 '장래의 위법수사의 억제, 즉 적정절차에 기한 수사의 확보라는 전망적 이유'이다.[560] 요컨대 위법하게 수집한 자백 및 증거물의 증거능력을 배제함으로써 형사절차에서의 적정절차를 보장하고 사법의 정직과 절차의 공정성을 지니고 수사기관의 위법한 수사를 처음부터 차단·제지하려는 것이 이 위법수집증거배제법칙의 근거이자 목적이다.[561]

2. 위법수집증거배제법칙의 연혁

원래 위법수집증거배제의 원칙은 미국 연방대법원의 판례에서 발전되어 왔다. 미국은 위법수집증거배제법칙을 가장 강력하고 정밀한 형태로 확립한 나라로 아무리 신빙성 있고 증거로서의 가치가 높은 증거라 하더라도 그것이 위법하게 수집된 것이라면 그 증거능력은 자동적으로 부정되고 있다.

미연방 수정헌법 제4조는 '비합리적인 수색과 압수'를 금지하고 '상당한 이유'에 기초하여 영장발부를 규정하고 위법수집증거배제법칙을 만들었다.[562] 수정헌법 제4조의 적용범위를 보면 본래 수정헌법 제4조는 연방정부를 대상으로 한 규정이기 때문에 州에는 그

---

560) 차용석,『형사소송법』, 세영사, 1997, 678면, 각주 15.

561) 조국,『위법수집증거배제법칙』, 博英社, 2005, 8 - 9면.

562) 미연방대법원이 수정헌법 제4조에 근거하여 위법수집 증거의 배제는 1886년 Boyd v. United States 판결에서 최초로 제기되었으나, 이는 민사사건으로 경찰의 수색이 관련되지 않은 사건이었다. 형사사건은 1941년의 Weeks v. United States 판결이 최초였다. 조국, 상게서, 23면.

대로 적용되지 않았다. 州에는 주 헌법과 법률에 의거하여 체포·
압수·수색에 관한 규정이 적용되고, 이것이 비록 연방헌법의 규
정과 다르더라도 그대로 효력을 가지며, 반드시 연방헌법 기준과
일치할 것을 요구하지 않았다. 1910년대 미국의 州에서는 위법한
증거가 재판에 있어서 증거능력이 없다는 원칙이 확립되지 않았다.
대표적인 사례로 1954년 Irvine v. California[563] 사건에서 영장 없
이 주거에 들어가 비밀송화장치를 설치하여 얻은 위법한 증거도
주 법원에서는 증거능력이 있다고 판시하였다.[564]

그러나 대법원은 위법증거가 신체 또는 정신에 폭력을 가하여
얻어진 경우에는 주 법원에서도 사용할 수 없다고 하였다.[565] 그리
고 연방이 불법하게 얻은 증거를 주 법원에서 사용하지 못한다고
대법원은 판결하였다.[566]

위법증거를 재판에서 배제하고 수사기관의 부당한 압수·수색을

---

563) Irvine v. California, 347 U. S. 128(1954).

564) Breithaupt v. Abram, 352 U. S. 432(1957). 이는 주 법원에서 불법으로 입수한 증거
의 증거능력을 인정한 사건이다. 자동차 사고로 의식을 잃은 운전사로부터 주 경찰
은 운전사의 승인 없이 채혈을 하였다. 그것은 운전사의 음주가 과실치상 여부를 결
정하는 데 기준이 되기 때문에 혈액 중의 알코올농도를 측정하기 위한 것이었다. 상
고인은 채혈은 부당한 압수·수색이며, 그것을 증거로 사용하는 것은 자기에게 불리
한 증거의 강요라고 항변하여 증거능력이 없다고 주장하였지만, 대법원은 부당한 수
색과 압수로 얻은 증거도 증거능력이 있다는 것이다. 위헌적인 압수·수색으로 입수
된 증거도 주 형사절차에서는 사용할 수 있다고 판시하였다.

565) Rochin v. California, 342 U. S. 165(1952). 이 사건은 경찰관이 영장 없이 피의자의
침실에 들어가서 마약소지 현장을 잡으려고 하였는데 피의자는 약을 입에 넣어 버
렸다. 경찰관은 입을 벌리려고 하자, 피의자는 마약을 삼켜버렸다. 그리하여 경찰관
은 피의자를 병원에 데리고 가서 의사로 하여금 배에다 바람을 집어넣어 토하게 하
였다. 그 결과로 압수된 마약 캡슐을 증거로 제출하여 주 법원은 유죄판결을 하였
다. 그러나 대법원은 이 사건에서 경찰관의 행동은 야만적이고 폭력적인 '양심에 충
격을 주는(shock the conscience)' 행동이며, 이와 같은 행동으로 얻어진 증거는 주 법
원에서도 증거로 인정받을 수 없다고 판결하였다.

566) Rea v. United States, 350 U. S. 214(1956).

근본적으로 방지하려는 대법원의 굳은 신념은 드디어 1961년의 Mapp 사건에서 종래의 태도가 전복되고,567) 미연방 수정헌법 제4조에 관하여 확립된 연방원칙은 그대로 주에도 적용된다고 선언하였다. 이것은 다시 1963년의 Ker et al. v. California,568) 사건에서도 재확인되었다.569) 이것으로써 위법수집증거배제법칙은 미국법에서 확고한 원칙으로 자리 잡게 되었다.

---

567) Mapp v. Ohio, 367 U. S. 634(1961). 이 사건까지 미국연방대법원의 판결은 수정헌법 제4조에 규정된 부당한 압수·수색에 의해 불법하게 수집된 증거는 증거능력이 없다고 하는 원칙은 연방정부에만 적용하였다. 그런데 이 사건은 州에도 적용된다고 선언한 하나의 획기적인 判例이다. 이 사건의 내용은 다음과 같다. 경찰관은 피고가 외설물을 소지하고 있다는 정보를 들었다. 피고는 영장제시를 요구하였지만, 경찰관은 영장 없이 출입문을 부수고 침입하여 가택을 수색하고 피고인을 체포하였다. 피고인들은 가택수색이 불법침입으로 이루어졌고 증거물의 압수는 불법행위이므로 증거능력이 없다고 주장하였다. 그런데 州 最高法院은 증거품 입수가 '정의의 개념에 위반되어 입수되었다는 것은 이유가 있으나, 피고인에 대한 야만적이고 공격적 폭력으로 피고인으로부터' 탈취한 것이 아니기 때문에 증거채택은 違憲이 아니라고 판결하였다. 이에 대하여 연방대법원은 사생활의 자유도 인간의 가장 기본적인 자유이다. 이것이 경찰권 발동 아래 불법하게 침범당한다고 하면 이는 자유사회에 있어서 방지되어야 하는 문제이다. 따라서 부당한 압수·수색의 금지도 당연히 주에 적용되어야 한다. 미합중국 헌법은 州와 聯邦이 같은 기준 아래 범죄를 수사하고 재판하여야 하며, 부당한 수사 결과는 모두 재판에서 배척되어야 한다. 따라서 오하이오 주 최고법원 판결을 파기하고 환송하였다.

568) Ker et at. v. California, 374 U. S. 23(1963). 이 사건은 위의 Mapp 사건에서 수정헌법 제4조가 州에도 적용된다는 원칙을 확립하고 난 후 그것이 주에 어떻게 실제로 적용되었는지 구체적으로 설명할 수 있는 최초의 사건이다. 경찰관은 피고인이 마약을 판매하는 것을 목격하고 그 居所에 가서 열쇠를 관리인으로부터 얻어서 문을 열고 들어가 피고인에게 자기들의 신분과 목적을 고지한 다음 마약이 있음을 발견하고 방안을 수색하여 증거물을 압수하였다. 이때에 체포와 수색에 영장이 없었다. 이에 대하여 피고인은 경찰관의 행위는 불법가택침입이며, 체포는 믿을 만한 사유가 있다 하더라도 수색은 불법이라고 항변하였다. 이에 대하여 Clark 대법관은 영장 없는 체포는 '상당한 이유'가 있다고 州 法院은 판정하였고, 주거에 들어간 것은 체포할 목적이기 때문이고, 수색은 체포에 부수된 것이라 불법이 아니라 하였다. 따라서 그 결과 얻어진 마약도 증거능력이 있다고 판결하였다.

569) 文鴻柱, 前揭書, 434-439면 參照.

3. 위법하게 수집된 디지털 증거의 증거능력 인정 여부

형사소송의 최대 목표는 진실의 발견이다. 그러나 국가는 실체적 진실 규명을 위하여 어떤 대가라도 치를 수 있는 것은 아니다. 그것은 형사소송의 기본원칙이 될 수 없다. 수사기관과 법원의 진실의 발견을 위한 노력은 법치국가의 요청인 인간의 존엄과 가치를 존중하고 비례성의 원칙을 충족하는 한도 내에서만 이루어져야 한다. 그렇지 않으면 국가기관이 진실을 발견하기 위한 노력은 범죄보다도 더 큰 기본권 침해를 야기하기 때문이다. 헌법과 형사소송법의 많은 규정은 실체적 진실의 발견으로 인한 국민의 기본권 침해를 필요 최소한으로 제한하는 기능을 가지고 있다.[570] 그러나 이와 같은 규정을 준수하지 않은 위법한 절차로 수집한 증거의 증거능력을 인정한다면 이 규정이 추구하는 법치국가적 요청의 실현은 불가능해진다. 따라서 이러한 위법수집증거배제의 법칙은 디지털 증거의 압수·수색에 관하여도 적용되어야 함은 물론이다. 다만 그 요건과 방식, 범위 등이 문제가 될 뿐이다. 영장 없이 또는 위법하게 발부된 영장에 기하여 압수·수색한 디지털 증거는 위법수집증거배제법칙에 의하여 증거능력을 부정해야 한다.

기존의 우리 대법원은 영장주의에 위반하여 압수한 증거물의 증거능력에 관하여 실질적 증거가치에 변함이 없는 한 증거능력을 인정해야 한다는 입장[571]을 취하고 있었다. 그러나 2007년 11월

---

570) 裵鍾大·李相暾, 前揭書, 569면.

571) 대법원 1968. 9. 17. 선고 68도932 판결; 1994. 2. 4. 선고 93도3318, 申洋均, 前揭書, 463면. 그러나 대법원은 위법한 절차에 기해 획득한 진술증거의 증거능력을 배제할 수 있다는 판단을 한 바 있다. 대법원 1990. 9. 25. 선고 90도1586.

대법원 전원합의체는 위법하게 수집된 증거는 증거능력이 없다고 판결하여 기존의 대법원 판례를 변경하였다. 물론 기존의 우리 법학자들은 학설을 통하여 압수·수색이 영장주의에 위반한 경우는 영장주의의 취지에 비추어 그 압수물의 증거능력을 부정해야 한다고 꾸준히 주장하였다.

사생활의 비밀과 자유를 보호하는 원칙이나 그리고 수사기관의 수사 활동으로부터 국민의 자유를 보호하고, 압수·수색과정을 규율하는 법률규정의 실효성을 담보하기 위해서는 영장주의의 원칙에 위반하여 수집된 디지털 증거의 증거능력을 부정함이 타당하다. 실체적 진실을 발견하기 위한 수사상, 재판상의 편의만을 위해 위법한 절차에 의해 수집된 디지털 증거의 증거능력을 인정할 수는 없는 것이다.[572]

4. 판례의 동향

앞서 설명한 것처럼 기존 우리 대법원은 '압수물은 압수절차가 위법이라 하더라도 물건 자체의 성질, 형상에 변경을 가져오는 것은 아니므로 그 형상 등에 관한 증거가치에는 변함이 없기에 증거능력이 있다'[573]는 취지였다.

그러나 2007년 11월 선거법위반 혐의로 제주도지사 당선무효소송에서[574] 대법원은 "위법하게 수집된 증거는 원칙적으로 유죄의

---

572) 吳奇斗, 前揭論文, 95면.

573) 대법원 1968. 9. 17. 선고 68도932 판결; 대법원 1987. 6. 23. 선고 87도705 판결; 대법원 1994. 2. 8. 선고 93도3318 판결; 대법원 2002. 11. 26. 선고 2000도1513 판결; 대법원 2006 7. 27. 선고 2006도3194 판결.

574) 대법원 2007 11. 15. 2007도3061 판결.

증거로 삼을 수 없다."는 대법원의 판결이 나왔다. 이번 판결은 압수물 수집과정에서 법이 정한 적법한 절차조항이 엄격하게 준수되어야 한다는 점을 분명히 해 헌법이 보장한 기본적 인권보장의 수준을 한 단계 끌어올리는 한편 위법수집증거배제의 원칙을 명문으로 도입한 개정 형사소송법의 2008년 시행을 앞두고 그 해석과 적용 기준을 제시했다는 점에서 큰 의미가 있다.

디지털 범죄에서 불법으로 수집한 디지털 증거를 배제해야 하는 것은 위 대법원 판례를 보아도 당연하며 이를 디지털 증거에 적용함에도 별다른 문제가 없다 할 것이다. 다만 디지털 증거는 그 특성상 일반 유체물의 증거보다는 조심스럽게 수집해야 하며 증거가 훼손되지 않도록 각별히 주의를 해야 할 것이다. 여기에서 불법으로 수집한 디지털 증거에 대한 위의 대법원 판례를 간단히 언급하고 앞으로 새로운 형사소송법 개정내용에 대하여 살펴보고자 한다.

가. 사건의 요지

피고인 김○○ 제주도지사는 2006. 5. 31 지방선거를 앞두고 공무원들을 동원해 불법선거운동을 기획한 혐의로 기소되었다. 검찰은 김 도지사의 정책특별보좌관실에서 압수·수색을 하던 중, 때마침 김 도지사의 비서관은 이를 모르고 기밀서류인 도지사의 업무일지와 각종 메모를 챙겨서 파기하러 갔다가, 압수·수색 중인 검찰 수사관에게 압수당했다. 더불어 검찰은 비서실과 도지사 정책특별보좌관실에 대해 압수·수색을 계속 진행하였다. 압수·수색에서 비서실장의 컴퓨터 하드디스크와 직원의 컴퓨터의 하드디스크, 정책특보의 컴퓨터 하드디스크 등 선거와 관련되어 있을 것으로 추정되는 물품과 서류 등 상자 1개 분량의 압수물을 확보하고 돌아갔다. 그러나 문제는 재판이 진행되면서 김 도지사가 공무원들과 선거기획을 공모했는지 여부보다는 검찰의 압수·수색 절차의 위법성 문제가 쟁점으로 떠올랐다. 검찰이 기소할 당시 결정적 증거로 제시한 압수물이 위법한 절차에 따라 획득된 것이라는 점을 김 도지사의 변호인 측이 강력 제기한 것이다.

나. 피고인의 주장

검찰이 법원으로부터 발부받은 압수·수색영장은 장소를 제주도지사 정책특보실로 한정했고, 대상은 '선거관련 자료 일체', 대상 인물은 오모 서기관과 김 모 특보 등 3명이라는 것이다. 그러나 "검찰은 압수·수색영장에 특정되지 않은 문건을 압수했고, 압수·수색영장을 제시하지도 않았기 때문에 그 자체가 위법하다."고 주장했다. 또한 "사후에도 압수·수색영장을 발부받지 않았기 때문에 검찰이 내놓은 문건은 위법한 증거물이고, 따라서 증거 능력이 전혀 없다."고 주장했다.

다. 검찰 측 주장

이에 대해 검찰 측 주장은 다음과 같다. 즉, "모든 자료가 어디에 있는지 파악해서 압수·수색하는 것은 아니며, 압수·수색영장은 '선거 관련 일체'였다며 압수한 문건이 변호인 측 주장처럼 '별개의 문건'이 아니다."라고 맞섰다. 결국 김 도지사의 선거법 위반 사건 재판은 '당시의 압수·수색이 위법인가 아닌가, 그리고 위법한 압수·수색 절차에 따라 입수한 문건에 증거능력이 있는가' 여부가 최대의 쟁점이 되었다.

라. 대법원의 판결

이에 대해 법원은 선거 무효형인 벌금 600만 원을 선고하였고, 1심 및 2심 재판부는 "압수·수색 절차에 문제가 있더라도 압수물의 증거 능력을 바꿀 수 없다는 것이 우리 판단이며, 대법원의 판례 역시 그렇다."고 유죄 이유를 밝혔다.[575]

그러나 대법원은 위법하게 수집된 증거는 유죄 증거가 되지 않는다고 하여 원심을 파기하고 사건을 광주고등법원으로 돌려보냈다. 이처럼 컴퓨터를 비롯한 디지털 증거의 압수·수색에 관하여 우리의 대법원은 위법하게 수집한 디지털 증거를 배제하였고, 우리 형사소송법은 개정을 통하여 이를 명문화하였다.

따라서 2008년 1월 시행되는 개정 형사소송법은 제308조의2에서 '위법수집 증거의 배제' 조항을 신설하여 '적법한 절차에 따르지 아니하고 수집한 증거는 증거로 할 수 없다'고 명문으로 이 원칙을 도입하였다. 따라서 본 조항은 향후 수사기관의 수사과정을 투명화하기 위한 강력한 제재장치로 사용될 것이다. 물론 컴퓨터와 관련된 디지털 증거가 이 조항에 의거하여 적용됨은 당연하다 하겠다.

5. 소 결

우리 헌법은 제12조 제1항 후문에서 "누구든지 법률에 의하지 아니하고는 압수·수색을 받지 아니하며, 체포·구속·압수 또는 수색을 할 때에는 적법한 절차에 따라 검사의 신청에 의하여 법관

---

575) 조선 매거진, 2007. 11. 19.

이 발부한 영장을 제시하여야 한다. 다만, 현행범인 경우와 장기 3년 이상의 형에 해당하는 죄를 범하고도 도피 또는 증거인멸의 염려가 있을 때에는 사후에 영장을 청구할 수 있다."(동조 제3항)라고 규정하여 압수·수색에 관한 적법절차와 영장주의를 선언하고 있다.

이에 따라 형사소송법과 형사소송규칙은 수사기관의 압수·수색에 관한 적법절차와 영장주의를 구체화하여 이에 대한 상세한 절차 조항을 마련하고 있다. 이 조항에 의하면 수사기관의 압수·수색은 법관이 발부한 압수·수색에 의하여야 하는 것이 원칙이고, 그 영장에는 피의자의 성명, 압수할 물건, 수색할 장소, 신체·물건과 압수·수색사유 등이 특정되어야 하며, 증거물을 압수한 경우에는 목록을 작성하여 소유자, 소지자 등에게 교부하여야 한다.576)

위와 같이 우리의 헌법은 국민의 기본권 보장을 위하여 압수·수색에 관한 적법절차와 영장주의를 선언하고, 이와 더불어 형사소송법은 수사기관의 실체적 진실 규명과 개인의 권리보호 이념을 조화롭게 실현할 수 있도록 압수·수색의 절차에 관한 구체적 기준을 마련하고 있다. 그러므로 헌법과 형사소송법이 정한 절차에 따르지 아니하고 수집된 증거는 헌법상 기본권 보장을 위해 마련된 적법한 절차에 따르지 않는 것으로서 원칙적으로 유죄 인정의 증거로 삼을 수 없다. 수사기관의 강제처분인 압수·수색은 그 과정에서 관련자들의 권리나 법익을 침해할 가능성이 적지 않으므로 엄격히 헌법과 형사소송법이 정한 절차를 준수하여 이루어져야 한다.

---

576) 형사소송법 제219조, 제111조 제1항, 제121조, 제122조, 제123조 제1항, 제129조, 제133조.

수사기관의 부당한 압수·수색을 억제하고 이에 대한 재발을 방지하는 가장 효과적인 대응책은 이를 통하여 수집한 증거와 이를 기초로 하여 획득한 2차적 증거의 증거능력을 배제하는 것이다.

위에서도 언급한 것처럼 기존 대법원 판례는 압수절차가 위법하더라도 물건 자체의 성질, 형상에 변경을 가져오는 것은 아니므로 그 형상 등에 관한 증거가치에는 변함이 없다 할 것이므로 증거능력이 있다는 취지의 대법원 판례들은 2007년 11월 15일 '공직선거법위반 사건'으로 40년 만에 새로운 대법원 판례를 통하여 입장을 변경하였다.[577] 그러나 법이 정한 절차에 따르지 아니하고 수집된 압수물의 증거능력 인정 여부를 최종적으로 판단함에 있어서는 실체적 진실 규명을 통한 정당한 형벌권의 실현도 헌법과 형사소송법이 형사소송 절차를 통하여 달성하려는 중요한 목표이자 이념이다. 따라서 형식적으로 보아 정해진 절차에 따르지 아니하고 수집된 증거라는 이유만을 내세워 획일적으로 그 증거의 증거능력을 부정하는 것도 역시 헌법과 형사소송법의 취지에 맞지 않는다는 것을 고려해야 할 것이다.

또한 수사기관의 증거 수집과정에서 이루어진 절차 위반행위와 관련된 모든 사정[578]을 종합적·전체적으로 살펴볼 때, 수사기관의 적법절차 위반행위가 실질적인 내용을 침해하지 않은 경우가 있다. 이때에는 오히려 그 증거의 증거능력을 배제하는 것이 헌법과 형사소송법이 적법절차의 원칙과 실체적 진실 규명의 조화를

---

577) 한국일보, 2007. 11. 16.

578) 즉, 절차조항의 취지와 그 위반 내용 및 정도, 구체적인 위반경위와 회피가능성, 절차조항이 보호하고자 하는 권리 또는 법익의 성질과 침해 정도 및 피고인과의 관련성, 절차 위반행위와 증거 수집 사이의 인과관계 등을 말한다.

도모하여 형사사법의 정의를 실현하려는 취지에 반하는 결과를 초래할 수도 있다. 따라서 이와 같은 예외적인 경우라면 법원은 그 증거를 유죄 인정의 증거로 사용할 수 있다고 보아야 할 것이다.

물론 수사기관인 검찰과 경찰은 범죄 증거의 수집절차에 위법행위로 수집된 증거가 존재하면 그 증거능력이 부정되어야 하는 것으로 보는 경우에는 실체적 진실 규명을 통한 형벌권의 행사가 불가능하다고 주장하고 있다. 따라서 적법절차의 요청과 실체적 진실 규명의 요청을 조화시키는 균형이 유지될 필요가 있다.

제4절 디지털 증거 수집 및 분석 절차 관련 입법론

Ⅰ. 입법제정의 필요성

현재 우리 법무부는 디지털 범죄 수사에 많은 노력을 기울이고 있다. 이를 위해 2008년 10월에 완공 예정인 디지털 증거 수집·분석 센터(Digital Forensic Center)를 현재 건립 중에 있다. 이와 함께 디지털 데이터·DB·네트워크·암호 분석 등 디지털 증거 수집·분석 기능을 활성화시켜 디지털 범죄에 대한 수사능력을 강화하고 있다. 또한 대검찰청에서는 내부적으로 '첨단범죄 수사 전문 아카데미' 교육과정을 개설하여 자체 디지털 범죄 전문가를 지속적으로 양성하고 있다.

경찰은 매년 11월에 디지털 범죄와 관련된 국제 세미나를 개최하여 선진국과의 수사기법 교류, 디지털 범죄 사례 발표를 통한 범죄 경향 분석 등 디지털 범죄를 예방 및 대처하고자 노력하고 있다.

이처럼 우리의 수사기관은 디지털 범죄에 대응하기 위하여 적극적인 노력을 하고 있다. 그러나 아직까지 입법, 사법기관의 수용자세는 그에 따르지 못하고 있는 것이 현실이며, 이는 결과적으로 헌법상 보장된 국민의 기본권 침해로 계속 이어질 것이다.

정보화 기술의 발전에 따라 종이문서를 대신하여 모든 기록이 디지털화됨으로써 각종 범죄의 증거가 문서가 아닌 디지털 기록의 형태를 띠게 되었고, 이러한 디지털 형태의 증거들을 어떻게 수집, 조사, 분석하여 그것들을 법정에 제출하여 증거능력을 인정받도록 할 수 있는지에 대하여 많은 의문이 제기되고 있다. 물론 여기서 컴퓨터 포렌식에 따른 경제적, 기술적인 측면에 문제점을 제기하는 것은 아니다. 이러한 컴퓨터 포렌식이란 절차를 법적인 측면에서 바라보고 이러한 것들을 적용하기 위한 법적인 근거를 마련하여 헌법상 보장된 기본권이 침해되지 않도록 하고자 하는데 그 목적이 있다. 더불어 수사기관이 증거를 확보하는 방안도 또 다른 목적이 된다.

현행 형사소송법은 컴퓨터 포렌식을 통한 디지털 증거의 수집에 대한 법적인 근거가 되지 못하며, 그 결과 컴퓨터 포렌식을 통해서 수집된 증거는 법원에서 증거능력을 인정받지 못하게 된다. 따라서 디지털 범죄의 증거를 확보하기 위해서는 컴퓨터 포렌식을 통한 과학적, 기술적인 개발을 하는 한편 그에 맞추어 형사법 체계를 정비하든지 아니면 따로 형사특별법의 형식으로 컴퓨터 포렌식을 이용한 증거 수집에 관하여 입법이 필요하다고 생각된다. 그에 대한 일환으로 앞 절에서 어느 정도는 형사법의 개정 부분에 대한 필요성을 제시하였고, 여기에서는 새로운 입법안으로 '디지털 증거 수집 및 분석 절차법안'을 제시하고자 한다.

우리의 형사소송법이 디지털 증거를 비롯하여 새로운 과학기술과 관련된 증거법상의 문제를 심도 있게 다루지 못했던 것은 그동안의 제정, 개정작업 가운데서 공판시스템 운영을 위한 인적·물적 자원의 부족 문제를 이유로 당사자주의와 공판중심주의가 형해화되고 증거법 관련 부분은 큰 개정 없이 기본 골격을 유지하여 왔기 때문이다.579) 형사재판을 둘러싸고 있는 환경 자체의 세계화, 국제화 추세는 세계적 표준 법률안을 제정하도록 요구하고 있고 증거법 부분에 있어서도 전근대적 방식을 더 이상 고수할 수 없게 하고 있다. 특히 과학기술의 발달은 새로운 형태의 증거 수집방법과 증거법상 취급방법을 마련하는 데 필연적인 요청일 수밖에 없다.

컴퓨터 포렌식을 법적인 절차로 도입하기 위해서는 다음과 같이 미국 법무부 사법 연구원이 제시한 절차방법, 미공군 기술연구소에서 제안한 방법들을 참고하여 추후 컴퓨터 포렌식을 법적으로 도입함에 있어 헌법상 국민의 기본권이 최소화될 수 있도록 해야 할 것이다.

---

579) 신동운, 「향후 형사법 개정의 방향」, 서울대학교 법학 제46권 제1호, 서울대학교, 2005, 119면.

Ⅱ. 외국의 입법례

미국 정부기관은 1984년부터 FBI 포렌식 연구실(Forensic Laboratory)을 선두로 하여 몇몇 법집행기관이 컴퓨터 증거의 시험에 관한 프로그램 개발에 착수하면서 컴퓨터 포렌식에 대하여 본격적인 연구가 시작되었다. 이후 FBI는 '컴퓨터분석 대응팀(Computer Analysis Response Team: CART)'을 설립·운영하면서 계속 발전시켜 왔으며, 그 외 여러 법집행기관들도 컴퓨터 포렌식 기구들을 설립하였다.

그러나 컴퓨터 포렌식 기구들이 설립되면서 각 국가들은 포렌식 절차에 대한 국제적인 표준화의 필요성을 느끼게 되었는데, 그 이유는 각 나라별로 사법제도에 차이가 있을지라도 컴퓨터 포렌식 결과에 있어서는 차이가 있을 수 없기 때문이다. 이에 따라 1991년 남 캐롤라이나 州(South Carolina State) 찰스턴에서 국제 법집행기관과 미국의 연방법집행기관들이 모여 컴퓨터 포렌식에 대한 표준화된 접근방법에 대해 논의하게 되었다. 그리고 1993년에는 미국 FBI가 주최한 '컴퓨터 증거에 관한 국제 법집행기관 컨퍼런스(International Law Enforcement Conference on Computer Evidence)'에서 국제 법집행기관 및 미국의 연방·주·지역 법집행기관 대표자들이 모여 이 문제에 관한 논의를 하였다. 그리고 이어서 1995년, 1996년, 1997년 각각 회합을 가졌다. 이 회합의 결과 이들 국가는 '컴퓨터 증거에 관한 국제조직(International Organization on Computer Evidence: IOCE)'을 결성하게 되었다.[580]

---

580) Michael G. Noblett · Mark M. Pollitt · Lawrence A. Presley, "Recovering and Examining Computer Forensic Evidence", Forensic Science Communications Volume 2 Number 4, October 2000.

이와 함께 초기 컴퓨터를 중심으로 하던 컴퓨터 포렌식은 1998 년부터 '디지털 증거(Digital Evidence)' 자체에 주목하기 시작하였고 IOCE는 이때부터 '디지털 증거'라는 용어를 정식으로 사용하기 시작하였다.[581] 이를 분석하는 법과학 분야도 컴퓨터 포렌식 대신 '디지털 포렌식'이라는 용어를 사용하기 시작하였으며 특히 2001년 8월 대학교 연구진들과 컴퓨터 포렌식 전문가들이 뉴욕 주 유티카(Utica)에서 '디지털 포렌식 연구 워크숍(Digital Forensics Research Workshop: DFRWS 2001)'을 개최하면서 정식으로 '디지털 포렌식'이라는 용어를 사용하기 시작하였다.[582]

한편 미국 내 법집행기관들은 1990년대 중반 이후 음악, 영상 등 데이터 저장방식이 아날로그 방식에서 디지털 방식으로 변화하는 것을 감지하고 디지털 형태의 증거 자체에 관심을 갖기 시작하였다. 그 결과 정부기관, 법집행기관 책임자들은 1998년 '디지털증거 과학수사그룹(Scientific Working Group on Digital Evidence:SWGDE)'을 결성하였다.[583] 1998년 3월과 5월 각 기관의 책임자들에게 '디지털 증거' 문제를 정식으로 상정하고 디지털 증거에 대한 포렌식 문제점들을 다루기 위한 '디지털 증거 기술실무그룹(Technical Working Group on Digital Evidence: TWGDE)'을 결성하였다. 이들이 중심이 되어 '디지털 포렌식'에 관한 절차를 마련하고 관련 문서를 개발하

(http://www.fbi.gov/hq/lab/fsc/backissu/oct2000/computer.htm).

581) IOCE, G8 Proposed Principles For The Procedures Relating To Digital Evidence, http://www.ioce.org/G8_proposed_principles_for_forensic_evidence.html; 梁根源, 前揭論文, 38면 재인용.

582) www.dfrws.org.

583) Mark M. Pollitt, Who is SWGDE and what is the history?, 2003. 1, http://ncfs.org/swgde/-SWGDE_History.pdf; 梁根源, 前揭論文, 38면 재인용.

는 작업을 계속하였다.584)

당시 실무그룹의 의장이었던 Mark Pollitt(Unit chief, FBI – CART)를 중심으로 '전자범죄 수사를 위한 기술그룹(Technical Working Group for Electronic Crime Scene Investigation: TWGECSI)'을 결성하여 준비 작업을 거쳐 초보자용 지침서를 만들었다. 미국 법무연구소(National Institute of Justice: NIJ)585)는 이를 토대로 2001년도에 '전자범죄현장수사(Electronic Crime Scene Investigation: A Guide for First Responders)'라는 지침서를 만들었다. 그리고 디지털 증거 분석과 관련된 표준화된 절차 마련을 위해 정부기관, 법집행기관, 포렌식 전문가, 수사관, 변호사, 업체 엔지니어, 학자 등 55명이 참석하여 '디지털 증거 분석 기술 실무팀'을 만들었다. 이들 팀이 만든 보고서를 중심으로 2004년 4월 '디지털 증거분석 지침(Forensics Examination of Digital Evidence: A guide for Law Enforcement)'을 만들어 배포했다.586)

미국 법무연구소(NIJ)에서는 2001년도 '전자범죄현장수사'587)라는 지침서를 통해서 다음과 같이 디지털 포렌식 절차를 제안하고 있다. 첫째는 수집(Collection) 단계로서 이는 디지털 증거의 수색과 인식, 수집, 그리고 이에 관한 기록단계를 말한다. 둘째, 시험

---

584) Carrie Morgan Whitcomb, "gAn Historical Perspective of Digital Evidence: A Forensic Scientist's View h", IJDE Spring 2002 Volume 1, Issue 1, 2002, www.ijde.org/archives/carrie_article.html; 梁根源, 前揭論文, 39면 재인용.

585) NIJ는 미국법무부의 연구부서로서 범죄를 방지하고 형사사법제도운용의 개선을 목표로 연구와 평가를 하는 기관이다. 연구 프로젝트, 간행물 등을 제공하고 있다.

586) www.ncjrs.org; 梁根源, 前揭論文, 39면 재인용.

587) NIJ, Electronic Crime Scene Investigation: A Guide for First Responders, 2001, http://www.ncjrs.org.

(Examination) 단계로 증거의 원천과 의미를 진술하면서 가시성을 부여하는 단계이다. 특히 이 단계는 숨겨진 데이터나 불분명한 정보, 관련된 기록들을 명확하게 하고, 삭제된 데이터의 복구 등이 이에 해당한다. 셋째, 분석(Analysis)단계로 시험의 결과 사건과 관련된 증거로서의 중요성과 가치를 지니고 있는 산출물을 상세히 분석하는 과정이다. 넷째, 보고(Reporting)단계로 시험과정과 전 수사과정에서 수집되거나 복구된 관련 데이터에 대한 보고서를 작성하는 과정이다.

이어서 2004년도에 NIJ에서는 정부 법집행기관 포렌식 전문가, 변호사, 학자 등이 참석하여 '디지털증거분석 기술 실무팀(TWGEDE)'을 만들고, 이들이 만들어 낸 보고서를 바탕으로 '디지털 증거 분석 지침'[588]을 만들어 배포하였다. 이 지침에서 제시하고 있는 디지털 포렌식 절차를 개괄하여 소개하면 다음과 같다.

첫째, 평가(Assessment)단계이다. 디지털 포렌식 분석관들은 어떤 행동을 취할 것인가를 결정하기 위해 사건의 범위와 관련된 측면에서 디지털 증거를 철저히 평가해야 한다. 여기에서는 압수·수색영장 등 정당한 법적 수단을 가지고 있는지, 압수·수색할 대상과 범위는 어디까지인지 등이 평가되어야 한다. 둘째, 획득(Acquisition)단계이다. 디지털 증거는 그 특성상 취약하기 때문에 부적절하게 취급하거나 검사하면 쉽게 변조·손상·파괴될 수 있다. 따라서 원본 증거는 이러한 취약성을 보호하는 방법을 사용하여 획득되어야 하고 증거의 무결성이 보존되어야 한다.

---

588) NIJ, Forensic Examination of Digital Evidence: A guide for Law Enforcement, 2004, http://www.ncjrs.org.

셋째, 분석(Examination)단계이다. 이는 디지털 증거를 추출하고 분석하는 것이다. 증거의 추출은 디지털 저장매체에서 데이터를 복구하는 것이고, 분석은 복구된 데이터를 해석하고 논리적으로 이용 가능한 형태로 만드는 것이다.

넷째, 기록 및 보고(Documenting and Reporting)단계이다. 디지털 증거에 대한 포렌식 절차에서 취해진 행동과 관찰사항들은 기록되어야 한다. 기록과정은 최종결과를 문서로 작성, 준비하는 것으로 결론에 이른다.

또한 미공군 기술연구소의[589] Mark Reith 등 3명이 2002년도에 컴퓨터 포렌식 절차를 다음과 같은 단계로 구분하여 디지털 증거 관련 학술지에 제안한 것이다.

첫째, 사건의 정립(Identification)단계로 사건을 인식하고 그 유형을 결정한다. 둘째, 준비(Preparation)단계로서 포렌식에 사용할 도구, 기술, 영장 등 법적 수단, 지원 상태 등을 준비하는 과정이다. 셋째, 접근전략 수립(Approach Strategy)단계로서 피해자에 대한 부담을 최소화하면서 하자 없는 증거를 수집하도록 효율을 최대화하기 위한 절차를 계획하는 단계이다. 넷째, 수집(Collection)단계로서 물리적인 상황에 대한 기록과 표준화된 절차에 따라 디지털 증거를 복제하는 과정이다. 다섯째, 검사(Examination)단계로 범죄와 관련 있는 증거를 정밀하고 체계적으로 검색을 하는 과정이다. 여섯째, 분석(Analysis)단계로서 디지털 데이터의 중요성을 결정하고 그 조각들을 맞추어서 재구성하고, 발견된 디지털 증거들을 기초로 하여

---

589) Mark Reith · Clint Carr · Gregg Gunsch, "An Examination of Digital Forensic Models", International Journal of Digital Evidence, Vol1 Issue3, Fall 2002, http://www.ijde.org/archives/02_fall_art2.html.

결론을 도출하는 과정이다. 일곱째, 증거제시(Presentation)단계로 디지털 증거의 분석으로 얻은 결론을 요약하고 제시, 설명하는 단계이다. 여덟째, 증거환부(Returning evidence)단계로 증거로 압수된 디지털 재물을 그 소유자에게 환부하는 것을 결정하는 단계이다.[590]

III. 컴퓨터 포렌식의 기본원칙과 절차

컴퓨터 포렌식을 통하여 증거를 수집 및 분석할 경우, 특히 포털 업체의 대형 서버를 압수·수색하는 경우 범죄와 관련이 없는 타인의 정보가 공개 및 유출되는 경우가 발생할 수 있다. 수사기관은 컴퓨터 포렌식을 통하여 수집된 증거와 그에 부수되어 수집된 정보에 대하여 접근 권한이 없는 타인에게 공개되지 않도록 주의해야 한다. 여기에는 사용자의 행동 패턴을 알 수 있는 로그파일(log file)[591]과 개인의 데이터 파일 정보가 포함된다. 수사기관 외에 정당한 접근 권한 없이 컴퓨터 포렌식을 통하여 타인의 사생활을 침해해서는 안 되며, 또한 접근할 필요가 없는 영역에 저장된 타인의 개인정보들을 수집하여 헌법상 기본권인 사생활이 침해되지 않도록 해야 할 것이다.

컴퓨터 포렌식을 통한 디지털 증거를 분석할 시에는 우선, 디지털 증거의 원본을 안전하게 보존하고, 그에 대한 무결성을 확보해

---

590) 梁根源, 前揭論文, 47 – 48면 이하 참조.

591) 로그파일은 운용기록이라고도 하며 컴퓨터 작동에 관한 기록, 컴퓨터 상황의 변경, 입출력 장치에 대한 사항, 입력한 자료 등에 관한 사항의 기록 등 컴퓨터 운용에 관계되는 모든 기록을 말한다.

야 한다. 둘째, 증거분석기법과 컴퓨터 포렌식 도구인 프로그램의 신뢰성을 확보해야 한다. 셋째, 증거분석과 과정을 기록하여 모든 과정을 문서화해야 한다. 이외에도 디지털 증거의 수집도 적법한 절차에 의해 수집되어야 하며, 컴퓨터를 끄면 디지털 정보가 사라지는 휘발성 증거들은 신속한 조치에 의하여 진행되어야 한다. 컴퓨터 포렌식을 통하여 수집된 증거가 법정에 제출되어 증거능력을 인정받기 위해서는 이러한 기본원칙을 반드시 준수해야한다.

1. 디지털 증거의 원본보존과 무결성 확보

디지털 증거분석이라 함은 컴퓨터 또는 기타 디지털 저장매체에 남아 있는 자료에 대한 원본 보존과 사건관련 증거를 과학적인 절차를 통하여 추출, 검증, 판단하는 조사 및 수사과정을 말한다.[592] 이는 원본에 대한 사본 이미지를 만들어 분석하는 것을 원칙으로 한다. 하지만 신속한 분석을 요하거나 이미지 생성이 현저히 곤란한 경우는 예외로 한다. 디지털 증거의 분석으로 인해 디지털 증거의 내용이 절대로 변경되어서는 안 되며, 사법기관인 경찰, 검찰, 법원에 증거제출 단계에서 디지털 증거가 훼손되거나 변경되지 않았음을 입증할 수 있어야 한다.[593] 따라서 디지털 증거 원본은 절대적으로 보존해야 한다. 또한 수집·분석 등 증거분석 절차에서 발생 가능한 변경을 방지하고 원본 사용을 통제하는 한편 무결성을 증명하는 조치가 병행되어야 한다.[594]

---

592) 경찰청, 전게서, 6면.

593) 金炯盛·金學信, 「Computer Forensics의 법적 문제 연구」, 成均館法學 第18券 第3號, 成均館大學校 比較法研究所, 2006. 12, 102면.

무결성이라 함은 디지털 증거가 위조·변조되지 않고 범죄 사건이 일어났을 당시의 디지털 자료가 그대로 보존되어 있음을 의미한다. 일반 범죄에서 범죄자들이 범죄현장에 발자국을 남기거나 지문을 묻혔을 때 수사기관은 발자국 모양이나 지문의 형태가 손상되지 않도록 세심한 주의를 기울여야 한다. 이와 마찬가지로 디지털 증거는 변경, 훼손이 아주 용이하다는 특성이 있으므로 최초 증거가 저장된 매체에서 법정에 제출되기까지 변경이나 훼손이 없었다는 점이 입증되어야 한다.

이를 위해 디지털 증거를 운반할 경우에는 반드시 봉인을 해야하고, 디지털 증거를 분석할 때에는 원본을 복제한 후 원본은 보존하고 사본을 가지고 분석 작업을 수행하는 것이 일반적이다. 예외적으로 원본 기록매체에서 자료를 추출할 필요가 있는 경우에는 책임 있는 전문가를 통해 작업을 수행하고 그 과정과 절차를 반드시 기록으로 남겨야 한다.[595]

통상 디지털 증거에 대한 수집·분석·보관·처리·법정제출 과정에서 많은 사람들의 행위가 개입되게 된다. 이 경우 각 행위 시마다 원본 데이터의 무결성이 그대로 유지되고 있다는 절차적 보증이 필요하다. 따라서 컴퓨터 포렌식 과정에서는 자료의 무결성을 입증하기 위해 암호기술, 문서화 등 기술적인 방법들이 부가적으로 사용되어야 한다.

간단히 기술적인 부분을 첨부하면 이러한 무결성을 확보하는 데는 해쉬함수라는 암호화 프로그램이 사용되는데 디지털 증거물을

---

594) 경찰청, 전게서, 26면.
595) 梁根源, 前揭論文, 40-41면 參照.

276

압수한 뒤 해쉬함수를 통해 얻은 값은 절대 변동하지 않기 때문에 조작 여부를 원천 차단하게 된다. 단 1바이트만 조작을 가해도 해쉬값이 엄청나게 달라지기 때문에 조작을 했다는 사실이 쉽게 드러난다. 예컨대, 디지털 증거가 최종적으로 가시성·가독성 있는 서류 등의 형태로 법정에 제출될 경우, 단순히 제출된 서류 등이 바로 직전 단계의 디지털 증거와 동일성을 인정받을 수 있을 정도, 즉 작성자의 법정진술 등에 의해 그 성립의 진정이 인정되는 것만으로는 증거능력을 인정받을 수는 없는 것이다. 일반 물리적 증거는 대부분 최초 수집된 증거가 법정에 제출되는 경우가 많다. 여기에 의도적인 행위가 개입하지 않는 한 증거의 변경이 쉽지 않다. 현재의 전문 증거의 증거능력을 인정받기 위한 절차적 규정만으로 충분하다고 할 수 있지만 디지털 증거는 취급자의 고의가 없이도 쉽게 변경, 훼손이 가능하다는 특징이 있다. 이에 대한 특별한 주의와 그 처리과정에 대한 절차적 입증이 필요한 것이다. 법집행기관이 법에 규정된 절차에 따라 정당한 방법에 의해 디지털 데이터를 수집하기 전까지는 법적인 증거라 할지라도 해당 데이터가 시스템 관리자 등에 의해 고의 또는 과실로 삭제·변경될 가능성도 많이 있기 때문이다.[596)]

2. 디지털 증거 분석 도구의 신뢰성 확보

컴퓨터 포렌식의 모든 과정에서는 반드시 증거 수집·분석 소프트웨어와 장비들을 사용하고 있다. 하지만 이러한 장비들과 소프트

---

596) 梁根源, 前揭論文, 218 - 219 이하 參照.

웨어들에 대한 신뢰성이 검증되지 않는다면 그 증거물은 법정에서 증거능력을 인정받을 수가 없다. 따라서 컴퓨터 포렌식에서 쓰이는 증거 분석도구는 국제적으로 널리 사용되는 전문 증거분석 장비 및 프로그램을 사용한다.[597] 그러나 국제적으로 널리 사용된다고 하더라도 신뢰성의 문제가 모두 해결되는 건 아니다. 예를 들어 최근 우리의 판례인 '일심회 간첩단 사건'처럼 피고인 측에서 디지털 증거의 수집·분석 등 처리에 사용된 장비 및 프로그램의 신뢰성을 문제 삼을 수도 있다. 법원은 국제적으로 널리 사용하는 컴퓨터 포렌식 프로그램이라 하여 이에 대한 신뢰성을 인정하였지만, 단지 선진국이 사용한다는 이유로 분석도구가 검증되었다고 보는 견해에 대하여는 커다란 문제점이 아닐 수 없다. 특히 우리나라는 이에 대한 국가검증기관이 없으며 또한 검증이 이루어졌는지에 대하여는 의문이 제기된다. 이것이 분석도구에 대한 아주 중요한 신뢰성 문제이며, 앞으로는 컴퓨터 포렌식 도구의 정확성, 신뢰성의 입증에 대하여 심도 있게 연구가 되어야 할 것이다.

미국 법무연구소의 보고서에 의하면 미국은 포렌식에 사용되는 모든 소프트웨어는 국가기관에 의해 적절하게 인증을 받은 것을 사용할 것을 권고하고 있다.[598] 미국의 상무부 산하의 '국가 표준 기술 연구소(National Institute of Standards and Technology: NIST)'는 미국 법무연구소의 지원을 받아 '컴퓨터 포렌식 도구 테스트 프로그램(Computer Forensics Tool Test Program: CFTT)'을 운영하면서 포렌식 도구의 신뢰성을 평가하고 테스트한 결과를 공개하고

---

597) 경찰청, 전게서, 26면.
598) NIJ, Ibid, p.3.

있다.599) 즉, 포렌식 도구는 항상 목적한 결과를 정확하게 낼 수 있는지 검증할 수 있어야 하기 때문에 포렌식 도구의 검증 및 평가방안을 제시하고, 수사기관들이 많이 사용하는 포렌식 도구를 테스트하고 그 결과를 문서화하여 공개하고 있다. 이 문서는 디지털 증거와 관련하여 재판 시에 배심원들에게 배포되어 검사 및 변호사들은 공신력 있는 기관인 '국가표준기술연구소(NIST)'가 인정한 포렌식 도구로 획득된 디지털 증거임을 강조하여 법적 효력을 가질 수 있음을 주장하는 데 사용된다.600)

또한 미국 연방증거규칙 제901조 b항 9호에서는 증거의 진정성을 증명할 수 있는 방법의 예로 절차나 시스템(Process or System)을 들고 있는데, 이는 '어떤 결과를 작출해 내는 절차나 시스템이 정확한 결과를 작출해 낸다는 것을 보여 주는 증거'라고 기술하고 있다.601)

이와 관련하여 Daubert v. Merrell Dow Phamaceuticals, Inc. 사건602)에서 연방대법원은 과학적 증거의 유효성·신뢰성 문제와 관련한 기념비적인 판결이 되었다. 이 판결로부터 나온 것이 'Daubert standard / analysis'라고 하는데 이는 법적인 관점에서 연방증거규칙 제901조 b항 9호에 입각하여 포렌식에 사용되는 도구들을 검증하

---

599) www.cftt.nist.gov. 참조.

600) 김귀남, 「국내 디지털 포렌식 기술에 대한 고찰」, 수사연구 2005년 3월호, 2005. 3, 22면.

601) 원문을 보면 "Process or system. Evidence describing a process or system used to produce a result and showing that the process or system produces an accurate result." 고 되어 있다.

602) Daubert v. Merrell Dow Phamaceuticals, Inc., 509 U. S. 579, 113 S. Ct. 2786, 125 L. Ed 2d 469(1993).

는 기준을 세웠다. 특히, 미국 등 세계 각국에서 컴퓨터 포렌식에 많이 사용하고 있는 EnCase 프로그램도 Mathew Dickey v. Steris Corporation 사건603)에서 이러한 도전을 받았으며, 컴퓨터 포렌식 분석관들도 Daubert 분석이라고 하는 기준들에 익숙해져야 한다는 인식들을 갖게 되었다.604)

디지털 증거물이 동일할 경우에는 제3의 디지털 증거분석관이나 전문가가 이 증거물을 다시 분석을 하여도 처음 분석결과와 동일하게 일치하는 결과가 도출되어야 증거분석 결과에 대한 신뢰성을 확보할 수 있다. 또한 동일한 디지털 증거물에 다른 증거분석 소프트웨어 및 다른 장비를 사용하여도 처음 분석결과와 일치하는 결과가 도출되어야 증거분석 프로그램 및 장비 부문에서도 신뢰성을 확보할 수 있다.605)

이와 같은 기준과 절차는 비록 미국에서 시작한 것들이지만, 유사한 디지털 범죄 환경에서 디지털 증거를 다루는 우리나라에도 그대로 적용될 수 있을 것이다.

앞으로 우리나라도 컴퓨터 포렌식을 통한 디지털 증거가 법정에 증거로 제출되는 빈도가 점점 증가할 것을 예상한다면 증거 수집과 분석에 사용되는 각종 컴퓨터 포렌식 프로그램에 대한 신뢰성을 확보할 만한 절차적 규정이 마련되어야 할 것이다. 또한 신뢰

---

603) Mathew Dickey v Steris Corporation, No.99 – 2362 – KHV, (D. Kansas).

604) 여기에서 특히 포렌식 도구와 관련하여 Daubert 분석 기준으로 거론되는 기본적인 사항들을 보면 다음과 같다. ⓐ 이론 혹은 기술이 검증(test)될 수 있거나 검증되었는지의 여부, ⓑ 그 이론 혹은 기술이 검토(Review)와 공표(publication)를 거쳤는지 여부, ⓒ 특별한 기술적 측면에서 '알려진 혹은 잠재적인 에러율'이 높은지 여부, ⓓ 그 이론이나 기술이 '관련된 과학자 사회(Relevant Scientific Community)'에 일반적으로 받아들여지는지 여부 등이다. Guidance Software, Inc., *Ibid*, p.17.

605) 경찰청, 전게서, 26면.

성 확보의 일환으로 국가기관이 인증하는 시스템을 조속히 도입해야 할 것이다.

3. 디지털 증거분석과정의 문서화

디지털 증거의 분석을 통한 사후의 입증 문제 때문에 디지털 증거분석 과정 및 분석자의 성명, 분석일자, 분석방법에 대하는 상세한 기록을 해야 한다. 특히 컴퓨터 포렌식에 있어서는 반드시 디지털 증거 원본을 획득하되 증거분석의 모든 과정을 상세하게 기록해야 하며 증거 수집 시에도 가급적 입회자를 확보하여 신뢰성을 확보한다. 이를 일반적으로 '보관의 연속성(Chain of Custody)'606)이라고 한다. 또한 디지털 증거를 수집하고 분석하는 과정에서는 일시적인 문제점이 일어나는 경우가 다반사이므로 이에 대한 사후 검증을 위해 명확한 문서화 작업이 필요하다. 나아가 '디지털 증거분석 결과 보고서' 등 체계적인 분석보고서를 작성하여 분석과정과 결과를 사후에 입증할 수 있게 해야 한다. 이 원칙은 컴퓨터 포렌식 전 과정에서 적용되어야 한다.607)

수사기관이 차후 입증문제와 관련하여 디지털의 증거분석 시 기록을 통한 문서화의 중요성에 대하여 인식한다면 주요 장면은 사진, 디지털카메라, 동영상 또는 캠코더, 비디오 등으로 촬영하여 보관하는 것이 차후 입증문제를 더욱더 확실히 할 수 있다.

---

606) chain of custody라 함은 증거물을 수집해서 이송, 분석, 보관, 법정 제출에 이르는 과정 중 증거가 변질, 훼손되지 않았는지 입증할 수 있어야 한다는 원칙이다.
607) 김현상·이상진·임종인, 「자동화된 침해사고 대응시스템에서의 디지털 증거 수집」, 정보보호학회 하계학술대회, 2004. 6.

4. 컴퓨터 포렌식의 절차

디지털 증거에 대하여 적용되는 컴퓨터 포렌식의 절차는 크게 3단계로 구성된다. 첫 번째 단계는 범죄 증거에 해당하는 정보 또는 기록 등을 수집하고, 세분화하는 과정이다. 수집된 정보는 원본과 동일한 형태의 복사본을 확보하게 되는 것으로 손실이나 변형이 나타나지 않아야 한다. 이 단계에서는 디지털 저장장치에 저장된 정보의 유형과 형태를 확인하는 단계로 증거자료 확보가 주된 핵심이다. 특히 법적 증거가치가 있는 정보를 잘못 취급하여 증거로서의 가치를 상실하지 않도록 유의해야 한다.

두 번째 단계는 보존단계로서 디지털로 저장된 자료를 확인 후에 변경되지 않도록 보존하는 단계이다. 만약 디지털 정보나 자료가 변경되었을 경우에는 법적인 절차에 따라 변경된 원인을 설명할 수 있어야 한다. 이 경우에 있어서 디지털 자료뿐만 아니라 자료를 읽을 수 있는 디지털기기의 변경도 포함한다.

세 번째 단계는 디지털 증거의 분석단계로서 디지털 자료를 추출·처리·판단하는 단계로 디지털 증거 분석용 프로그램 도구[608]를 이용하여 디지털 증거를 분석하는 단계이다. 증거 분석 시에는 검사대상 증거가 변경되지 않도록 각별히 주의해야 한다.

네 번째는 제출단계로서 확인·보존·분석 단계에서 추출된 디지털 증거물에 대한 법적 증거능력과 증명력을 확보하여 법정에 증거자료로 제시하기 위해 준비하는 단계를 말한다. 이와 같은 분석절차를 마친 후에는 범죄의 증거로 채택될 수 있다.[609]

---

608) 여기에는 EnCase, Safeback, Ghost, TrueImage, finaldate VOGON Image, Fastbloc, netcat 등 많은 분석용 도구들이 있다.

컴퓨터 포렌식은 결과물이 법적 증거자료로서 인정될 때 그 목적을 달성하는 것이다. 그러므로 컴퓨터와 연관된 기술적 문제를 포함하고 있는 범죄는 합법적이고 적법한 절차를 통해 법적인 요구사항을 반드시 만족해야 하며 이것을 수용할 수 없으면 디지털 증거는 증거로서 부적합하게 된다.[610]

Ⅳ. 디지털 증거 수집 및 분석에 관한 절차 법안

1. 제안의 필요성

정보통신 기술의 발달로 인하여 발생한 역기능은 우리 사회에 해마다 신종 디지털 범죄를 생산하고 있다고 해도 과언이 아니다. 또한 범죄가 발생되는 속도도 과거와는 비교조차 할 수 없을 정도로 빠르게 발생하고 있다. 그러나 이러한 범죄에 대응하는 법률들은 과거와 거의 유사한 속도로 제정 및 개정되고 있다. 그 결과 국민들은 신체의 자유, 사생활의 자유, 통신비밀의 자유 등 헌법상 보장된 국민의 기본권들이 침해되고 있는 것이 현재의 상황이다.

디지털 범죄에서 생성된 증거는 일반 범죄에서의 발견된 증거와는 그 특성이 크게 다르기 때문에 증거에 대한 처리 방법이 크게 다르다. 디지털 범죄 사건에서 범죄자를 처벌하기 위해서는 적법한 절차에 의하여 증거가 수집되고 취급되어야 한다. 그러나 현재는

---

609) 이형우·이상진·임종인,「컴퓨터 포렌식스 기술」, 정보보호학회지 제12권 제5호, 2002. 10, 10면.

610) 한국정보보호센터,「컴퓨터 포렌식스 도구 및 절차」, 정보통신기반구조보호기술개발, 정보통신부(정보통신연구개발사업연구결과), 1999. 12, 301 – 302면.

디지털 증거 처리에 관한 법 규정이 제정되지 않아 그렇지 못한 상태이다.

앞서 설명한 것처럼 경찰은 2006년 12월에 '디지털 증거 처리 표준 가이드라인'을 만들어 디지털 증거 압수·수색 시에 경찰관이 디지털 증거를 수집·분석·보관함에 있어 필요한 절차와 준수사항을 지키도록 하였다. 또한 검찰에서도 2003년 8월 11일 '컴퓨터 등 압수·수색기본지침'611)이라는 기본 지침서를 만들었고, 이를 좀 더 구체화하여 2006년 11일 21일 대검예규 제410호로 '디지털증거 수집 및 분석규정'을 예규로 제정하고 현재 시행하고 있다. 이는 대외적으로 법적인 효력을 띠고 있지는 않지만, 현재로서는 수사기관이 이 규정에 의거하여 디지털 증거를 수집하고, 법정에 제출하고 있다. 그러나 담당 판사는 법률이 아닌 위 규정에 의거하여 수집된 증거의 증거능력을 인정하지 않을 수도 있다. 또한 피고인 변호사는 그 디지털 증거에 대한 수집·절차 법률의 미비를 이유로 하여 증거의 신뢰성에 대하여 문제를 제기할 수도 있을 것이다.

따라서 수사기관이 디지털 증거를 수집·분석함에 있어서는 당연히 법률규정에 의거하여 취급되어야 하는 것은 굉장히 중요한 문제이다. 특히 이러한 디지털 증거는 무형의 증거이기 때문에 수사관들은 기존의 전통적인 증거보다는 디지털 증거를 더 세심히 다루어야만 한다. 디지털 증거에 관한 문제는 수사관들뿐만 아니라 이와 관련된 검사, 판사, 변호사 모두에게도 굉장히 중요하다고 할 것이다.612)

---

611) 대검 611100 - 284호.

현재의 정보통신기술 발전의 속도라면 앞으로 디지털 범죄는 다양한 형태로 발생하고 지속적으로 증가할 것이다. 그래서 이에 대처할 수 있는 디지털 증거 수집 및 절차에 관한 법률을 제정하여 헌법상 보장된 국민의 기본권이 침해되지 않고, 최대한 보장받을 수 있도록 하고자 하는 것이 본 법률의 제안 이유이다. 또한 이 법률안은 부록에 첨부하고자 한다.

2. 법률안 내용

본 디지털 증거 수집 및 분석에 관한 절차법에 관한 구성은 다음과 같다. 본 법률은 총칙을 비롯하여 크게 제1장 총칙, 제2장 디지털 증거의 압수·수색, 제3장 디지털 증거의 분석, 제4장 디지털 증거의 분석보고 및 수집·분석 지원요청, 그리고 부칙으로 구성하였다. 이에 대하여 좀 더 구체적으로 각 장의 법률 내용을 살펴보고자 한다.

제1장 총칙부분에서는 이 법률의 최대 목표인 적법절차 준수와 이로 인한 국민의 기본권을 보호하는 제정목적을 언급하고, 동 법률에서 쓰이는 용어의 정의, 특히 디지털 증거, 증거 분석 등을 명

---

612) 미국은 디지털 증거에 관련된 주제를 다루는 곳이 많은데, 컴퓨터 증거에 관한 국제 조직(IOCE)은 1998년에 설립되었으며 전 세계의 법집행기관들이 컴퓨터 포렌식과 관련된 정보를 교환할 수 있는 포럼을 제공하고 있다. 또한 디지털 증거에 관한 과학 작업반(SWGDE)이 이 단체에 참여하고 있다. 국제컴퓨터전문가협회(IACIS)는 비영리 단체로서 컴퓨터 포렌식과 관련된 수사관을 교육시키는 일을 하고 있다. International Journal of Digital Evidence(IJDE)는 디지털 증거 처리에 관한 이론과 실제를 주로 다루고, Computer Forensics Online는 컴퓨터 법률을 전문으로 다루는 변호사와 기술자들이 운영하고 있다. 이와 유사한 여러 곳에서 컴퓨터 포렌식을 다루고 있으며, American Academy of Forensics Sciences와 같은 대형 기관에서도 컴퓨터 범죄, 디지털 증거, 포렌식 등을 다루고 있다. Debra Littlejohn shinder(강유 譯), 前揭書, 547면.

확하게 하여 용어에서 오는 혼란을 없애고자 하였다. 그리고 적용 범위와 적법절차의 준수를 명시하였다. 또한 수사기관이 신속하고 효과적인 디지털 증거를 수집하기 위하여 디지털 증거의 수집 계획의 내용과 이를 통하여 디지털 증거의 수집 절차를 명확히 규정하였다. 이는 디지털 증거의 진정성과 무결성을 확보하기 위한 것이다. 이 장의 마지막은 압수된 디지털기기 및 저장매체들의 운반과 보관 규정을 두어 디지털 증거의 특성을 감안하여 증거가 손상이 되지 않도록 각별하게 주의를 주고자 하였다.

제2장에서는 수사기관에 의한 디지털 증거의 압수·수색을 규정하였는데, 이는 형사소송법의 압수·수색 규정에서 디지털 증거 부분만을 특화시켜 구체적으로 규정하고자 하였다. 먼저 디지털 증거의 압수·수색 준비단계로 사건의 개요, 압수·수색의 장소 및 대상, 정보처리시스템의 유형과 규모, 네트워크의 구성, 디지털기기의 보유현황 등 모든 사항들을 확인하고 철저하게 계획을 수립하는 조항을 삽입하였다. 이러한 준비과정을 거쳐 디지털 증거를 압수·수색할 수 있는 세세한 부분을 규정하였다. 그리고 헌법상 보호된 기본권의 침해를 방지하기 위하여 디지털 증거의 부당한 압수·수색은 당연히 금지하고 반드시 적법절차에 의하도록 규정하였다. 물론 디지털 증거의 특성상 압수·수색 시에는 유의해야 할 사항이 있기에 이에 대한 유의사항도 첨부하여 규정하였다.

제3장에서는 수사기관에 의하여 압수·수색된 디지털 증거를 수사관 또는 디지털 증거 분석전문가에 의하여 분석 시 지켜야 할 준수사항을 규정하였다. 먼저 디지털 증거의 분석 시 지켜야 할 기본원칙과 이를 통하여 디지털 증거를 분석하는 방법을 규정하였

다. 그리고 수집된 증거의 보존을 위한 준수사항을 규정하였다.

제4장에서는 수사기관에 의해 압수·수색된 디지털 증거를 분석한 후, 이에 대한 분석보고서를 작성하는 방법과 디지털 증거의 수집 및 분석 시 분석 전문가의 지원이 필요할 경우, 이를 요청할 수 있는 부분을 규정하였다. 먼저 수집된 디지털 증거에 대한 분석을 종료하였을 경우 이에 대한 분석보고서 작성방법을 명확히 하고 차후 이를 법원에 제출할 수 있도록 하였다. 또한 수사기관은 수사 또는 공소유지 등을 위하여 필요한 경우 상급 수사기관이나 컴퓨터 포렌식 전문가의 지원요청을 받을 수 있도록 하였다. 마지막으로 디지털 증거의 분석을 종료한 경우에는 그 분석결과를 수사기관의 최고 책임자에게 보고하도록 하였으며, 분석대상이 된 디지털기기들을 분석 후에는 반환할 수 있도록 규정하였다.

위와 같은 내용을 중심으로 하여 디지털증거 수집 및 분석절차 법률안을 구성하였다. 물론 많은 부분이 부족하다고 생각이 된다. 하지만 이를 계기로 하여 입법기관에서 보완해야 할 부분은 심도 있는 검토 작업을 거쳐서 보완을 한 후, 조속한 시일 안에 본 법률이 제정될 수 있도록 해야 할 것이다. 이 법률의 제안은 디지털 범죄에 있어서 수사기관의 적법한 절차와 더불어 국민의 기본권이 침해되는 것을 방지하고, 헌법상 보장된 국민의 기본권을 최대한 보호하는 작은 밑거름이 될 것이라 생각한다.

제5장

결 론

2007년 3월 서울에서 '세계 컴퓨터 과학자 대회'가 열렸다.[613] 이 대회에서 일반인에게 생소한 컴퓨터 포렌식(Computer Forensics) 이란 용어가 소개되었다. 컴퓨터 포렌식은 살인 사건이 발생하면 현장에서 채취한 증거와 사체를 과학적으로 분석해 사망원인 등을 알아내는 법의학처럼 디지털 범죄의 법의학이라고 말할 수 있다.

현재 디지털 범죄가 고도화되고 이로 인한 개인정보 · 기업정보 유출뿐만 아니라 다양한 디지털기기를 통한 새로운 형태의 신종 범죄들이 증가하고 있으며, 이에 부가하여 이러한 신종 범죄에 대한 디지털 증거를 수집하기 위한 컴퓨터 포렌식의 필요성은 더욱 절실해지고 있다. 특히 최근에는 전통적인 일반 범죄에서도 범행의 예비, 음모, 시도나 과정에서 컴퓨터를 이용한 인터넷과 디지털기기들이 다양하게 혼합되는 경향이 증가하고 있다. 예를 들어 살인 · 절도 · 마약거래 · 성매매 · 보험사기 · 협박 · 인터넷 사기 등의 범죄 행위를 실행하기 위해 인터넷을 이용하여 E-mail, 개인 홈페이지 게시판, 메신저(Messengers), 블로그, 휴대폰의 문자서비스 등을 이용하여 범죄 행위를 예비 · 공모하는 사례들이 자주 나타나고 있다. 이러한 추세라면 앞으로는 모든 범죄들이 디지털 범죄와 일반 범죄가 나누어지는 것이 아니라 하나로 융합 또는 혼합되어 나타날 것이라 예상된다. 따라서 컴퓨터 포렌식은 디지털 범죄뿐만 아니라 모든 범죄 분야에서 증거를 수집하기 위해 더욱 필요하게 될 것이다. 그러나 이러한 추세에 비추어 그에 따른 우리나라의

613) 한국경제신문, 「해킹 등 각종 컴퓨터 범죄 디지털 포렌식으로 잡는다」 2007. 3. 14.

입법·사법기관의 수용 자세는 그에 따르지 못하고 있는 것이 현재의 실정이다.

디지털 범죄에서 수사기관이 디지털 증거를 수집하기 위해서는 헌법상 적법한 절차와 이에 따른 영장주의의 원칙이 적용되어야 함은 당연하다 하겠다. 그러나 현행 형사소송법은 디지털 증거의 압수·수색에 대해서는 명문의 규정이 없고, 해석상으로만 인정이 되고 있어 이것이 근본적인 해결방안은 아니라고 생각된다.

이러한 현행법의 근거규정 미비로 인하여 수사기관이 디지털 범죄를 수사함에 있어서 헌법상 보장된 국민의 기본권 침해가 개인의 사생활의 침해, 영장주의 위반, 적법절차 위반 등의 형태로 기본권 침해 행위가 발생하고 있어 이에 대한 헌법적인 문제가 제기되고 있다.

물론 헌법상 국민의 기본권을 지나치게 중시한 나머지 실체적 진실의 발견을 위해 범죄 행위의 증거들을 수집하고 법정에 제출하지 못하는 영역이 넓어지게 되면 법적인 수단이 적용되지 않는 영역이 발생할 수 있다. 이는 결국 국가형벌권의 무력화 현상을 초래하게 되며 또한 범죄로부터 선량한 국민들을 보호해야 하는 국가의 의무가 해태되는 결과를 가져올 수 있다. 따라서 형사절차법은 국가 형벌권의 집행을 위한 각종 법적인 수단들을 구비하되 국민의 기본권을 침해할 수 있는 행위에 대해서는 법원에 의한 사법적 통제, 행정적 통제 등 각종 장치를 두어 그 실행방식, 범위, 대상 절차를 엄격하게 통제함으로써 필요 최소한의 범위 안에서만 행사할 수 있도록 해야 할 것이다.

수사기관에 의한 디지털 증거의 수집에 있어 법률적인 규정이 존재하지 않아, 디지털 증거를 포괄적으로 수집하다 보면 생각지도 않은 국민의 사생활이 침해되는 현상이 발생하게 되어 헌법상 국민의 기본권이 침해되는 현상을 초래하게 된다. 따라서 이러한 문제점을 해결하기 위해 디지털 증거를 수집함에 있어 특별법의 형식으로 새로운 법률의 제정안을 제기하였다. 또한 기존 형사절차법을 개정하여 헌법상 국민의 기본권을 최대한 보호할 수 있도록 했다. 이를 좀 더 구체적으로 살펴보면 다음과 같다.

이 책의 제2장에서 컴퓨터를 이용한 사이버 공간에서 발생하는 범죄에 대하여 현재 다양한 명칭으로 불리고 있는데 이를 디지털 범죄로 명확히 정의를 내림으로써 용어에 대한 혼란스러움을 해결하였다. 앞으로는 디지털 범죄란 용어가 통용되어 사용되리라 생각한다. 더불어 디지털 범죄와 디지털 증거만이 갖는 특징과 유형에 대하여 명확히 살펴보았다. 또한 디지털 범죄의 특성상 일반 전통적인 범죄의 증거 수집과 다른 새로운 기술인 컴퓨터 포렌식을 통한 디지털 증거의 수집의 방법과 이를 통하여 디지털 증거의 특성상 컴퓨터 포렌식의 필요성을 인식하게 되었다. 이를 위하여 입법이 필요한 토대를 제기하고 또한 검토·분석하였다. 더불어 이 책 제4장의 디지털 증거 수집 및 분석 절차 법안에서 검토·분석한 내용을 충분히 반영하였다.

이를 근거로 하여 제3장에서는 수사기관에 의한 디지털 범죄 수사 시에 발생할 수 있는 헌법상 기본권 침해의 문제로 사생활의 침해와 신체의 자유로서 적법절차 및 영장제도에 관하여 고찰하였다. 물론 현재 우리의 상황은 이와 관련된 사례들이 거의 없다 할 정도로 미비하다. 따라서 이와 관련된 사례가 그나마 많은 미국의 사례들을 예로 들 수밖에 없었다. 미국의 경우는 디지털 증거를 압수·수색함에 있어서 발생하는 사생활 침해, 영장주의 위반에 따른 적법절차 문제 등의 사례를 일반 전통적인 범죄에서 도출하여 해결하고자 하였다. 이러한 사례들은 우리에게 많은 시사점을 주었고, 차후 우리의 입법 모델이 될 수 있도록 제시하였다. 그래서 앞으로 디지털 범죄에 관하여 관련 법률을 제정하거나 기존 형사절차법을 개정할 경우 다양한 형태의 사례를 참고할 수 있도록 미국 판례를 심도 있게 검토·분석하여 제시하였다. 이러한 판례의 검토·분석은 차후 법률을 개정하거나 제정할 경우 많은 참고가 되리라 생각한다.

제4장에서는 수사기관이 디지털 범죄를 수사함에 있어서 우리의 헌법상 기본권과 관련하여 사생활 침해, 적법절차 위반, 영장제도의 문제 등을 검토하여 국민의 기본권을 최대한 보장받을 수 있도록 법제 정비를 위한 방안을 제시하고자 하였다. 더불어 형사소송법적으로 디지털 증거의 수집에 관한 조항의 개정문제, 영장에 의한 증거의 특정 범위, 디지털 증거의 검증과 분석에 관한 개정방향을 제시하였다. 특히 최근의 판례인 부당한 압수·수색 부분을 디지털 증거에도 적극적으로 적용할 수 있도록 개진하였다. 또한 디지털 범죄 관련 법·제도적인 문제점을 보완하여 헌법상 보장된 국민 개개인의 기본권이 최소의 침해와 최대로 보호하고자 하였다. 물론 앞으로 새로운 신종 범죄의 출현을 예상한다면 관련 법제 정비를 좀 더 구체적으로 해야 할 것이다.

마지막으로 끊임없이 증가하는 디지털 범죄에 대하여 범죄 현장에서 디지털 증거를 수집하고 이를 최종 법정에 제출할 때까지의 법적・기술적인 방법인 컴퓨터 포렌식을 활용하여 디지털 증거 수집 및 분석 절차법에 관한 입법안을 제시하였다. 동 법률안은 총 4장으로 구성하였고, 구체적인 내용은 부록으로 첨부하였다. 이 절차 법안은 수사기관에게 적법절차의 필요성을 인식할 수 있도록 하고, 법 규정에 의거하여 디지털 범죄 수사 시에 국민의 기본권이 침해되지 않도록 하기 위한 조치라 할 수 있다.

현재 우리는 하루가 다르게 새로운 신종 디지털 범죄가 발생・증가하고 있는 것을 보고, 느끼고 있다. 이를 수사하는 수사기관은 범죄인의 검거에 신경을 쓸 뿐, 이러한 과정에서 법률 불비라는 미명 아래 부지불식간에 지속적으로 헌법상 보장된 국민의 기본권이 침해되고 있는 것을 심각하게 생각하고 있지 않다. 또한 현실적으로 판사, 검사, 경찰, 변호사, 피의자 등 범죄와 관련된 업무를 하는 이들조차도 아직 기본권 침해에 관하여 구체적인 인식을 갖고 있지 않다.

따라서 이 책을 쓰고자 했던 이유는 이제부터라도 디지털 범죄에 관한 수사에서 기본권 침해 문제를 인식하고, 헌법상 보장된 국민의 기본권을 최대한 보호하고자 한 것이다. 이를 위해 미비한 법률은 개정을 통하여 보완을 하고 또한 기존 법률의 개정이 불가피한 경우에는 새로운 특별법의 제정을 주장하였고, 입법적으로 제시하였다.

현재의 디지털 범죄는 네트워크를 통한 국제화가 되었기 때문에 디지털 증거에 대한 국제적으로 통일된 표준 기준이 제정되어야 할 것이다. 디지털 증거 수집에 대한 관련법이나 증거 능력, 증거의 규격 등의 국제화가 이루어져야 할 것이다. 최근에는 이러한 통일된 국제 표준 기준을 통합하기 위해 관련 연구소와 저널이 활성화되고 있는 추세이다. 그 예로 미국, 캐나다, 유럽연합(EU), 중국 등은 최근 사이버 범죄 협정(cyber crime treaty)을 맺고 컴퓨터 관련 범죄에 대한 국제 공조체제를 강화해 나가고 있다. 우리의 기업과 사법기관, 수사기관들도 컴퓨터 포렌식에 대한 투자와 교육, 전문 인력의 양성 및 체계적인 관리를 통해 앞으로 새로운 형태와 새로운 양상으로 증가할 디지털 범죄에 유연하게 대처할 수 있는 환경을 구축해 나가고 있다. 이러한 준비가 되어 있지 않으면 끊임없이 발생·증가하는 디지털 범죄와 그에 대한 범죄 기술 수준을 따라갈 수 없을 뿐만 아니라 결과적으로 이로 인한 국민의 기본권은 더 많이 지속적으로 침해가 될 것이다.

이와 더불어 컴퓨터 포렌식 기술도 법적으로 도입을 하여 증거를 수집하는 원칙, 방법, 분석, 의뢰 등 국가적으로 통일된 표준절차를 법률로 제정하여 규정하도록 해야 할 것이다. 이제는 기존의 일반 오프라인 범죄도 디지털 범죄와 결합하는 양상을 보이고 있어 차후에는 모든 범죄에 컴퓨터 포렌식이 적용될 것이라 생각한다.

결과적으로 앞으로 발생하는 모든 범죄는 컴퓨터 포렌식 기술이 범죄를 해결하는 중요한 열쇠가 되리라 본다. 이로 인한 법률 규정 미비로 국민의 기본권이 침해되지 않도록 빠른 시일 안에 관련 법률이 제정 및 개정될 수 있도록 국가적으로 적극적인 지원과 관심이 필요하다고 본다.

디지털 증거 수집 및 분석에 관한 절차법

법률 제 호

디지털 증거 수집 및 분석에 관한 절차 법률안

제1장 총 칙

제1조 (목적) 이 법은 컴퓨터 등 디지털기기로부터 적법절차에 따라 디지털 증거를 수집하거나 분석하는 과정에서 필요한 절차와 준수하여야 할 기본적 사항을 정함으로써 실체적 진실 발견에 기여하고 국민의 기본권을 보호하는 것을 그 목적으로 한다.

제2조 (용어의 정의) 이 법에서 사용하는 용어의 정의는 다음과 같다.
1. '디지털 증거'라 함은 컴퓨터 또는 기타 디지털 저장매체에 저장되거나 네트워크를 통해 전송 중인 자료로서 조사 및 수사 업무에 필요한 증거 자료들을 말한다.
2. '디지털 증거 분석'이라 함은 컴퓨터 또는 기타 디지털 저장매체(네트워크를 통해 전송 중인 자료를 포함한다.)에 남아 있는 자료에 대한 원본 보존과 사건 관련 증거를 과학적인 절차를 통하여 추출, 검증, 판단하는 조사 및 수사과정을 말한다.
3. '휘발성 증거'라 함은 컴퓨터 실행 시 일시적으로 메모리 또는 임시파일에 저장되는 증거로 네트워크 접속상태 · 프로세스 구동상태 · 사용 중인 파일 내역 등 컴퓨터 종료와 함께 삭제되는 디지털 증거를 말한다.
4. '비휘발성 증거'라 함은 컴퓨터 종료 시에도 컴퓨터 또는 기타 디지털 저장매체에 삭제되지 않고 남아 있는 디지털 증거를 말한다.
5. '기타 디지털 저장매체'라 함은 플로피디스크, 휴대폰, USB, 플래시 메모리 등 컴퓨터 하드디스크 외의 디지털 저장매체를 말한다.

제3조 (적용범위) 이 법은 디지털 증거를 적법절차에 따라 수집 · 분석 · 보관하는 등 디지털 증거 취급과 관련된 각종 조사 및 수사행위에 적용된다.

제4조 (적법절차의 준수) 수사기관은 수사 등에 필요한 한도 내에서 적법절차를 준수한 최소한의 증거 수집을 원칙으로 하며, 형사소송법, 형사소송규칙 등의 법규 및 지침에 규정된 일반적인 원칙과 절차를 준수하여야 한다.

제5조 (디지털 증거의 수집 계획) 수사기관은 신속하고 효과적인 디지털 증거를 수집하기 위하여 다음과 같은 사항에 유의하여 증거 수집 계획을 수립하여야 한다.
① 수사기관은 증거 수집과 관련하여 아래와 같은 사항을 사전에 파악하여야 한다.
1. 컴퓨터 하드웨어, 운영체제, 소프트웨어, 저장매체, 데이터베이스
2. 네트워크 관련 정보

3. 시스템 또는 네트워크 책임자나 관리자
4. 수집해야 할 디지털 매체의 개수나 데이터의 분량
② 디지털 증거 수집 및 이송에 필요한 인원과 장비를 준비해야 한다.
③ 수사기관은 디지털 증거 수집의 필요에 따라 압수·수색영장을 신청한다.

제6조 (디지털 증거의 수집 절차) 수사기관은 디지털 증거를 수집하기 위하여 다음과 같은 절차에 유의하여 증거 수집을 하여야 한다.
① 컴퓨터 관련 디지털기기들에 대한 사진촬영 및 현장을 스케치한다.
② 컴퓨터 네트워크 정보 등 휘발성 증거를 수집하여야 한다.
③ 컴퓨터 관련 디지털기기들에 대한 수집 대상물의 전원을 확인한다.
④ 컴퓨터 본체의 수집을 원칙으로 하되, 부득이한 경우에는 컴퓨터 하드디스크만 분리하여 수집한다.
⑤ 외장형 하드디스크, USB 메모리 등 기타 디지털 저장매체와 각종 소프트웨어, 주변장치, 케이블 등을 수집한다.
⑥ 디지털 증거물을 포장하고 상세한 정보를 기재하여 증거물에 부착한다.
⑦ 압수증명서를 작성하여 입회인에게 교부하고, 입회인으로부터 압수확인서 및 압수증거물 목록에 서명날인을 받는다.

제7조 (디지털 증거의 진정성·무결성 확보) 디지털기기 등을 압수·수색·검증하거나 디지털 자료를 수집·분석할 때에는 디지털기기 또는 디지털 자료를 수집한 때로부터 법정에 증거로 제출할 때까지 변경 또는 훼손되지 않도록 절차의 연속성을 유지하여야 하며 그 과정을 기록하여야 한다.

제8조 (디지털기기 및 저장매체 등의 운반 및 보관) 디지털 자료가 저장된 디지털기기 및 저장매체 등은 외부환경에 민감하고 파손되기 쉬우므로 운반 또는 보관할 경우에는 완충용 보호 박스 사용, 정전기 차단, 충격방지를 위한 개별포장 등의 조치를 취하여 그 기기 등이 파손되거나 저장된 디지털 자료가 손상되지 않도록 하여야 한다.

제2장 디지털 증거의 압수·수색

제9조 (디지털 증거의 압수·수색 준비) 컴퓨터 관련 기타 디지털기기 등을 압수·수색·검증하거나 디지털 자료를 수집하고자 할 경우에는 사전에 다음 각 호의 사항을 확인하고 계획을 수립하여야 한다.
1. 사건의 개요, 압수·수색 장소 및 대상
2. 압수·수색대상자가 운영하고 있는 정보처리시스템의 유형과 규모
3. 압수·수색대상자가 운영하고 있는 네트워크의 구성 형태
4. 기타 디지털기기의 보유현황 등

제10조 (컴퓨터 등 정보처리시스템의 압수·수색)
① 컴퓨터 등 정보처리시스템을 압수할 경우에는 가능하면 정보처리시스템으로부터 저장매체만을 분리하여 압수하는 것을 원칙으로 한다. 다만, 저장매체를 분리할 경우에 수사의 목적을 달성할 수 없거나 디지털기기 또는 디지털 자료가 손상, 훼손될 우려가 있을 때에는 정보처리시스템 전부를 압수할 수 있다.
② 제1항과 같이 정보처리시스템 등을 압수할 경우에는 별지 제1호의 서식의 부전지를 작성하여 압수대상 정보처리시스템 또는 저장매체에 붙이고 압수·수색 대상자의 확인·서명을 받아야 한다.
③ 압수·수색·검증의 현장에서는 전산관리자 또는 책임자를 통하여 대상 정보처리시스템의 구성 및 주변장치의 연결 상태 등을 파악하고 특별한 사정이 없는 한 이를 사진 및 카메라, 캠코더로 촬영한 후 특이사항을 기록하여야 한다.

④ 정보처리시스템을 압수·수색·검증할 경우에는 대상 정보처리시스템의 설정시간을 한국 표준시간과 비교하여 기록하여야 한다.

⑤ 제1항의 방법으로 정보처리시스템을 압수하기 곤란한 사정이 있거나 또는 수사목적상 필요한 경우에는 대상 정보처리시스템에서 디지털 자료를 검색하여 이를 저장매체에 기록하는 방법으로 수집할 수 있다. 이때에는 압수·수색대상 또는 전산관리자를 입회시키고 수색한 결과물이 대상 정보처리시스템 내의 자료로부터 검색된 것임을 확인시킨 후 다음 각 호의 사항이 포함된 별지 제2호의 서식을 작성하여 입회인의 확인·서명을 받아야 한다.

  1. 압수·수색·검증 착수 시작과 종료시간
  2. 정보처리시스템의 종류와 구성
  3. 정보처리시스템의 설정시간
  4. 검색도구와 방법
  5. 수집된 디지털 자료에 대한 해쉬값(Hash Value)

⑥ 데이터베이스(DB)가 구축된 정보처리시스템에 대하여 네트워크를 통해 다른 데이터베이스 시스템에 이식 가능한 형태의 파일로 변환(Export, Dump)하여 압수할 경우에는 압수·수색대상자 또는 전산관리자를 입회시키고 압수된 데이터베이스 자료의 해쉬값(Hash Value)을 포함하는 프로파일을 생성하여 입회인의 확인·서명을 받아야 한다.

⑦ 정보처리시스템을 압수할 경우에는 해당 정보처리시스템의 사용자 또는 관리자의 인적사항을 파악하여 기록하고, 기타 정보처리시스템을 운영하는 데 필요한 프로그램 매뉴얼, 설계도, 조직도, 개체관계도(ERD) 등을 함께 압수하여야 한다.

제11조 (부당한 압수·수색·검증 금지) 디지털기기 등을 압수·수색·검증하거나 디지털 자료를 수집·분석할 때에는 수사에 필요한 최소한의 범위에서 실시하고 전 과정에서 적법절차를 엄격히 준수하여야 한다.

제12조 (디지털 증거의 압수·수색 시 유의사항)

① 컴퓨터 관련 디지털기기 등을 압수·수색·검증하거나 디지털 자료를 수집할 경우에는 대상 정보처리시스템으로부터 사용자를 격리하여 시스템 강제종료 등 임의적인 조작행위를 방지하여야 한다.

② 압수·수색·검증 대상 정보처리시스템이 네트워크에 연결되어 있고 압수·수색대상자가 네트워크로 접속하여 저장된 자료를 임의로 삭제할 우려가 있을 경우에는 네트워크 연결 케이블을 차단하여야 한다.

③ 디지털기기 등을 압수·수색·검증하거나 디지털 자료를 수집할 경우에는 대상 정보처리시스템 내의 링크파일(link file)의 등록정보를 확인하는 등으로 휴대용 디지털 저장매체의 사용 여부를 확인하고 그 사용 흔적이 발견된 경우에는 해당기기의 식별값(Volume serial Number)을 특정하고, 이를 압수할 수 있도록 현장에서 적절한 조치를 취하여야 한다.

④ 디지털기기 등을 압수·수색·검증하거나 디지털 자료를 수집하는 현장에서 분석을 실시하는 경우에는 쓰기 방지장치를 사용하는 등으로 그 자료가 변경 또는 훼손되지 않도록 하여야 한다.

⑤ 수사기관이 수사목적상 정보처리시스템의 사용자를 특정하는 것이 필요한 경우에는 해당 정보처리시스템의 마우스, 키보드 등에서 지문을 채취하는 등 다른 수사방법으로 조치를 취한 후, 정보처리시스템을 압수·수색·검증 하여야 한다.

⑥ 디지털기기 등을 압수·수색·검증하거나 디지털 자료를 수집하는 현장에서는 정보처리시스템이나 프린터기 등의 임시 메모리(RAM, Cache Memory)에 기록된 디지털 자료에 대하여도 확인하고 필요한 경우에는 메모리 덤프(dump) 등의 적절한 방법을 사용하여 이를 수집하여야 한다.

제13조 (압수물의 관리 및 인수인계) 수사기관에 의해 압수된 디지털기기 등은 각 품목별로 별지 제3호 서식에 따라 관리번호를 부여하고, 이를 인수인계할 경우에는 별지 제4호의 서식에 따라 인수인계표를 작성하여야 한다.

제3장 디지털 증거의 분석

제14조 (디지털 증거의 분석의 기본원칙) 디지털 증거물의 분석 시에는 다음의 기본 원칙을 준수하여야 한다.
① 디지털 증거 원본의 안전한 보존 및 무결성을 확보하여야 한다.
   1. 디지털 증거분석은 원본에 대한 사본 이미지를 생성하여 수행하는 것을 원칙으로 한다. 단 신속한 분석을 요하거나 이미지 생성이 현저히 곤란한 경우에는 예외로 한다.
   2. 디지털 증거 분석 전의 증거 원본과 이미지의 해쉬값 동일성 여부를 확인해야 하며, 증거 분석으로 인해 증거가 변경되어서는 안 된다.
   3. 디지털 증거 분석 대상에 실행 파일이 포함되어 있는 경우는 별도의 운영체제 또는 운영체제를 가상으로 설치하는 프로그램에서 실행 및 분석하도록 하여 증거의 변경을 방지하여야 한다.
   4. 디지털 증거물 접수 및 반환 시 책임자, 관리자, 일시, 장소, 사유 등을 관리대장에 기재하여야 한다.
② 디지털 증거분석 기법과 도구에 대한 신뢰성을 국가기관이 검증해야 하고, 검증에 통과된 소프트웨어 및 도구 리스트를 공개하여야 한다.
③ 디지털 증거분석 과정 및 분석자의 성명, 분석일자, 분석방법 등에 대한 상세한 기록을 하여야 한다. 또한 증거 분석 시 주요한 장면은 사진 또는 카메라, 캠코더로 촬영하여 보관하여야 한다.
④ 디지털 증거물이 동일할 경우, 제3의 분석관이 다시 분석하거나, 다른 증거분석 도구 및 장비를 사용하여도 원래의 분석과 일치하는 결과가 도출되어 디지털 증거분석 결과의 신뢰성이 확보되어야 한다.

제15조 (디지털 증거 분석 방법)
① 수집된 디지털 자료의 분석에는 국가기관이 검증한 적합한 장비와 소프트웨어를 갖추고 신뢰할 수 있는 방법으로 하여야 한다.
② 수집된 디지털 자료를 분석할 경우에는 사본을 작성하여 그 사본으로 분석하여야 한다. 다만, 사본을 만들기가 현저히 곤란한 경우에는 원본으로 분석할 수 있으며, 이 경우에는 원본이 변경, 훼손되지 않도록 기술적 조치를 취하고 기술적 조치에 관한 사항 및 원본의 변경 여부 등을 분석보고서에 반드시 기재하여야 한다.
③ 제2항의 사본을 작성할 때에는 보존용 사본(이하 '보존사본'이라 한다.)과 분석용 사본(이하 '분석사본'이라 한다.)을 작성하여야 하며, 해쉬값과 그 생성시간을 분석보고서에 반드시 기재하여야 한다.
④ 데이터베이스(DB) 형태의 디지털 자료를 분석할 경우에는 '데이터베이스 분석 내역서'를 작성하여 분석에 이용된 데이터베이스, 테이블, 칼럼이름 및 용도 등 소정의 사항을 기재하여야 하며, 분석과정에서 작성된 질의어(SQL), 프로시저(PLSQL Procedure, Stored Procedure 등)에 대한 상세한 설명을 소스 코드(Source Code)와 함께 첨부하여야 한다.
⑤ 수집된 디지털 자료를 분석할 경우에는 분석과정을 사진 및 카메라, 캠코더로 촬영하는 등 객관성 유지에 필요한 조치를 취하여야 한다.

제16조 (디지털 자료의 보존 및 준수사항)
① 디지털 증거 자료는 온도와 습도 등 기후의 영향을 받지 않으면서 충격과 자기장, 먼지 등으로부터 보호될 수 있는 증거보관실을 설치·운영하여야 한다.
② 디지털 증거물은 쓰기 방지처리가 된 상태로 충격방지용 보관함에 담아 분석이 끝날 때까지 증거 보관실에 보관하여야 한다.
③ 디지털 증거분석을 위해 생성한 복제본과 분석과정에서 나온 결과물은 반영구적인 저장매체에 저장하여 증거 보관실에 보관하여야 한다.

④ 디지털 증거의 분석자료 검색 및 유사사건 분석 또는 처리에 도움을 제공하고자 증거물 데이터베이스(DB)를 구축하여 관리 및 운영하여야 한다.

⑤ 디지털 증거분석에 사용되는 도구 및 프로그램은 차후 수사 및 재판과정에서 재검증이 필요할 경우를 대비하여 제조사, 제작연도, 버전별로 구분하여 지속적으로 관리·보관하여야 한다.

제4장 디지털 증거의 분석보고서 작성 및 수집·분석 지원요청

제17조 (분석보고서 작성 및 준수사항)

① 수집된 디지털 자료에 대한 분석을 종료한 때에는 분석보고서를 반드시 작성하여야 한다.

  1. 분석보고서는 추정을 배제하고 사실관계를 중심으로 작성한다.
  2. 분석보고서는 객관적인 사실, 설명내용, 디지털 증거분석관의 의견을 구분하여 작성한다.
  3. 디지털 증거의 발견방법, 증거물에 대한 작업 내용은 명확하게 문서화하여야 한다.
  4. 디지털 증거 분석 및 처리과정을 사진 또는 화면캡처, 동영상 등으로 기록을 하여야 한다.
  5. 디지털 분석에 사용된 하드웨어와 소프트웨어의 정보를 반드시 기록한다.
  6. 분석보고서는 수정이 불가능한 문서자료 형태로 부본을 작성하여, 관련 사건의 재판 종결 시 또는 공소시효 만료 시까지 증거보관실에 보관한다.

② 디지털 자료를 분석하는 과정에서 새롭게 획득하거나 생성된 자료가 있는 경우에는 그 자료의 사본을 CD, DVD, 하드디스크 등 디지털 저장매체에 저장하여 분석보고서에 첨부할 수 있다.

③ 분석보고서의 작성자는 서명하고, 보고서 작성내용에 대해 책임을 진다.

제18조 (디지털 분석 지원요청)

① 수사기관은 수사 또는 공소유지 등을 위하여 필요한 경우 상급 수사기관에게 다음 각 호의 지원을 요청할 수 있다.

  1. 디지털기기 등의 압수·수색·검증
  2. 디지털 자료의 수집
  3. 수집된 디지털 자료의 분석

② 제1항의 지원을 요청할 경우에는 별지 서식에 따라 '지원요청서'를 송부하여야 한다. 다만, 긴급을 요하는 경우와 보안을 요하는 경우에는 구두 또는 전화로 요청할 수 있으며, 이 경우에는 사후에 요청서를 송부할 수 있다.

③ 제1항 제3호의 지원을 요청할 경우에는 디지털 자료가 저장된 디지털기기 등을 우송 기타 적절한 방법으로 상급 수사기관에게 송부하여야 한다.

제19조 (디지털 분석 지원 검토 및 방법)

① 상급 수사기관은 제18조 제1항의 지원을 요청받은 경우에는 즉시 지원의 타당성과 필요성을 검토하여 지원여부를 결정하여야 한다.

② 상급 수사기관은 제18조 제1항의 지원을 할 경우에는 디지털기기 등의 유형과 규모에 따라 적합하고 충분한 인원의 디지털 분석 전문수사관을 지정하여 지원하여야 한다.

③ 제2항에 의하여 지원을 지정받은 디지털 분석 전문수사관은 지원을 요청한 수사기관에 출장하여 지원함을 원칙으로 한다. 또한 지원을 종료한 때에는 상급 수사기관에게 보고한 후, 지체 없이 복귀하여야 한다.

제20조 (분석결과 통보) 수사기관은 수집된 디지털 자료의 분석을 종료한 때에는 분석결과를 최고책임자에게 통보하여야 한다.

제21조 (디지털기기 등의 반환) 수사기관은 수집된 디지털 자료의 분석을 종료한 때에는 분석대상이 된 디지털기기 등을 수령해 가도록 통지하여야 한다.

부 칙 〈2008. 1. 1.〉

제1조 (시행일) 이 법은 공포한 날부터 시행한다.
제2조 (다른 지침의 폐지)
종전의 컴퓨터 등 압수 · 수색 기본지침(대검 61100 - 284호, 2003. 8. 11.), 디지털 증거 수집 및 분석규정(대검예규 제410호 2006. 11. 21)은 이 규정의 시행과 동시에 폐지한다.

참고문헌

Ⅰ. 국내문헌

1. 단행본

姜求眞, 『刑事訴訟法原論』, 學硏社, 1982.

경찰청, 『사이버 범죄 판례 100선』, 경찰청 사이버테러대응센터, 2007. 11.

경찰청, 『디지털 증거처리 표준 가이드라인』, 경찰청 수사국, 2006. 12.

경찰청, 『디지털증거분석지침』, 경찰청 사이버테러대응센터, 2004. 12.

桂禧悅, 『憲法學(中)』, 博英社, 2007.

丘秉朔, 『新憲法原論』, 博英社, 1989.

丘秉朔, 『新憲法原論』, 博英社, 1995.

權寧星, 『憲法學原論』, 法文社, 2007. 2.

김강호, 『해커의 사회학(해커를 해킹한다)』, 개마고원, 1997. 9.

김문일, 『컴퓨터 범죄론』, 법영사, 1992.

金榮秀, 『憲法學의 諸問題』, 實甫金榮秀敎授華甲紀念論文集, 學文社, 2000.

金榮秀, 『韓國憲法史』, 學文社, 2001.

김일수・서보학, 『형법총론(제10판)』, 博英社, 2005.

金哲洙, 『憲法學新論』, 博英社, 2007. 4.

金炯盛, 『大韓民國 憲法學』, 일진사, 2005.

南孝淳・丁相朝, 『인터넷과 法律Ⅱ』, 法文社, 2005. 12.

文鴻柱, 『美國憲法과 基本的 人權』, 裕豊出版社, 2002.

朴相基, 『刑法各論』, 博英社, 1999.

裵鍾大・李相暾, 『刑事訴訟法(第6版)』, 弘文社, 2006.

백광훈, 『인터넷범죄의 규제법규에 관한 연구』, 한국형사정책연구원, 2000. 12.

백광훈, 『사이버 범죄에 대한 ISP의 형사책임에 관한 연구』, 한국형사정책연구원, 2003.

白亨球,『刑事訴訟法講義(第8 改訂版)』, 博英社, 2001.

成樂寅,『憲法學』, 法文社, 2005.

成樂寅,『憲法學』, 法文社, 2007.

성선제 외 2,『네티즌을 위한 e - 헌법 Cyber Law』, 길벗, 2003. 11.

申東雲,『刑事訴訟法 I』, 法文社, 1997.

申洋均,『刑事訴訟法(제2판)』, 法文社, 2004.

尹明善,『美國憲法과 統治構造』, 유스북, 2006. 2.

尹明善,『美國 基本權 硏究』, 慶熙大學校出版局, 2004. 12.

이용완,『유럽(영국, 프랑스, 독일)의 사이버 범죄 수사 및 디지털 증거 분석 연구』, 경찰청 수사국, 2004. 12.

이영준・금봉수・정완,『사이버 범죄방지조약에 관한 연구』, 한국형사 정책연구원, 2001.

李在祥,『刑事訴訟法(第6版)』, 博英社, 2007.

李準一,『憲法學 講義』, 弘文社, 2007.

임동규,『형사소송법(제2판)』, 法文社, 2003.

鄭榮錫・李炯國,『刑事訴訟法』, 法文社, 1997.

정웅석,『형사소송법』, 大明出版社. 2005.

전광석,『한국헌법론(제4판)』, 法文社, 2007.

조 국,『위법수집증거배제법칙』, 博英社, 2005.

조병인 외 3,『사이버 범죄에 관한 연구』, 한국형사정책연구원, 2000.

曺俊鉉,『刑法總論』, 法元社, 2004.

曺俊鉉,『犯罪學』, 法元社, 2005.

차용석・최용성,『刑事訴訟法』, 세명출판사, 2004.

차용석,『형사소송법』, 세영사, 1997.

최영호,『정보 범죄의 현황과 제도적 대처방안』, 한국형사정책연구원, 1998.

최영호,『컴퓨터와 범죄현상』, 컴퓨터 출판, 1995.

탁희성・이상진,『디지털 증거분석도구에 의한 증거 수집절차 및 증거 능력확보방안』, 한국형사정책연구원, 2006. 12.

許 營,『憲法理論과 憲法』, 博英社, 2001.

2. 논 문

권건보, 「자기정보통제권에 관한 연구」, 서울대박사학위논문, 2004. 2.

권건보, 「개인정보와 자기정보통제권」, 서울대법학연구소, 법학연구총서 3, 경인문화사, 2006.

權寧星, 「私生活權의 意義와 역사적 변천」, 言論仲裁委員會, 1983. 6.

權寧高, 「美國 憲法上 適法節次의 法理와 그 展開」, 美國憲法研究 第1號, 1999.

강동범, 「컴퓨터 범죄와 개정형법」, 법조 46권 8호, 1997. 8.

강동범, 「사이버 범죄와 형사법적 대책」, 형사정책연구 제11권 제2호, 한국형사정책연구원, 2000.

강동욱, 「컴퓨터관련범죄의 수사에 있어서의 문제점에 대한 고찰」, 관대논문집 제25권, 관동대학교, 1997. 2.

경 건, 「개인정보보호와 자기정보통제권」, 경인문화사, 2005.

금봉수, 「사이버 범죄방지를 위한 국제공조방안 연구」, 경희대박사학위논문, 2001.

김귀남, 「국내 디지털 포렌식 기술에 대한 고찰」, 수사연구, 수사연구사, 2005. 3.

金啓煥, 「大憲章의 適法節次, 公法의 諸問題」, 海巖文鴻柱博士 華甲紀念論文集, 海巖社, 1978.

김기준, 「인터넷과 형사법상의 과제」, 법제연구 제18호, 한국법제연구원, 2000. 6.

金日煥, 「個人情報保護機構의 法的 地位와 權限에 관한 憲法上 考察」, 韓國公法學會 公法研究 第33輯 第3號, 2005. 5.

金日煥, 「憲法上 私生活關聯 自由의 改正方向과 內容에 관한 考察」, 憲法學研究, 第12券 第4號, 2006. 11.

金日煥, 「美國의 個人情報保護法制에 관한 研究」, 美國憲法研究 제10호, 1999.

金日煥, 「첨단과학기술사회에서 通信秘密의 憲法上 保護範圍와 制限에 관한 考察」, 憲法學研究 제10집 제1호, 2004.

金日煥,「情報自己決定權의 憲法上 根據와 保護에 관한 研究」, 公法
　　研究 제29집 제3호, 2001.

김종섭,「국내 Computer Forensics 발전 방향」, 수사연구, 수사연구사,
　　2004. 5.

김종섭,「사이버 범죄 현황과 대책」, 한국형사정책학회(2000년 동계학
　　술회의자료), 2000.

金貞希,「刑事節次上 컴퓨터 關聯證據의 押收와 搜索에 관한 研究」,
　　延世大學校 大學院 碩士學位論文, 2001. 12.

金哲洙,「美國憲法이 韓國憲法에 미친 影響序說(美國憲法과 韓國憲
　　法)」, 韓國公法學會, 大學出版社, 1989.

김현상・이상진・임종인,「자동화된 침해사고 대응시스템에서의 디지
　　털 증거 수집」, 정보보호학회 하계학술대회, 2004. 6.

金炯盛・金學信,「Computer Forensics의 법적 문제 연구」, 成均館法學
　　第18券 第3號, 成均館大學校 比較法研究所, 2006. 12.

김형준,「현행 통신비밀보호법의 몇 가지 문제점: 통신제한조치와 대화
　　감청을 중심으로」, 한국형사법학회 2005년 추계학술회의 자료
　　집, 한국형사법학회, 2005. 10.

노승권,「컴퓨터 데이터 압수・수색에 관한 문제」, 검찰 통권 제111호,
　　대검찰청, 2000.

류인모,「사이버 범죄의 예방과 대책」, 단국대학교 법학논총, 제24집,
　　2000. 12.

박문수,「미국의 컴퓨터에 대한 압수・수색절차 연구」, 해외연수검사연
　　구논문집 제17집(Ⅰ), 법무연수원, 2002.

박희영,「인터넷에서 링크제공자의 형사책임에 관한 연구」, 인터넷법률
　　통권 제21호. 2004.

박희영,「인터넷의 유포범죄와 링크 제공자의 형사책임」, 비교형사법
　　제5권 제2호. 2003.

朴宣映,「가상공간에서의 성표현의 자유와 법적 제한」, 한국법제연구
　　원, 2002. 12.

박영우・김현수,「정보통신기반보호 관련 해외동향과 법률시행에 따른
　　정보보호산업계의 변화」, 정보보호21C, 2001. 2.

박용상, 「표현의 자유」, 현암사, 2002.

박훤일, 「제23차 개인정보보호감독기관 국제회의 참관기」, 경영법무, 한
국경영법무연구소, 2001. 11.

박훤일, 「우리나라 개인정보보호법제의 개선방안」, 경희법학, 경희대,
2001. 11.

변재옥, 「정보화 사회의 프라이버시와 표현의 자유」, 커뮤니케이션북
스, 1999.

백광훈, 「정보통신범죄의 개념과 유형 및 분류」, 사이버 범죄연구회 제
23회 세미나, 2001.

서보학, 「인터넷상의 정보유포와 형사책임」, 형사정책연구 제12권 3호
(통권47호), 한국형사정책연구원, 2001.

서보학, 「인터넷상의 정보유포와 형사책임」, 형사정책연구 제12권 제3
호, 통권 제47호, 2001, 가을호.

서주실, 「Warren · Brandeis의 The Right to Privacy」, 미국헌법연구 제6
호, 미국헌법연구소, 1995.

成樂寅, 「개인정보보호법제의 현황과 재정립 방향」, 인터넷과 法律Ⅱ,
法文社, 2005.

成樂寅, 「通信에서의 基本權保護」, 公法硏究 제30집 제2호, 2001.

쉔케 / 박종수 번역, 「通信의 基本權的 問題」, 公法硏究 제30집 제2호,
2001.

손정환 외, 「디지털 포렌식 절차 모델」, 제2회 추계학술발표대회, 사이
버테러정보전학회, 2004.

신동운, 「향후 형사법 개정의 방향」, 서울대학교 법학 제46권 제1호,
서울대, 2005.

심원섭, 「컴퓨터 신종 범죄에 관한 연구-인터넷 관련 범죄를 중심으로-」,
연세대학교석사학위논문, 2004.

심희기, 「아동포르노그래피와 한국의 청소년 보호법」, 비교형사법연구
제5권 제2호 특집호. 2003.

안경옥, 「정보화사회의 새로운 수사기법과 개인의 정보보호」, 비교형사
법연구 Vol.5 No.1, 한국비교형사법학회, 2003.

안경옥, 「형사재판절차에서 테크놀로지의 활용과 형사소송법적 문제점」,

21세기 형사사법개혁의 방향과 대국민 법률서비스 개선방안(V), 한국형사정책연구원, 2005.

安京煥,「民主法治主義의 實質化를 위한 適法節次」, 法制研究 第3 號, 1992.

梁根源,「刑事節次上 디지털 證據의 蒐集과 證據能力에 관한 研究」, 慶熙大學校博士學位論文, 2006.

梁根源,「사이버테러대응과 현행절차법 검토」, 제3회 사이버테러대응 심포지엄 자료집, 경찰청, 2003. 11.

양근원·임종인,「사이버 범죄 분석과 법률적 대응방안」, 과학사상 2004년 제2권(통권49호), 범양출판사, 2004.

양석완,「전자문서의 소송법상의 지위와 법적문제」, 동아시아 연구논 총, 제주대학교동아시아연구소, 2001. 2.

梁邵英,「犯罪報道로 인한 프라이버시권 侵害에 관한 研究(韓·日 比 較)」, 成均館大學校 大學院 碩士學位論文, 2007. 8.

염동신,「독일 형사법상 인터넷 관련 범죄의 형사소추에 관한 연구」, 해외연수검사연구논문집 제16집(Ⅱ), 법무연수원, 2001.

吳桃洙,「美國憲法上 刑事節次에서의 基本權保護에 관한 研究 – Undercover와 Confidential Informant 제도의 적법절차 위반 여부 를 중심으로 – 」, 成均館大學校 碩士學位論文, 2004.

吳奇斗,「刑事節次上 컴퓨터관련 證據의 蒐集 및 利用에 관한 研究」, 서울大學校 博士學位論文, 1997.

吳奇斗,「증거의 관련성과 컴퓨터 관련증거」, 저스티스 통권 제73호, 한국 법학원, 2003.

오범석,「미국의 압수·수색제도에 관한 연구」, 국외단기개인훈련보고 서, 법무부, 2006.

오영근,「인터넷범죄에 관한 연구」, 형사정책연구 제14권 제2호, 통권 제54호·여름호.

오정돈,「미국의 수사과정에서의 컴퓨터 압수·수색 및 전자증거의 획 득에 관한 고찰」, 해외연수검사연구논문집 제19집(Ⅰ), 법무연수 원, 2004.

유인모,「법학연구와 교육을 위한 컴퓨터 활용」, 영남법학, 제1권 제2

호, 1994.

尹明善, 「性的 프라이버시 權利」, 美國憲法硏究 제6호, 1995.

愈熙一, 「憲法學의 諸問題 – 憲法上 適法節次 規定」, 實甫金榮秀敎授華甲紀念論文集, 學文社, 2000.

원혜욱, 「컴퓨터관련증거의 증거조사와 증거능력」, 수사연구, 수사연구사, 2000. 6.

원혜욱, 「전자증거의 압수·수색」, 한국비교형사법학회 2003년도 하계국제학술대회자료집, 한국비교형사법학회, 2003. 8.

원혜욱, 「감청행위의 실태 및 입법례의 비교고찰」, 한국형사법학회 2005년 추계학술회의 자료집, 한국형사법학회, 2005. 10.

이건호, 「아동포르노그래피에 관한 연구」, 형사정책연구원, 2002.

이광형, 「정보화시대의 새로운 수사기법」, 검찰 통권 제111호, 대검찰청, 2000.

李道英, 「법적 증거능력 및 증명력을 위한 컴퓨터 포렌식에 관한 연구」, 高麗大學校 컴퓨터科學技術大學院 碩士學位論文, 2004.

이성진, 「Computer Forensics의 정의와 특징」, 수사연구, 수사연구사, 2004. 5.

이성진 외, 「해킹피해시스템 증거물 확보 및 복원에 관한 연구」, 한국정보보호진흥원, 2002. 11.

이은모, 「전자적 정보에 관한 수사상의 문제점」, 형사법연구 제23호, 한국형사법학회, 2005.

李在瀅, 「사이버 범죄에서의 증거의 확보방안 연구」, 高麗大學校 碩士學位論文, 2002. 12.

이재상, 「형사절차상 컴퓨터 검색수사에 관한 고찰」, 형사정책연구 제11권 제1호(통권 제41호), 한국형사정책연구원, 2000. 3.

이진태, 「사이버 범죄 관련 증거의 증거조사 방법과 증거능력」, 법정논총 Vol.38, 중앙대학교, 2003.

李 哲, 「컴퓨터 犯罪의 法的規制에 대한 硏究」, 慶熙大學校 博士學位論文, 1991. 6.

李 哲, 「컴퓨터범죄의 수사와 전자적 기록의 증거능력(中)」, 법조 421, 1991.

이형우·이상진·임종인,「컴퓨터 포렌식스 기술」, 정보보호학회지 제
  12권 제5호, 2002. 10.

이훈동,「컴퓨터관련범죄와 형사절차」, 세명논총 제2집, 세명대학교,
  1992.

이훈동,「컴퓨터 관련 범죄와 형사절차」, 성시탁교수화갑논문집, 1993.

임종률,「컴퓨터 범죄와 형법적 대응」, 숭실대학교 법학 논집 제5집,
  1989, 12.

임종인,「유비쿼터스시대의 컴퓨터 포렌식의 중요성과 향후 전망」, 수
  사연구 2005년 3월호, 수사연구사, 2005. 3.

전강진,「일본의 하이테크범죄의 현상과 과제」, 해외연수검사연구논문
  집 제17집(Ⅰ), 법무연수원, 2002.

전지연,「전자적 정보의 형사법적 보호에 관한 연구」, 한림법학
  FORUM 제8권, 1999.

정대관,「사이버공간에서의 인권보호」, 비교형사법연구 제5권 제2호,
  2003.

정수봉,「유럽의회 사이버 범죄 방지조약의 주요 내용 및 쟁점」, 해외
  연수검사연구논문집(Ⅰ) 제19호, 법무연수원, 2004. 3.

정영화,「현대헌법학에서 프라이버시 법리의 재검토」, 사이버커뮤니케
  이션 학보 통권 제7호, 2001.

정진홍,「인신의 자유보장에 있어서의 적법절차에 관한 연구 - 미국의
  판례분석을 통한 그 적용실태와 법리이해를 중심으로 - 」, 한양
  대학교박사학위논문, 1993.

정 완,「국제조직범죄 및 하이테크범죄 대책을 위한 G8 장관회의」,
  형사정책연구 제57호, 한국형사정책연구원, 2000. 1.

정 완,「컴퓨터관련증거의 증거조사와 증거능력」, 수사연구, 2004. 5.

조병인,「하이테크범죄의 실태와 대책」, 한국공안행정학회 국제범죄 학
  술세미나 발표논문, 1999. 9. 17.

정준현,「유비쿼터스 컴퓨팅과 프라이버시보호」, 成均館法學 第16券
  第1號, 成均館大學校 比較法硏究所, 2004.

丁泰鎬,「個人情報自決權의 憲法的 根據 및 構造에 대한 考察」, 憲
  法論叢, 제14집, 2005.

최재호, 「컴퓨터 범죄의 관할에 관한 연구(독일의 논의를 중심으로)」, 해외연수검사연구논문집 제17집(Ⅰ), 법무연수원, 2002.

탁희성, 「형사절차법상 digital evidence에 관한 연구(압수·수색을 중심으로)」, 한국형사정책연구원, 2002. 12.

탁희성, 「전자증거에 관한 연구」, 이화여자대학교 박사학위논문, 2004.

한봉조, 「사이버 범죄 수사에 대한 국제적 협력문제」, 사이버 범죄의 실태와 대책, 제25회 형사정책세미나 자료집, 한국형사정책연구원, 2000. 5.

허만영, 「사이버 범죄에 대한 국가의 정책적 대응방안(21세기 도전과 사이버 스페이스)」, 사이버커뮤니케이션학회 추계학술대회발표논문. 1999. 11.

허일태, 「사이버 범죄의 현황과 대책」, 동아대학교 법학연구소 세미나 발표논문, 2000.

한국정보보호센터, 「컴퓨터 포렌식스 도구 및 절차」, 정보통신기반구조 보호기술 개발, 정보통신부(정보통신연구개발사업 연구 결과), 1999. 12.

한국침해사고대응팀협의회, 「컴퓨터 포렌식」, 제2차 Contert 기술세미나 자료집, 한국침해사고대응팀협의회, 2004. 8.

Ⅱ. 외국문헌

1. 미국·영국 기타

Athan Theoharis, FBI Wiretapping: A case study of Bureancratic Autonomy, Political Science Quaryerly V1077, Spring, 1992.

Arkin 외, Prevention and Prosecution of Computer and High Technology Crime, 1988.

Alan F. Westin, Privacy and Freedom, Atheneum, 1967.

Allan M. Gahtan, Electronic Evidence, 2000.

Arkin · Bohrer · Cunnneo · Donohue · Kaplan · Kasahof · Levander ·

Sherizen, Prevention and Prosecution of Computer and High Technology Crime, New York, 1988.

Carrie Morgan Whitcomb, "An Historical Perspective of Digital Evidence: AForensic Scientist's View", IJDE Spring 2002 Volume 1, Issue 1, 2002, <www.ijde.org>.

Cees J. Hamelink, The Ethics of Cyberspace, 2000, Sage Publications, London

CCIPS(Computer Crime and Intellectual Property Section, U. S. D. O. J.), Field Guidance on New Authorities That Relate to Computer Crime and Electronic Evidence Enacted in the USA Patriot Act of 2001, <www.cybercrime.gov>.

CCIPS(Computer Crime and Intellectual Property Section, U. S. D. O. J.), Searching and Seizing Computers and Obtaining Electronic Evidence in Criminal Investigations, 2002.

CCIPS(Computer Crime and Intellectual Property Section, U. S. D. O. J.), Provisions of Section 225("The Cyber Security Enhancement Act") of the Homeland Security Act of 2002, H. R. 5710, <www.cybercrime.gov>.

Charles Fried, Privacy, 77 Yale L. J. 1968.

Cynthia K. Nicholson, Robert Cunningham, "Computer Crime", American Criminal Criminal Law Review, vol.28, 1991.

Curtis E. A. Karnow, The Encrypted Self: Fleshing Out The Rights of Electronic Personalities, Journal of Computer & Information Law Vol. XⅢ 1994.

David R. Koepsell, The Ontology of Cyberspace, Open Court, Chicago, 2000.

Debra little john shinder ed tittel; 譯 강유, Scene of the cybercrime computer forensics handbook, 에이콘, 2003.

Denise A. Hill, Telecommunications, Creighton Law Review v13, 1980.

DFRWS Technical Report, A Road Map for Digital Forensic Resuearch, Reportform the First Digital Forensic Research Workshop, 2001.

11.

Edward Bloustine, "Privacy as an Aspect of Human Dignity", 39 New York Univ. Law Review, 1964.

Edward Keynes, Liberty, Property, and Privacy, The Pennsylvania State University Press University Park, 1996.

European Union, Seizure of e-evidence, EU Project from the Programme Oisin II managed by the Directorate-General Justice and Home Affairs, 2005.

Eoghan Casey, Digital Evidence and Computer Crime: Forensic Science, Computers, and the Internet, Second Edition, Academic Press, 2004.

FBI Academy, International High-Technology White Collar Crime Conference, 2000. 3.

Ferdinand David Schoeman, Privacy and Social Freedom, Cambridge University Press, 1992.

Fred H. Cate, Privacy in the Information Age, Brookings Institution Press, 1997.

Gary Palmer, "A Road Map for Digital Forensics Research", DFRWS, Nov. 2001.

G. David Garson, Social Dimensions of Information Technology: Issues for the new Millemium, Idea Group Pu. Hershey, 2000.

Gerald R. Ferrera 등 5인, Cyber Law, South-Western College, 2001.

George Berg · Jagdish S. Gangolly, Incidents, Evidence and the Law, State University of New York at Albany, 2004. 3.

Glenn Chatmas Smith, We've got your Number, UCLA Law Review Vol.37, 1989.

Guidance Software, Inc., EnCase Legal Journal, 2005. 5.

Henry Abraham, The Pascinating World of Due process of Law; in Freedom and the Court(Oxford Univ. Press, 1977).

Huff, Thinking Clearly About Privacy, 55 WASH. L. REV, 1980.

In Pursuit of Privacy: Law, Ethics, and the Rise of Technology, Cornell

University Press, 1997.

James, A. Fagin, Criminal Justice, 2005.

Jefferson L. Ingram, Criminal Procedure: Theory and Practice, 2005.

Jerry Kang, Information Privacy in Cyberspace Transactions, Stanford Law Review Vol.50, 1998.

John D. Gregory, "Electronic Documents in Ontario's Photoradar System", 6 J. M. V. L.

Joseph N. Froehlich · Edward M. Pinter, COMPUTER VIRUSES: Making The Time Fit The Crime, <www.fmew.com>.

Kommentar zur Strafprozeßordnung(Knut Amelung), Band 2 / Teilb and 1, Luchterhand, 1992.

Laurence H. Tribe, American Constitutional Law(Second Edition), The Foundation Press Inc., 1988.

Leonard Atkinson, The Origins of Wiretapping in Connecticut, Univ of Bridgeport Law V12 Winter, 1991.

Lyle D. Larson, An end−run around the fourth amendment: Why roving surveillance is unconstitutional, American Criminal Law Review, summer, 1990.

Mark M. Pollitt, Who is SWGDE and what is the history?, 2003. 1, <http://ncfs.org/swgde/SWGDE_History.pdf.>.

Mark Reith · Clint Carr · Gregg Gunsch, "An Examination of Digital Forensic Models", International Journal of Digital Evidence, Fall 2002, Vol1, Issue3, <http://www.ijde.org>.

Michael G. Noblett · Mark M. Pollitt · Lawrence A. Presley, "Recovering and Examining Computer Forensic Evidence", Forensic Science Communications Volume 2 Number 4, October 2000, <www.fbi.gov>.

Meier / Böhm, Strafprozessuale Probleme der Computerkriminalität, Wistra 1992.

Michaael Rustad & Cyrus Daftary, E−Business Legal Handbook, 2002.

M. N. Howard · Peter Crane · Daniel A. Hochberg, Phipson on Evidence, 1990.

NCFS(The National Center for Forensic Science), Digital Evidence in the Courtroom: A guide for Preparing Digital Evidence for Courtroom Presentation, 2003. 12.

NIJ(National Institute of Justice), Forensic Examination of Digital Evidence: A Guide for Law Enforcement, NIJ, 2004. 4, <www.ncjrs.org>.

NIJ, Electronic Crime Scene Investigation: A Guide for First Responders, 2001. 7.

Orin S. Kerr, "Digital Evidence and The New Criminal Procedure", Columbia Law Review Vol.105 − 279, Jan. 2005.

Orin S. Kerr, "The Fourth Amendment and New Technologies: Constitutional Myths and The Case For Caution", Michigan Law Review Vol.102, Michigan University Law School. 2004.

Orin S. Kerr, "Digital Evidence And The New Criminal Procedure", Accepted by Columbia Law Review Vol.105, George Washington University Law School. 2005.

Orin S. Kerr, "Search Warrants in An Era of Digital Evidence", Accepted by Mississippi Law Journal 2005 Annual Fourth Amendment symposium issue, George Washington University Law School. 2005.

Orin S. Kerr, "Searches and Seizures in A Digital World", Accepted by 119 Harvard Law Review, George Washington University Law School. 2005.

Orin S. Kerr, "Cybercrime's Scope: Interpreting 'Access' and 'Authorization' in Computer Misuse Statutes", New York University Law Review Vol.78, New York University Law School. 2003.

Orin S. Kerr, "Suppression Remedy For Computer Crimes", Hastings Law Journal, George Washington University Law School. 2003. 6.

Peter Lyman · Hal R. Varian, How Much Storage is Enough?, U. C. Berkeley, 2003. 6.

Randolph A. Bain · Cynthia A. King, "Comments: Guidelines for the Admissibility of Evidence Generated by Computer for Purpose of Litigation", 12 U. C. Davis Law Review, 1982.

Samuel D. Warren and Louis D. Brnadeis, "The Right to Privacy", Harvard Law Review, Vol.4, 1890.

Susan W. Brenner, Transnational Evidence Gathering and Local Prosecution of nternational Cybercrime, 20 J. Marshall J. Computer & Info. L.

Thomas C. Cooley, Laws of Torts, 1880.

Tom S. Onyshko & Lesia A. Stangret, "Privacy and the Internet", Cyberspace Lawyer, vol.4 no.2, 1999. 4.

Susan W. Brenner, Transnational Evidence Gathering and Local Prosecution of International Cybercrime, 20 J. Marshall J. Computer & Info. L., 2003.

Venansius Baryamureeba · Florence Tushabe, "The Enhanced Digital Investigation Process Model", Institute of Computer Science, Makerere University, 2004. 5, <www.makerere.ac.ug>.

Vigi Gurushanta, "e－Evidence Standard"－Proving the integrity, reliability, and trust on electronic records, ARMA / CIPS Conference, 2002 June 04, <http://radio.weblogs.com/0117653/gems/ARMA2002eEvidenceStd.pdf>.

Wolfgang Heinz, 컴퓨터 범죄와 컴퓨터 형법(독일의 컴퓨터 범죄 현황과 대응), 한대 법학연구소 컴퓨터 범죄 세미나, 2000. 10.

2. 일본문헌

柳俊夫,「搜索, 差押え」, 三井誠＝中山善房＝河上和雄, 刑事手續上, 1988.

的場純男,「コンピュータ 犯罪と搜査」, 松尾浩也・井上正仁 編, 刑事訴訟法の 爭點(新版), ジュリスト 增刊, 有斐閣, 1991.

貴志治平,「ハイテク犯罪の搜査に關する諸問題」, 警察學論集 51卷 7号, 1998.

大橋充直,「ハイテク犯罪搜査入門」, 東京法令出版, 2004.

北村 篤,「ハイテク犯罪に對處するための刑事法の整備に關する要綱」, ジュリスト No.1257, 2003.

長沼範良,「ハイテク犯罪と刑事手續法の整備」, ジュリスト No.1257, 2003.

山口 厚,「サイバー犯罪に對する實態法的對應」, ジュリスト No.1257, 2003.

安富 潔,「コンピュータ犯罪と刑事手續」, 慶應義塾大學法學硏究會, 2000.

安富 潔,「ハイテク犯罪と刑事手續」, 慶應義塾大學法學硏究會, 2000.

安富 潔,「刑事手續とコンピュータ 犯罪」, 慶應義塾大學 法學硏究會 叢書(52)(平成 4年), 1992. 2. 20.

石井徹哉,「サイベ−犯罪條約に關する覺書き」, 奈良法學會雜誌, 第 15卷 1・2号, 2002. 9.

園田壽 / 野村隆昌 / 山川健,「不正ハッカ− vs. 不正アクセス禁止法」, 日本評論社, 2000.

Ⅲ. 인터넷 웹사이트(Internet Web Site)

1. 국 내

검찰청, www.spo.go.kr

경찰청, www.npa.go.kr, www.ctrc.go.kr

구 글, www.google.co.kr

국정원, www.nis.go.kr

네이버, www.naver.com

사이버 범죄연구회, cybercrime.re.kr

정보통신부, www.mic.go.kr

한국정보보호진흥원, www.kisa.or.kr

2. 외 국

SANS사 홈페이지, www.sans.org

국제 법률・정책포럼, www.ilpf.org

국제 첨단범죄 수사협회, www.htcia.org

국제 컴퓨터수사전문가 협회, www.cops.org
국제연합(UN), www.uncjin.org
디지털 증거에 관한 국제협회, www.ijde.org
디지털 포렌식 연구 워크숍, www.dfrws.org
미국 국립법과학센터, www.ncfs.org
미국 국방부 사이버 범죄센터, www.dcfl.gov
미국 국토안보부, www.dhs.gov
미국 법무부 컴퓨터범죄지적재산, www.cybercrime.gov
미국 백악관, www.whitehouse.gov
미국 비밀수사국, www.ustreas.gov
미국 사법연구원, www.ojp.usdoj.gov
미국 스탠포드대 안보전략연구소(CISAC), www.cisac.stanford.edu
영국 국립첨단범죄대책단, www.nhtcu.org
일본 법무성, www.moj.go.jp
컴퓨터 정보통신법률 관련 존 마셜 저널, www.jcil.org
컴퓨터증거에 관한 국제조직, www.ioce.org

Ⅳ. 언 론

경향신문, 「디지털 세상 함께 누리자」, 2007. 8. 12.
경향신문, 「위법수집 증거 불인정 판결의 의미」, 2007. 11. 20.
동아일보, 1999. 4. 27.
디지털 타임스, 2007. 8. 7.
매일경제신문, 2007. 9. 3.
매일경제신문, 「기업들 도를 넘는 개인정보 유출」, 2007. 8. 9.
매일신문, 「최경진, 인터넷 실명제와 토론문화」, 2007. 7. 4.
보안뉴스, 「데이터의 효과적 관리·보호 방안 없나」, 2007. 11. 13.
서울경제신문, 「디지털 증거분석 시장 급성장」, 2007. 6. 11.
서울디지털포럼 홈페이지, http://sdf.sbs.co.kr 참조.
와이티엔(YTN TV), 2007. 8. 22.

오마이뉴스, 「서울디지털포럼 특별연설」, 2007. 5. 31.

전자신문, 「사이버방지조약은 무소불위」, 2006. 8. 8.

조선매거진, 2007. 11. 19.

조선일보, 2007. 11. 29.

한겨레신문, 1999. 3. 31.

한겨레신문, 2006. 9. 11.

한국경제, 2006, 10. 17.

한국경제신문, 「해킹 등 각종 컴퓨터 범죄 디지털 포렌식으로 잡는다」,
    2007. 3. 14.

한국일보, 2007. 11. 16.

한국정책방송(KTV), 2007. 2. 21 방송.

김학신

▌약력

중동고등학교 졸업
청주대학교 법과대학 법학과 졸업(법학사)
청주대학교 대학원 졸업(법학석사, 공법)
성균관대학교 대학원 졸업(법학박사, 공법)
경찰청 수사국 사이버테러대응센터 연구원
경찰수사보안연구소 강사
성균관대학교 비교법연구소 선임연구원
한국공법학회 정회원·한국헌법학회 정회원
現) 경찰대학교 치안정책연구소 선임연구관

▌주요논문 및 저서

「고발자 소송에 관한 고찰」(2000)
「사이버 범죄 현황 분석과 법적 대처방안에 관한 연구」(2001)
「사이버 범죄의 사건별 사례분석에 관한 연구」(2002)
「개인정보침해에 관한 국내·외 사례조사 및 분석에 관한 연구」(2003)
「외국의 사이버 범죄에 대한 대응기관 및 법규」(2004)
「사이버 범죄 조약과 국제공조에 관한 연구」(2005)
「Computer Forensics의 법적 문제 연구」(2006)
「Computer Forensics을 통한 디지털 범죄수사에 있어 기본권 보호에 관한 연구」(2007)
「미국의 디지털 범죄와 사생활 보호」(2008)
「성범죄 피해자 보호를 위한 경찰의 역할에 관한 연구」(2008)
「범죄예방을 위한 경찰의 CCTV 활용과 기본권 보호에 관한 연구」(2008)
외 다수

디지털 범죄 수사와 기본권

초판인쇄 | 2009년 2월 28일
초판발행 | 2009년 2월 28일

지은이 | 김학신
펴낸이 | 채종준
펴낸곳 | 한국학술정보㈜
주 소 | 경기도 파주시 교하읍 문발리 513-5 파주출판문화정보산업단지
전 화 | 031) 908-3181(대표)
팩 스 | 031) 908-3189
홈페이지 | http://www.kstudy.com
E-mail | 출판사업부 publish@kstudy.com

등 록 | 30,000원
가 격 |

ISBN 978-89-534-1330-6 93360 (Paper Book)
      978-89-534-1331-3 98360 (e-Book)